“十三五”应用型本科旅游管理专业精品规划教材

旅游景区开发与管理

主　编　孙英杰

中国财富出版社

图书在版编目（CIP）数据

旅游景区开发与管理／孙英杰主编．—北京：中国财富出版社，2016.5
（“十三五”应用型本科旅游管理专业精品规划教材）
ISBN 978－7－5047－6133－0

Ⅰ.①旅…　Ⅱ.①孙…　Ⅲ.①旅游区—旅游资源开发—高等学校—教材 ②旅游区—经济管理—高等学校—教材　Ⅳ.①F590

中国版本图书馆CIP数据核字（2016）第090452号

策划编辑　谷秀莉　　责任编辑　谷秀莉
责任印制　何崇杭　　责任校对　杨小静　　责任发行　敬　东

出版发行　中国财富出版社
社　　址　北京市丰台区南四环西路188号5区20楼　　邮政编码　100070
电　　话　010－52227568（发行部）　　010－52227588转307（总编室）
　　　　　010－68589540（读者服务部）　　010－52227588转305（质检部）
网　　址　http://www.cfpress.com.cn
经　　销　新华书店
印　　刷　北京京都六环印刷厂
书　　号　ISBN 978－7－5047－6133－0/F·2588
开　　本　787mm×1092mm　1/16　　版　　次　2016年5月第1版
印　　张　15.5　　印　　次　2016年5月第1次印刷
字　　数　376千字　　定　　价　36.00元

前言

旅游业是一个集食、住、行、游、购、娱于一体的综合性服务产业，是世界上产业规模最大、发展势头最强劲的产业。中国的旅游业自改革开放后，历经30多年的发展，已经发展成为全世界第三大旅游目的地和第三大旅游客源地，从最初的以接待外国友好团体为主，到现在国内旅游和出境旅游的日益繁荣，旅游业已经成为我国国民经济新的增长点。2009年国务院下发《国务院关于加快发展旅游的意见》，明确提出要把旅游业培育成为国民经济的战略性支柱产业和人民群众更加满意的现代服务业。

旅游景区作为旅游活动的原动力，旅游动机产生的主要影响因素，旅游目的地吸引力强弱的主要标志，是旅游产业中至关重要的一环。旅游景区开发与管理的水平直接影响旅游目的地的旅游经济的发展水平。我国旅游景区的规划与开发历史较短，起步晚，但是发展速度很快。我国旅游业在改革开放之前主要以旅游接待为主，不涉及旅游资源的开发，旅游景区的开发始于1985年国务院转批国家旅游局《关于当前旅游体系改革几个问题的报告》（以下简称《报告》），《报告》中明确提出"以旅游接待为主转变为旅游资源开发与旅游接待并举"，此后旅游景区如雨后春笋般在中国大地迅速发展起来。目前，我国旅游景区在数量、规模、种类、质量、知名度等方面都取得了显著的成果。

但是，我国的旅游景区的开发与管理的发展与实践还不够成熟，在数量和规模扩张的背后也暴露出了很多问题，例如，旅游景区产品的同质化问题、旅游景区开发缺乏可行性分析、旅游景区项目缺乏创新、旅游地环境的破坏、旅游市场秩序混乱、旅游景区超载、旅游景区从业人员素质偏低、价格欺诈等。这些问题严重影响了游客的旅游体验，破坏了旅游目的地的环境和旅游景区的旅游资源，缩短了旅游景区的生命周期，不利于旅游景区和当地旅游业的可持续发展。因此，提高旅游从业者的旅游景区的开发与管理水平是旅游教育中必不可少的课程。

本书第一章到第五章，以可持续发展理念为指导，以旅游资源为基础，以市场需求为出发点，对旅游景区开发的基本原则、基本理论、主要内容和方法进行了阐述。第六章到第十四章，内容涉及旅游景区的组织结构、环境解说系统、营销管理、价格管理、游客管理、环境管理、旅游商品管理、餐饮管理和人力资源管理等。

本书融合了当前旅游规划与管理方面的一些前沿理论，结合编者近年来从事旅游景区规划与开发的实践与教学经验，教材的每一章节都有我国旅游景区开发与管理中的典型案例分析，理论性和实践性结合紧密是本书的特点之一。此外，实用性是本书的特色之一，旅游景区开发按照旅游景区旅游规划的编制内容设置，理论学习与具体旅游景区的规划可以同步进行。创新性是本书的另一个特色。本书在景区管理部分突出了景区餐饮管理和景区旅游商品管理的内容，使景区管理的范畴更贴近实际。

本书由河北环境工程学院孙英杰老师担任主编并由其负责最后的统稿工作，其中，第一章至第三章、第七章、第八章、第十二章、第十三章由孙英杰老师编写，第四章、第五章由王慧元老师编写，第六章由乔静荔老师编写，第九章、第十章由臧传芹老师编写，第十一章由张岩老师编写，第十四章由郑康老师编写。本教材的出版得到了相关部门和领导的支持和帮助，在此，谨向他们表示最诚挚的谢意。

本书可作为应用型本科旅游管理专业及相关专业的教材，也可供旅游系统各级旅游景区开发与管理的领导和专业人员参考使用。

由于时间和水平的限制，书中错误和不足之处在所难免，恳请读者批评、指正。

编　者

2015 年 10 月

目 录

第一章　旅游景区开发概述

本章摘要

本章是旅游景区开发的总述，共分3个部分：旅游景区概念、旅游景区开发概述和旅游景区开发的原则和理论基础。首先，对有争议的旅游景区概念进行了梳理，概述了旅游景区的特征和分类。其次，阐述了旅游景区开发的概念、国内外旅游景区开发的历史和旅游景区开发的原则。最后，对旅游景区开发的主要理论基础进行了阐述。

学习目标

- 掌握旅游景区概念、旅游景区的分类
- 了解国内外旅游景区发展的历史
- 理解旅游景区开发的原则
- 掌握旅游景区开发的重要理论基础

第一节　旅游景区的概念

一、旅游景区的定义

近年来，随着人们经济生活水平的提高，旅游的市场份额也在提升。旅游景区作为旅游活动的载体和重要组成部分，成为旅游业重要的生产要素和旅游创汇创收的重要来源。对作为旅游活动载体的旅游景区，国内外旅游学界一直在努力界定它的概念和解释它的内涵，形成了一些具有代表性的观点和意见。在国外，旅游景区很多时候用"旅游吸引物"来表示。Lew 指出旅游吸引物包括能够引起旅游者离开家的"不是家（no－home）"的地方的所有因素，包括可供观赏的景观、游客参与的活动以及值得回忆的体验。英国学者约翰·斯沃布鲁克（2001）认为，旅游景区应该是一个独立的单位，一个专门的场所，或者是一个有明确界线的、范围不可太大的区域，交通便利，可以吸引大批的游人闲暇时来到这里，做短时访问。美国学者甘恩（Guun）认为旅游景区可以是地球上任何一个独具特色的地方，这些地方的形成既可能是自然力量的结果，也可能是人类活动的结果。

我国也有多位学者就旅游景区的概念提出了不同的看法。张凌云（2003）认为，旅游景区是可以进行管理的吸引旅游者出游的吸引物，包括有界定地域的、永久存在的各类旅游景区以及暂时性的各类节事庆典，但不包括大多数体育运动项目和购物场所。马勇（2005）认为，旅游景区是由一系列相对独立的景点组成，从事商业性经营，满足旅游者观光、休闲、娱乐、探险、科学考察等需求，具有明确的地域边界，相对独立的小尺度空间旅游地。岳怀仁（2000）认为，旅游景区是指一定区域范围内，旅游资源、旅游服务设施和机构以及旅游交通设施等相互作用而形成的旅游地域系统。中国旅游学者魏小安对旅游景区的定义是“能够使旅游者产生旅游动机，并追求旅游动机实现的各种空间要素的总和”。

根据中华人民共和国国家标准（GB/T 17775—2003）《旅游景区质量等级的划分与评定》，旅游景区是以旅游及其相关活动为主要功能或主要功能之一的空间或地域。本标准中旅游景区是指具有参观游览、休闲度假、康乐健身等功能，具备相应旅游服务设施并提供相应旅游服务的独立管理区。该管理区应有统一的经营管理机构和明确的地域范围，包括旅游风景区、文博院馆、寺庙观堂、旅游度假区、自然保护区、主题公园、森林公园、地质公园、游乐园、动物园、植物园及工业、农业、经贸、科教、军事、体育、文化艺术等各类旅游景区。

结合我国旅游业发展的实际情况，本书认为，凡是具有明确范围边界和一定空间尺度的场所、设施或活动项目，能满足游客休闲、娱乐、审美等需求的场所就是旅游景区。

二、旅游景区的特征

（一）专用性

旅游景区是指定的用来供游人开展上述各项休闲活动的场所。这种专用性的指定要么出于商业性决策，要么出于政府有关部门的公益性决策。但不管出于哪一种决策，旅游景区的上述职能都是不可改变的，如果发生改变，则不属于旅游景区。例如，工厂、学校、乡村和部队军营也都可供旅游者参观或游览，但它们都不属于旅游景区，因为它们的职能都不是供游人参观。换言之，只有那些职能是专供游人参观、游览或开展其他休闲活动的场所才可称为真正的旅游景区。

（二）长久性

旅游景区都必须有其长期固定的场所，并利用这一场所发挥其固有职能。这里对其长久性的强调，主要是用以同那些没有固定场所的旅游吸引物区别开来，例如，某时某处临时举办的展览、娱乐活动、流动演出及民间盛会等。这些暂时性的旅游吸引物有其不同的组织和营销方式，并且没有长期专用的固定场所，因而不属于旅游景区的行列，特别是在讨论旅游景区的经营管理时更是如此。

（三）可控性

旅游景区必须有人行使管理，必须对游人的出入行使有效的控制，否则，从旅游业经营的意义上讲，便不属于真正的旅游景区，而只能是一般的公众活动场所。但是这一定义下的旅游景区并非仅限于对来访游人收费的旅游景区，同时也包括那些有人行使管理但对游人实行免费参观的旅游景区。后者多见于政府部门和社会团体出于社会公益目的而兴办和管理的参观与游览场所。需要说明的是，目前世界上绝大多数旅游景区都实行购票入内的做法。纯商业性的旅游景区旨在通过门票收费去补偿其全部运营成本并获取利润；由政府部门和社会团体兴办的旅游景区，有些是旨在通过门票收费去补偿其流动费用而非建设投资，有些则仅仅是为了减少有关方面所支付费用的补贴。总之，从世界各国的情况看，不论出于上述何种目的，旅游景区管理的发展趋势是实行门票收费，而不是免费参观游览。

（四）依附性

许多旅游景区并不是因为旅游目的而存在的，旅游功能是它原有功能的衍生物，比如上海东方明珠塔原本是个电视塔，北京奥林匹克中心原本是个体育运动场所。

三、旅游景区的功能

在产品层面上，旅游景区不仅具有满足旅游者吃、住、行、游、购、娱等多样化需求的基本功能，而且具有观光体验、度假休闲、资源保护等多元化特色的基本功能，从而使旅游景区成为刺激旅游者前往旅游的关键动力要素。

在企业层面上，旅游景区不仅具有保护资源多样性、实现经营专业化、激活资本运作、增加旅游收入等内生性的基本功能，而且具有解决就业、提升区域形象、促进经济发展等外部性基本功能，从而使旅游景区成为旅游活动的重要空间载体。

在产业层面上，旅游景区不仅是旅游业发展不可或缺的物质资源，而且通过关联效应可带动所在区域实现经济活动的协作化，形成具有相对独立性的旅游产业，从而促进社会分工的发展和科学技术的进步。

四、旅游景区相关概念辨析

（一）旅游景区与旅游资源

旅游资源是指“自然界和人类社会中凡是能对旅游者产生吸引力，可以为旅游业开发利用，并可产生经济效益、社会效益和环境效益的各种事物和因素”。旅游资源是旅游景区的核心和基础。相对于游客而言，旅游景区主要是一个空间场所的概念，是为游客提供服务的对象，称为旅游对象；而旅游对象以旅游资源为核心，包括旅游设施、旅游服务、旅游商品等诸多要素。

（二）旅游景区与旅游目的地

旅游目的地往往是具有下列四大功能（即四个 A）的旅游地域综合体：吸引性（Attractions）——有旅游景区和旅游吸引物；舒适性（Amenities）——提供与旅游活动直接相关的住宿、餐饮、娱乐和商业零售等其他配套设施；可达性（Access）——提供方便的区际、区内交通；辅助服务（Ancillary Services）——提供当地社区服务，如查询信息、银行、邮政、医疗、治安、法律援助。

旅游目的地比旅游景区的功能完善得多，空间尺度也要大得多。旅游目的地一般是指一个比较大的地理区域，如一个国家、一个海岛、一座城市等。而旅游景区只是旅游目的地的核心部分。当然，一些小型的旅游目的地和旅游景区之间往往会出现重合的现象。如鼓浪屿，既可以说是一处旅游目的地，也可以说就是一个旅游景区。“没有足够的空间也就不能称其为旅游目的地，而只能称为旅游吸引物”。至于旅游度假区、风景名胜区等，其实都是属于旅游景区的一种类型。

（三）旅游景区与旅游景点

旅游景点是旅游景区的核心要素，是旅游景区存在的基础。它是以旅游吸引物为主体，经过人为开发，可供旅游者观光、休闲的单位旅游点。旅游景区与景点都是以吸引物为核心。

旅游景区与景点的差别，首先是空间尺度上的差别。旅游景区一般由数个景点构成，和景点相比较，旅游景区空间尺度大，旅游景区的吸引物具有一定的规模和数量，只有旅游景区吸引物能形成市场影响和规模效应。而单位的旅游景点，不会成为独立的旅游地。在一些地方，也有一些独立的景点对外经营（如地方寺庙），影响面很窄，产业的经济意义不大。

旅游景区与景点的差别还在于配套设施完善程度的不同。旅游景区是独立的对外经营单位，需要配套的旅游设施和完善的服务体系。景点是旅游景区的组成部分，虽然也需要配套设施和服务，如安全设施、卫生设施、服务人员等，但一般不独立地对外经营，因此不要求完善的配套体系。

（四）旅游景区与旅游吸引物

旅游吸引物是旅游景区为某种旅游目的加工而成的，它可能是一种可以直接卖给旅游者的旅游产品，也可能是一种节日活动，它可能存在于旅游景区中，也可能存在于旅游景区外。

五、旅游景区的分类

（一）一般分类法

1. 按照其设立性质分类

按旅游景区设立性质分类，可以划分为纯商业性的旅游景区和公益性的旅游景区。前者指投资者完全出于盈利目的而建造或设立的旅游景区，这类旅游景区全属企业性质；后者指政府部门和社会团体出于社会公益目的而建造或设立的旅游景区，这类旅游景区虽然也多采用收费准入的管理方法，但收费的目的不是赢利，更不是借以回收其建设投资。

2. 按照吸引因素分类

按照旅游景区所依赖的吸引因素的形成原因，可以划分为自然旅游景区和人造旅游景区。前者的吸引因素属于大自然的赋予；后者为人类历史遗产或现代人为产物，都属于人为的结果。

3. 按照其展示内容的多寡分类

按旅游景区展示内容的多寡分类，可以划分为单一性的旅游景区和集合性的旅游景区。前者仅指有一项参观游览内容的旅游景区；后者指由多项参观游览内容共同构成的一个旅游景区。

（二）邹统钎分类法

旅游景区按照其主要功能与用途分为两大类，即开发型旅游景区与遗产型旅游景区，前者突出经济功能，后者突出其保护功能。两者具体包括的内容如下表所示。

邹统钎分类法

开发型旅游景区	遗产型旅游景区
主题公园 旅游度假区	风景名胜区 自然保护区 文物保护单位 森林公园 地质公园 历史文化名城/镇/村

（三）张凌云分类法

（1）自然景观，如国家公园、森林公园、地质公园、自然保护区、野生动物园等。

（2）历史人文景观，如文化遗址、博物馆、古建筑、名人故居等。

（3）人造旅游景区，如主题乐园、微缩旅游景区、海洋馆等。

（4）休闲度假区，如滨海休闲度假区、滨湖休闲度假区、温泉休闲度假区、滑雪休闲度假区、高尔夫休闲度假区等。

张凌云的分类法实际上是对旅游景区吸引功能的划分，因此名称不统一。

（四）按照旅游景区质量的等级来划分

国家技术监督检验检疫总局于2003年发布了《旅游区（点）质量等级的划分与评定》（GB/T 17775—2003），将旅游景区划分为A级、AA级、AAA级、AAAA级、AAAAA级5种类型。这个标准规定，从旅游交通（145分）、游览（210分）、旅游安全（80分）、卫生（140分）、邮电服务（30分）、旅游购物（50分）、综合管理（190分）、资源与环境保护（155分）8个方面，对旅游景区进行评分，全部项目满分为1000分。A级、AA级、AAA级、AAAA级、AAAAA级旅游景区分别需要达到500分、600分、750分、850分和950分。

技能训练

列出你所在地的主要旅游景区，根据以上旅游景区的不同分类标准，对旅游景区进行分类。

第二节　旅游景区开发概述

一、旅游景区开发的定义

从目前来看，旅游景区开发是指依据当地条件，投入适当的资金，运用科学技术手段，通过科学的调查、评价、规划、建设、经营等使旅游景区未被利用的资源得以利用，已被利用的资源在深度和广度上得到加强的过程。

旅游景区开发是一项综合性和全面性的工作，其主要内容，除了对各类旅游吸引物进行选择、布局、改善外，还包括旅游供应设施、市政工程、公用事业设施的兴建、管理，接待机构的建立和旅游地工作人员的培训等。

二、旅游景区开发的历史和现状

旅游景区的开发是伴随着人类旅游活动的发展而发展的。从古代到当代的人类旅游活动发展历程来看，旅游景区的开发也经历了不同历史阶段的发展，从古代的萌芽阶段到当代的系统开发阶段，日趋科学、成熟。

根据纪年方式和文献研究的成果，旅游景区的开发历程可以划分为古代、近代、现代和当代时间尺度的4个历史阶段。下面分别从世界和中国两个空间尺度的开发历程对其进行简要阐述。

（一）世界旅游景区的开发历程

世界旅游景区的开发从公元前27世纪—公元前26世纪就开始了，大致经历了4个开发阶段：古代的萌芽阶段、近代的概念开发阶段、现代的综合开发阶段和当代的系统开发阶段。

1. 古代的萌芽阶段（1840年以前）

世界上古代的旅游景区开发可以追溯到4000年前的古埃及和巴比伦。公元前27世纪—公元前26世纪，古埃及人就建立了世界上最早的一批旅游景区，如埃及金字塔和狮身人面像（斯芬克司）。公元前6世纪，巴比伦人建立了一批向贵族开放的花园、庭院和文物博物馆。公元前5世纪，古希腊的提洛岛、特尔斐和奥林匹斯山成为世界著名的宗教圣地，宙斯神大祭期间举办的“奥林匹亚庆典”成为最负盛名的庆典，之后逐渐发展成为现代的奥林匹克运动会。公元前4世纪，罗马人就有了导游手册，主要介绍雅典、斯巴达和特洛伊等地的温泉和海滨度假胜地。罗马帝国时期，温泉疗养成为社会各阶层都喜爱的一种娱乐，温泉度假胜地由保健中心变成了休闲、保健、娱乐和社交的场所。罗马帝国衰亡后，世界进入了黑暗的中世纪，中世纪是欧洲宗教旅游的兴起时期。14世纪出现了为朝圣者提供帮助的信徒证明和旅游指南，促进了早期以朝觐圣地为目的的大众旅游。14世纪，在欧洲大陆比利时的斯帕（Spa）建成了一座富含铁质矿泉的度假地，使欧洲的温泉度假热持续了几个世纪。1414年，英国的苏格兰圣安德鲁斯建成了世界上第一个标准的高尔夫球场（Old Course），从此高尔夫运动成为人们喜爱的一种户外娱乐活动。17—18世纪，人们对健康的关注促进了两种特殊类型旅游景区的开发：温泉疗养胜地和海滨度假胜地。文艺复兴时期，在追求自由和崇尚知识的感召下，以巴黎、威尼斯和佛罗伦萨等欧洲各大文化中心为旅游景区的大旅游（Grand Tour）演变成为上层社会年轻人的时尚。

2. 近代的概念开发阶段（1841—1945年）

世界上近代的旅游景区开发是伴随着产业革命的步伐而逐步发展起来的。19世纪工业化进程和铁路系统的发展，刺激了中产阶级的旅游需求，为娱乐而旅游的观念逐渐形成，大众旅游成为社会各阶层的普遍选择。1841年7月5日，英国人托马斯·库克利用包租火车的方式组织了一次从莱斯特到洛赫伯勒的团体旅游，这次活动被公认为是近代旅游和旅游业开端的标志。从此，温泉疗养胜地、海滨度假胜地、博物馆、美术馆、公园等被认为是人们休闲娱乐的场所。1851年，英国在伦敦的海德公园举办了一次大型博览会，从5月10日到10月15日的博览会期间，接待了来自世界各地的630万人次的参观者，这次划时代的“伟大的博览会”被世人确认为首届世界博览会。1853年，英国在伦敦动物园内建造了世界上第一座近代水族馆，成为水族馆从列车厢式向环道式、隧道式和遨游式演变的开端。1868 年，挪威人从泰勒马克郡滑雪旅行到克莉斯汀那参加社交活动，带动了娱乐性滑雪运动。1905 年滑雪运动被列入奥运会，1924 年正式成为奥运会的比赛项目。1872 年 3 月 1 日，美国国会批准在怀俄明州建立面积达 898 平方千米的黄石公园，并颁布了《黄石公园法案》，黄石公园被公认为世界上第一个国家公园，随后国家公园的概念在美国、加拿大、澳大利亚、新西兰等国被广泛推广。1889 年，法国建成了高达 312 米的当时世界上最高的埃菲尔铁塔，成为巴黎引以为豪的著名标志性建筑物。1893 年，美国芝加哥举办了纪念哥伦布的世界博览会，从事游乐园设备生产和游乐园设计的商家首次亮相，标志着游乐园进入了辉煌时代。1894 年芝加哥建立了世界上第一座现代游乐园——保罗·波恩顿水滑道公园，到 1919 年世界上建造了 1500 多个游乐园。1919 年，英国林业委员会开始实施鼓励在指定地区种植指定树种的计划，从此诞生了森林公园的概念。1925 年，扎伊尔在维龙加火山建立了世界上第一座真正意义上的野生动物园。1910—1930 年是机械游乐园的黄金时期，美国成为世界游乐园的开发先锋。在美国，旋转木马、摩天轮、过山车等刺激性游乐设施蔚然成风。

3. 现代的综合开发阶段（1946—1999 年）

世界上现代的旅游景区开始走向综合化开发阶段。第二次世界大战结束以后，世界进入和平与稳定的发展时期，随着各国经济的复苏与发展，现代化的高新科技带来了交通工具（大型喷气式客机）、通信工具（长途电话、传真、手机、互联网）、娱乐设备（电视、乘骑项目）和住宿设施（现代饭店）的变革和创新，促进国际性的大众旅游不断进步和快速发展。

在这种背景下，旅游景区进入了综合开发的黄金时代，旅游景区的产品日益丰富，功能逐渐完善，服务持续改进，经营注重创意，管理更加科学。世界上许多文化遗址得到妥善保护，并被开发为接待旅游者参观游览的世界著名景点，如英国伦敦的大英博物馆、德国的罗腾堡古城、意大利的比萨斜塔、埃及的金字塔、美国纽约的自由女神像、中国的长城等。

随着移民的发展，城市中的民族聚居社区和农村地区的民族村寨由于独特的民族文化而成为人们钟情的旅游景区。1972 年 11 月 16 日，联合国教科文组织第十七届会议在巴黎通过了著名的《保护世界文化和自然遗产公约》，开始为全球范围内具有突出普遍价值的文物、建筑物、遗址、自然面貌和动植物的生存环境提供紧急和长期的保护。

随着体验时代的到来，许多独具特色的农场、矿山、工厂等经济活动的场所为迎合旅游者消遣休闲的需求，加快了商业化进程，逐渐转变成为旅游者喜爱的旅游景区。根据 1995 年的统计，英国的农场中已经有 84% 向旅游者开放，澳大利亚的葡萄园和葡萄酒厂中已经有 83% 全部或部分向旅游者开放。意大利、南非、匈牙利、法国等国家也开放了许多“农业旅游”和“工业旅游”的旅游景区。

主题公园因为采用现代科学技术和提供丰富多彩的娱乐体验而出现快速发展的趋势。1946 年，荷兰的马都洛夫妇为了纪念死于第二次世界大战时期纳粹集中营的爱子，在海牙市郊投资兴建了世界上第一座“小人国”式的微缩旅游景区——马都洛丹，自 1952 年建成开放以来一直深受世界人民的喜爱。第二次世界大战后的 20 世纪 50 年代，儿童乐园和购物中心成为广受欢迎的娱乐旅游景区。1955 年 7 月 17 日，美国的迪士尼乐园建成开放，成为世界公认的主题公园的先驱。1961 年，六旗公园的第一个主题公园在美国的得克萨斯州建成。随后，许多大公司纷纷投资兴建主题公园，使主题公园成为 20 世纪 70 年代以来发展最快的旅游景区类型。1963 年，美国夏威夷在瓦胡（Oahu）岛的拉伊埃（Laie）建立了波利尼西亚文化中心，开业以来一直是夏威夷收益最大的旅游景区。1971 年，美国佛罗里达的迪士尼世界建成开放。1977 年 1 月 10 日，中国香港的海洋公园正式开放。1981 年加拿大多伦多的加拿大仙境乐园对外开放。1983 年 4 月 15 日，日本的东京迪士尼乐园正式开业。1992 年 4 月 12 日，法国的巴黎迪士尼乐园建成营业。1998 年 4 月 22 日，美国佛罗里达的迪士尼动物王国建成开放。

4. 当代的系统开发阶段（2000 年至今）

进入 21 世纪以来，随着经济的全球化和技术的高新化，旅游者的休闲娱乐方式更加个性化和多元化，世界上旅游景区开发进入了整合资源、改进产品、完善功能、提升服务和创新管理的系统开发阶段。世界遗产、国家公园、森林公园、地质公园、野生动物园、游乐园、主题公园、乡村度假、海滨度假、温泉、滑雪、滑水、高尔夫、节事庆典等类型的旅游景区的世界性或国际性组织越来越活跃，国家层面的相关政策法规越来越完善和规范，旅游景区的客源市场越来越国际化，旅游景区的经营环境越来越市场化，专业性的旅游景区管理公司开始实现集团化。总之，在产品层面上，旅游景区的类型和功能越来越丰富；在企业层面上，旅游景区的经营和管理越来越规范；在产业层面上，旅游景区的体系和战略越来越明晰，旅游景区越来越注重可持续发展。

（二）中国旅游景区的开发历程

中国旅游景区起源于历史悠久的古代园林，大致经历了 4 个开发阶段：古代的萌芽阶段、近代的低迷阶段、现代的兴旺阶段和当代的提升阶段。

1. 古代的萌芽阶段（1840 年以前）

古代的中国旅游景区开发主要表现为园林的建造活动，人们通常把 1840 年以前的中国园林称为古典园林。中国古典园林起源于商周时代的“囿”，即从天然地域中圈出一定的范围，挖池筑台，放养禽兽，作为帝王贵族狩猎取乐的地方。秦汉之际，原始的“囿”已经发展成为游居结合的帝王宫苑。汉武帝时期扩建秦时的“上林苑”，纵横达 150 千米。魏晋南北朝时期，文人士大夫崇尚自然，寄情山水，营造了以自然山水为主体的私家园林。这类园林摒弃了以宫殿为主、禽兽充斥其中的宫苑形式，追求天然的情趣和超脱的境界，为后世的园林文化奠定了基础。随着佛教的东进与道教的传播，寺庙与风景融合的宗教园林随之而生。唐代时期国力强盛，城市发达，帝王与文人士大夫都在城内外建造园林，享受山林之乐。宋代，大批画家和诗人参与园林创作，将诗情画意大量引入园林之中。明清时期是我国园林文化发展的鼎盛时期，所建造的园林数量和质量都大大超过历史上的任何时期。至此，中国古典园林的三大基本类型——皇家园林、私家园林和宗教园林发展到十分完美的境界，形成了鲜明的审美特征。

中国的古典园林注重选择天然山水胜景作为园址，然后采用模山范水的造园技法进行人为的改造建设，使人工建筑与自然风景协调起来，形成了一种立体的空间艺术作品，体现了人对自然的顺应和人与自然的协调。所以，古典园林是由建筑、山水、植物等组合而成的富有诗情画意的旅游景区类型。

2. 近代的低迷阶段（1841—1949 年）

1840—1842 年的第一次鸦片战争，帝国主义列强打开了中国的国门，结束了中国封闭于世界历史潮流之外的格局，古老的中国遭遇到了强大的西方殖民主义。100 多年来，冲突和战争使古老的中国饱受欺侮和蹂躏，国力衰弱，民不聊生，直到 1945 年第二次世界大战结束，中国才摆脱了帝国主义列强的侵略和国内军阀的混战。这期间，不仅出现了火烧圆明园这样的历史悲剧，而且大量的古典园林被西方人据为己有，中国的旅游景区开发处于历史上的最低谷。1949 年 10 月 1 日，中华人民共和国宣告成立，中国的旅游景区开发才迎来了新的春天。

3. 现代的兴旺阶段（1950—1999 年）

中华人民共和国成立后，中国旅游业如同国民经济的其他部门一样，经历了计划经济和市场经济两个时代的洗礼，走过了一段艰难曲折的路程。相对而言，可以把这一阶段 50 年的发展过程划分为 3 个阶段：新中国成立初期的复苏阶段、“文化大革命”十年的停滞阶段和改革开放的大发展阶段。

新中国成立初期，中国政府为了继承传统、弘扬文化、建设城市、改变环境和丰富生活，在城市发展过程中配套建设了大量的休闲公园。这些城市休闲公园不仅继承了中国古典园林的优秀传统，而且吸收了西方城市公园的许多优点，增加了大面积的空地，设计了丰富多彩的体育运动项目，全面拓展了休闲娱乐功能，使休闲公园成为城市的有机组成部分。传统的风景名胜区得到了有效的保护和利用，成为人民精神生活的重要内容。中国的旅游景区处于一个全面复苏的发展状态。

“文化大革命”十年是新中国成立以来非常特殊的历史时期。这期间，中国的旅游业如同国民经济和社会文化一样，受到了严重的干扰和冲击，旅游景区因此处于停滞甚至崩溃的状态。

1978 年 11 月，中国实行改革开放政策，中国的社会主义建设从此进入健康发展的轨道，中国旅游业呈现出欣欣向荣的蓬勃发展景象。改革开放以来，通过实施“适度超前战略”和“政府主导战略”，中国旅游业从接待入境旅游起步，通过跨越式的发展，逐步形成了入境旅游、国内旅游和出境旅游“三驾马车”齐头并进的局面，接待入境过夜旅游者数量和旅游外汇收入跃居世界前列，成为名副其实的世界旅游大国。在这种背景下，中国的旅游景区取得了突飞猛进的发展。国家公园、森林公园、地质公园、野生动物园、世界遗产、游乐园、主题公园、乡村度假、海滨度假、温泉、滑雪、滑水、高尔夫、节事庆典等旅游景区类型不断完善和提高，形成了比较完整的旅游景区系统。

4. 当代的提升阶段（2000 年至今）

进入 21 世纪以来，随着旅游大国地位的确立，中国旅游业实现了第二次战略转型：适度超前战略—政府主导战略—旅游强国战略，旅游业的产业化和国际化水平不断提高。在这种背景下，中国旅游景区的类型逐渐多样化，世界遗产、国家公园、森林公园、地质公园、野生动物园、游乐园、主题公园、乡村度假、海滨度假、温泉、滑雪、滑水、高尔夫、节事庆典等类型逐步规模化和系统化，旅游景区经营日益市场化和国际化，旅游景区管理更加专业化和规范化，旅游景区的数量和质量全面进入提升开发阶段。

（三）中国旅游景区的开发趋势

在互联网支持的信息化条件下，高新技术的深刻革命促进了生产力的快速发展，现代社会全面进入了休闲时代。在这种时代背景下，中国旅游景区未来的开发具有9个战略性趋势。

1. 开发理念的科学化

中国旅游景区在开发理念定位中，坚持科学发展观，充分把握市场竞争的国际化环境特征，逐步建立“战略主导、资源共享、企业担纲、市场运作、政府协调、法规制衡、统筹发展”的旅游景区产业开发理念。

2. 资源利用的永续化

中国旅游景区在资源利用过程中，坚持自主创新，逐步缓解存在已久的生态环境退化、安全问题突出、环境污染加剧、景观破坏明显、资源耗损严重五大隐患，从盲目的破坏性开发走向理性的保护性开发，实现遵循自然规律和尊重市场经济规律的可持续发展。

3. 治理结构的多元化

中国旅游景区在治理结构变革中，坚持市场原则，逐步理顺所有权与经营权的关系，打破两权统一的公有国营局面，完善国有企业经营、股份制企业经营、整体租赁经营“三驾马车”并驾齐驱机制，形成所有者、居民、经营者、旅游者和监管者等多方利益制衡的健康关系。

4. 资本运作的理性化

中国旅游景区在资本运作过程中，坚持长效机制，逐步从高强度的开发性投资转向高频率的经营性融资，交通设施、接待设施、服务设施、生活设施等基础性设施的长线投资开始回归理性，从而走出大面积资本紧缺的困难时期，经营业绩明显改善。

5. 商业模式的精致化

中国旅游景区在商业模式构建中，坚持激活价值，逐步改变单纯依赖门票收入的赢利模式。中国旅游景区在规模上经过长期的快速增长，供求关系发生了深刻的变化，市场主动权已经从经营者手中转向旅游者手中，“高门票＋节假日消费＋低效益”的粗放式商业模式将转变为“赢利点＋价值链＋收益体系”的精致商业化模式。

6. 产品功能的人性化

中国旅游景区在产品功能设计中，坚持以人为本，逐步从观光型转向度假型，功能的多样化促进深度体验旅游成为主流。

7. 市场营销的技术化

中国旅游景区在市场营销过程中，坚持集成创新，在产品营销、品牌营销、区域营销的基础上逐步转变为功能营销、形象营销和网络营销，从而实现市场营销技术系统化的整合营销。

8. 经营管理的专业化

中国旅游景区在经营管理过程中，坚持能力提升。通过专业化管理促进集团化经营，旅游景区经营管理逐步实现从速度型向质量型转变，从规模型向效益型转变，全面实现旅游景区经营能力的转型升级，不断增强旅游景区的核心竞争力和规模经济效应。

9. 产业形态的系统化

中国旅游景区在产业形态演进中，坚持梯度推进，形成了以旅游景区为核心的产业体系，旅游景区产业逐步实现从资源垄断性的单一经济形态向价值共享性的混合经济形态转变，从封闭式的围栏经济形态向开放式的区域经济形态转变，旅游景区产业的系统功能不断强化。

三、旅游景区开发的类型

（一）按开发形式划分

（1）新建旅游景区，即对原本未开发的旅游景区资源进行开发利用的旅游景区。

（2）旅游景区的改造，是对原有旅游景区的更新。

（3）旅游景区的扩建，由于市场需求的增加，旅游景区的原有规模不再适应旅游需求的要求，在现有的旅游景区基础上进行扩大，投资新的项目，建设新的景点。

（4）旅游景区内服务设施的增加，如增加新的饭店、餐馆、购物商店，以改善服务或鼓励旅游者二次消费。

（5）创办新的活动项目，如节庆活动、民俗节、大型会议、体育赛事等需要进行大量的开发和改造。

（二）按开发的对象划分

（1）资源型旅游景区开发，包括风景名胜区、森林公园、历史文化名城、自然保护区、世界自然文化遗产和地质公园的开发。

（2）主题型旅游景区开发，包括旅游度假区、观光休闲区、生态旅游区、旅游扶贫开发试验区和主题公园的开发。

四、旅游景区开发的特点

（一）多元性

旅游景区开发是一项综合性的技术工程，它不仅包括旅游吸引物，即风景资源体的开发，还包括旅游设施（旅游服务设施和基础设施）、内外交通的开发，必须充分考虑这些要素的科学配置和整合。

（二）多层性

旅游景区开发空间由范围大小不同的景点和景观、景物组成，因而在规划设计内容与标准上有不同的要求。

（三）动态性

旅游景区开发是一个动态的过程，具有空间动态性和时间动态性。旅游景区开发总是由小到大，由单一到综合。随着旅游景区开发时期的不同，市场供需会发生变化，对旅游景区开发的要求和规定不同，因此，通常将开发分为近期、中期和远期开发，不同时期的开发其开发标准和指标要求都不一样，这体现了旅游景区开发的动态性。

五、旅游景区开发的原则

（一）独立性原则

旅游资源的开发应突出个性，充分揭示和发现其本身独有的特色，把各项旅游资源有机地结合起来，形成一个主题，以此来树立当地的旅游形象。有个性、有特色，就容易给旅游者留下深刻的印象。

（二）市场导向原则

旅游资源的开发应该以旅游市场的需求变化为依据，以最大限度地满足旅游者的需求为标准。旅游者的旅游动机和市场需求经常变化，旅游资源在市场竞争中随时面临着入时或过时，以及扩大或丧失吸引力的问题，因而旅游资源的开发，应注重旅游市场的调查和预测，随着市场的变化而选择开发重点，减少开发的盲目性。

（三）效益原则

旅游资源的开发，应注重提高其使用价值和吸引力，以较少的投资和较短的建设周期产生较大的经济效益。

（四）保护原则

旅游资源保护是开发利用的前提和基础，保护资源的目的是更好地利用，开发本身就意味着一定程度的破坏，盲目开发不加以保护，一定会使资源遭到破坏，无法可持续利用，损失是难以弥补的。

（五）综合原则

旅游资源往往存在多种不同类型，要通过综合开发，使吸引力各异的不同旅游资源结合为一个群体，使游客能从多方面发现其价值，从而提高其资源的品位，在旅游市场竞争中提高知名度。

（六）美学原则

美是吸引旅游者的关键。旅游资源开发应充分应用美学原理，注重多种美的结合、体现和传递，努力提高旅游资源的美感度，增加其吸引力。

（七）有序化原则

有序化开发的原则要求择优开发，保证重点。区域旅游的发展是一个渐进的过程。虽然可供开发的旅游资源数量众多，但应切实区分轻重缓急，在国家财力、物力还不雄厚，地方经济发展水平还不是很高的情况下，区域旅游不可能采取区域整体统一开发的方式，只可能首先在条件优越、基础较好的部分地区，实行择优发展战略，集中资金重点开发，按照先易后难、先急后缓、集小为大的发展时序，合理投资，稳步发展，为进行较大规模开发建设打好基础。

（八）三大效益统一原则

必须统一考虑经济效益、社会效益、环境效益三大效益，要避免单方面强调经济效益而忽视社会效益和环境效益的开发模式。

旅游规划概述

一、旅游规划分类

根据《旅游规划通则》（GB/T 18971—2003），我国的旅游规划主要包含两个层次，即旅游发展规划和旅游区规划。

（一）旅游发展规划

旅游发展规划是根据旅游业的历史、现状和市场要素的变化所制定的目标体系，以及为实现目标体系在特定的发展条件下对旅游发展的要素所做的安排。

（二）旅游区规划

旅游区是指以旅游及其相关活动为主要功能或主要功能之一的空间或地域。旅游区规划是指为了保护、开发、利用和经营管理旅游区，使其发挥多种功能和作用而进行的各项旅游要素的统筹部署和具体安排。

两个层次的旅游规划的规划对象和层次虽有宏观和微观之分，但是在制定过程中二者都需要紧密协调、相互配合，才能取得良好效果。

二、旅游景区规划的类型

国际上通常以空间尺度大小为标准，把旅游规划分为区域尺度（Regional Scale）、目的地尺度（Destination Scale）、景点尺度（Site Scale）3 种层次。本书所说的旅游景区规划主要指的是后两种尺度的规划，即中观、微观层次的旅游规划。旅游景区规划通常可以根据规划的不同层次、规划的时限和规划的内容来划分。

（一）按不同层次分

根据国家标准《风景名胜区规划规范》（GB/T 50298—1999）和《旅游规划通则》（GB/T 18971—2003）的规定，我国旅游景区规划基本上分为旅游景区总体规划、详细规划两个层次。

1. 总体规划

旅游景区在开发、建设之前，原则上应当编制总体规划。总体规划的对象是一个具体的旅游景区。其基本任务是综合研究旅游资源、客源市场，确定旅游地性质、环境容量及接待规模；划定旅游区的用地范围及空间发展方向；统筹安排区内各项建设用地和交通组织；合理配置各项旅游服务设施、基础设施、附属设施和管理设施；提出开发实施战略，处理好远期发展与近期建设的关系，指导旅游的合理发展。旅游景区总体规划的期限一般为 10 ~ 20 年。

2. 详细规划

旅游景区详细规划又可分为控制性详细规划和修建性详细规划两个层次。旅游景区详细规划的期限一般为 3 ~ 5 年。

（1）控制性详细规划。在总体规划的基础上，大型旅游景区可增编控制性详细规划，而小型旅游景区可跳过总体规划阶段直接编制控制性详细规划。控制性详细规划，是指以旅游区总体规划或分区规划为依据详细规定旅游区开发建设用地各项控制性指标和其他规划管理要求，强化规划控制功能，并指导旅游区的修建性详细规划编制。

（2）修建性详细规划。修建性详细规划以上一个层次规划为依据，将旅游景区建设的各项物质要素在当前拟建设开发的地区进行空间布置和具体设计。

（二）按规划时限分

根据国家标准《风景名胜区规划规范》（GB/T 50298—1999）和《旅游规划通则》（GB/T 18971—2003）的规定，我国现行的旅游景区规划如果按时间来分一般可以分为 3 个层次：近期规划（5 年以内）、远期规划（10 ~ 20 年）和远景规划（20 年以上）。

如有必要还可以在近期和远期规划之间加入中期规划（5～10年）。划分的依据主要是尽量与国民经济和社会发展计划相适应，便于相互协调和包容。

1. 近期规划（5年以内）

近期发展规划应对旅游景区近期的发展布局和主要建设项目进行设计和安排，提出发展目标、重点、主要内容，并应提出具体建设项目、规模、布局、投资估算和实施措施等。期限一般为3～5年。

2. 远期规划（10～20年）

远期规划的时间一般是20年以内，这同国土规划、城市规划的期限大致相同。远期发展规划的目标应使旅游景区内各项规划内容初具规模，并应提出发展期内的发展重点、主要内容、发展水平、投资预算、健全发展的步骤与措施。

3. 远景规划（20年以上）

远景规划应提出旅游景区规划所能达到的最佳状态和目标。远景规划的时间是大于20年至可以构思到的未来，其规划目标应是软科学和未来学所称为的“锦绣前程”，是旅游景区进入良性循环和持续发展的满意阶段。

（三）按规划内容分

从旅游景区规划的内容上来看，可以分为两大类：一类是旅游景区综合规划，一类是旅游景区专题规划。

1. 旅游景区综合规划

旅游景区综合规划是一个整体的规划概念，它指按照国家和地方旅游业发展纲要精神，结合国家和地方旅游产业布局的要求，提出旅游资源开发方案、市场开拓以及旅游景区发展战略的总体设想。

2. 旅游景区专题规划

专题规划又被称为部门规划，是在旅游景区综合规划基本思想的指导下，针对旅游景区开发过程中的各辅助部门而提出的专题计划，其主要内容包括旅游景区服务设施和基础设施建设计划。按规划内容可分为旅游景区资源开发规划、旅游景区线路规划、旅游景区设施建设规划、旅游景区营销规划、商品规划、人才培训规划。尽管这些规划分类在理论上可以分类排队，但在实践中都是相互交叉、相互联系、相互制约的。

第三节　旅游景区开发的理论基础

旅游景区开发学是一门实践性学科，涉及面宽，但其一系列实践活动是建立在理论基础上，并以理论为指导的。本学科的主要基础理论有经济学理论、区位论、美学理论、系统论、可持续发展论等。

一、经济学理论

旅游开发是把旅游资源转化成旅游产业的技术过程，同时也是一种反映市场调研—资源开发—产品设计—项目建设—设施配套—产品形成、经营和管理的旅游经济的活动过程。在这一过程中，旅游开发应遵循经济学的一般原理，为建立或完善不同大小区域内完整的旅游产业体系，满足旅游者的需求，产生较高的综合效益服务。从经济学的角度看，旅游开发必须进行产业投资机会分析、旅游市场调研与策略研究、旅游供给与需求研究及旅游效益评价。

旅游开发既是资源的开发，也是市场的开发。资源开发是旅游开发的基础，市场开发是旅游开发的前提。只有市场的存在，才能使资源优势转化成经济优势，促进产业的形成与完善。旅游开发中，旅游市场调研是第一位的。它是以旅游者为核心，综合分析旅游者产生的社会与经济基础、个体特征、需求状况、旅游产生地与接待地的空间相互关系、客流量大小及流量时空分布规律和发展趋势，最终进行市场定位。在此基础上，利用旅游市场中的竞争机制、价格机制等确定旅游市场经营的策略，达到争夺旅游者、争夺旅游中间商、提高旅游市场占有率的目的。

旅游开发的目的就是使资源得到永续利用，生态环境得以保护，人民生活质量得以提高，最终取得良好的社会效益、经济效益和环境效益的统一。因此，旅游开发必须考虑效益，在宏观上要进行收益与成本比较，在微观上就旅游业某一企业进行投入—产出分析，核算成本，评价经营成果。总之，运用经济学的原理与方法可以使旅游开发立足市场，面向消费，合理开发资源，优化产品结构与项目，体现旅游开发的经济性与市场性，达到开发的目的。

二、区位论

区位论创始于19世纪初，迄今为止它的研究和应用范围已遍及农业、工业、商业、贸易、城市等领域。旅游区位论的研究却相对较晚，开始于20世纪五六十年代。克里斯塔勒首先对旅游区位进行了研究。他认为影响旅游活动的区位因素可分为12项，即气候、风景、体育活动、海岸、温泉和疗养地、艺术、古迹和古城、历史纪念地、民间传说和节日庆典、文化节目、经济结构、交通中心，并从旅游需求（旅游客源地）出发，采用经验和行为研究方法进行研究。由于在研究过程中忽略了旅游供给等因素，他最终没能建立起一个旅游应用的理想空间模式。直到美国学者克劳森提出旅游区位3种指向和德福特提出旅游业布局5条原理后，旅游业的区位理论研究才有了实质性进展。

旅游开发，其实质是旅游业及其各产业部门在一定地域的布局、配置过程，本身就是区位研究与实践的过程，需采用区位论的原理与方法来指导。旅游开发的区位研究应侧重以下几个方面。

（1）旅游开发的区位选择。主要指旅游开发选择什么样的地域进行，开发地地理位置如何，有哪些区位优势，面向怎样的客源地，开发地（接待地）与客源地之间空间的相互关系是互补性还是替代性，开发地可达性如何。其目的是为旅游活动确定最佳的场所。旅游开发区位的选择是一个动态过程，有次序性、等级性，从而形成范围不同、等级有异的旅游区域。

（2）旅游交通与路线布局。旅游交通与路线是联系开发地与客源地的旅游通道，其布局研究与实践是实现游客“进得来、散得开、出得去”与物资及时供应的前提和保证。

（3）旅游产业选址与规模、结构确定。主要指旅游的活动中“六大要素”的空间布局，最终确定合理的空间结构和规模。

（4）不同大小旅游地域空间组合结构及其演变特征研究。主要包括旅游区等级系统划分与功能分区、旅游项目与基础设施的空间安排、旅游基地建设及它们在一定空间组织结构的旅游区域。

(5) 旅游开发的区域分析与区域模型研究。

(6) 旅游开发中位址选择的方法研究。位址选择即位址预测，不仅要依赖区位理论，而且要依赖研究者、开发者、经营者的经验。通过可行性研究，包括投资商的销售策略，市场区的社会特征、经济特征、交通设施，所选择位址的自然适宜性等，确定分析法。

三、美学原理

爱美是人的天性。旅游是现代人对美的高层次的追求，是综合性的审美实践。旅游开发的任务就是在现实世界中发现美，并按照美学的组合规律创造美，使分散的美集中起来，形成相互联系的有机整体，使粗糙、原始的美经过“清洗”变得更纯粹、更精致、更典型化，使易逝性的美经过创造和保护而美颜永驻、跨越时空、流传久远。美的最高境界是自然的意境美、艺术的传神美、社会的崇高美和悲壮美，这也是旅游开发中所追求的最高目标。旅游空间和景物美学特征越突出，观赏性越强，知名度越高，对旅游者的吸引力就越大，在市场上竞争力也就越强。

旅游开发实践就是创造出人间优美的空间环境和特色众多的景物，使旅游者在美好事物面前受到感动和激励，得到美的陶冶和启迪，使视野更加开阔、品格更加高尚、灵魂更加纯洁，在精神上得到最大的满足和愉悦。

四、系统论

在社会生产力高度发展的现代，旅游业已是一个从资源、环境、经济和社会分离出来的新的结构复杂、功能综合、因素众多的产业系统。这一大系统由市场系统、通道系统、接待系统和支持系统组成，它既具有经济、社会和环境综合的统一效益，又具有复合性特点，社会各部分只要达到美的境界，都有可能成为旅游业的一部分。

旅游开发的研究必须从建立旅游系统工程出发，坚持整体性原则、结构性原则、层次性原则、动态性原则、模型化原则和最优化原则。

(一) 整体性原则

整体性原则就是要认识到旅游业是一个产业群体，同社会、经济、环境联系极为密切。产业中各部分、产业与环境之间存在着相互联系、相互制约和相互作用的关系。在开发中既要看到产业整体功能与效率，又要让各个部分在整体中得到发展，成为地区经济中新的增长点。

(二) 结构性原则

旅游业各要素间的排列组合方式多样，有的是多项的，有的是双项的，还有的是单项的。产业结构的研究，可增强产业之间的联系，获得最优的整体性能。

(三) 层次性原则

旅游开发是在一定空间范围内进行的。空间大小不同，内部组成产业也不同，从而构成不同空间层次、产业层次的网络体系。层次性是旅游开发的一大特点。

（四）动态性原则

旅游产业系统受内部要素和外部环境的影响，有其发展、变化的过程。在旅游开发时，要根据旅游业发展的不同阶段，确定不同的发展目标、规模和手段。同时，还要掌握旅游业今后的发展趋势，使旅游开发具有超前性和预测性。

（五）模型化原则

旅游产业系统是开放的系统，受多种因素的制约和干扰。为了更正确地认识和分析该系统，有必要设计出系统模型来代替真实系统，通过系统模型掌握真实系统的本质和规律。模型化的系统研究方法，不仅能使研究做到定性，而且有可能通过定量来达到研究目的。

（六）最优化原则

由于旅游产业系统具有综合性、复杂性的特点，旅游开发时可采用多种途径设计出多种各具特色的旅游开发方案，从中选择出最优的系统方案，加速旅游开发，促进旅游业的发展。总之，系统论理论与方法是指导旅游开发的有效方法，应在旅游开发实践中深入研究，并用以指导实践。

五、可持续发展论

20 世纪 80 年代初，世界面临着三大热点问题，即南北问题、裁军与安全问题、环境与发展问题。为了解决这些问题，联合国大会成立了以当时的联邦德国总理勃兰特、瑞典首相帕尔梅和挪威首相布伦兰特为首的 3 个高级专家委员会。经过共同的研究，3 个专家委员会分别发表了“我们共同的危机”“我们共同的安全”和“我们共同的未来”3 个纲领性的文件。在文件中，委员会均不约而同地得出了如下战略结论：为了克服危机、保障安全和实现未来，必须实施可持续发展。专家委员会同时提出“可持续发展”是经济发达国家和发展中国家协调人口、资源、环境和经济发展间相互关系所必须采取的战略，这一战略的提出立刻引起了全世界对发展问题的极大关注。

（一）可持续发展的含义

可持续发展这个概念提出以后，人们对可持续发展的确切定义展开了热烈的讨论，并且从不同的角度为可持续发展下了定义，主要有以下几种。

1. 从自然属性上阐述可持续发展的定义

这个定义是由生态学家提出的，他们所关注的是生态持续性（Ecological Sustainability），即保持自然资源再生能力和开发利用程度之间的平衡。

2. 从社会属性上阐述可持续发展的定义

该定义是 1991 年世界自然保护同盟（FVCN）、联合国环境规划署（UNEP）和世界野生生物基金会（WUF）共同提出的，它以人类社会的进步、发展为目标，即强调人类的生活、生产方式与地球的承载力相协调，并最终落脚于促进人类生活质量和生活环境的改善。

3. 从经济属性上阐述可持续发展的定义

经济学家理解可持续发展是将经济的发展作为其核心内容，从经济发展的资源支撑上理解可持续发展。他们认为可持续发展就是不降低环境质量和不破坏世界自然资源基础的经济发展。

上述这些定义的提出均得到了部分学者的支持，但同时也有不少欠完备之处。迄今为止，为大家广泛认可的可持续发展的概念是由挪威首相布伦兰特夫人提出的，即可持续发展是指既满足当代人的需求，又不对后代人满足其自身需求的能力产生威胁的发展。该概念主要强调了两个方面的内容：首先，可持续发展的目的还是要满足人的各种需求，这些需求应放在第一位来加以考虑；其次，可持续发展不能以破坏后代人满足自身需求的能力为代价，这里实际上讲的是人对周边环境产生影响的度的问题，即人们在追求自身需求得到满足时，不能以牺牲环境为代价。环境与需求满足之间是相互依存、缺一不可的，可持续发展只有从上述两个方面来把握才能抓住其本质内容。

（二）可持续发展的原则

虽然可持续发展从定义上看只是需求和环境两个方面的内容，但是其深层次所包含的意义却是相当复杂的，基本上可以从以下 4 个原则来加以表述。

1. 公平性原则

公平性原则（Fairness）是可持续发展理念与人类社会之前的各种发展理念之间的重大区别。公平性在传统的发展模式中没有得到足够的重视，传统的经济理论纯粹是为了生产而生产，没有考虑到未来各代人的利益，于是就产生了许多为了眼前效益而破坏宝贵环境资源的短视行为。可持续发展中的公平性是指人类满足自身需求的机会对每个人来说都是均等的，因为满足自身需求是发展的主要目标。但在现实中，人类满足自身需求的能力却存在许多不公平因素，诸如同代人之间、不同代人之间，以及资源的分配等方面。因此，可持续发展的公平性要从下列 3 个方面来理解。

（1）同代人之间的公平性。即同代人均有相同的机会满足自身基本需要以及获得更好生活的需求。可是，现实的世界却是一部分人十分富足，而约占世界人口 1/5 的人们还处于贫困状态，这种贫富差距悬殊、两极分化明显的世界给实现可持续发展造成了极大的障碍。因此，我们要将消除贫困作为实现可持续发展的第一个步骤，使地球上生活的人能共同拥有满足生活基本需求的机会。

（2）代际间的公平。即不同世代人之间的纵向公平性。不同世代的人都同样生活在这个地球上，下一代人应该和本代人一样平等地享有满足其需求的机会。然而，地球上的资源是有限的，如何开发和利用才能既满足本代人需求又不损害人类世世代代满足需求的权利，是实现代际间公平的关键。

（3）分配有限资源的公平性。地球上的每个人均对有限的资源享有相同的使用权利。可是现实中，却是少数人使用了大量的资源；而大多数的人只能分配到一小部分，这尤其表现在发达国家和发展中及落后国家之间。发达国家对能源、矿藏等有限资源的拥有和消耗量远远大于多数发展中国家，而世界上人口又大多分布于发展中国家，这就产生了不公平因素。可见，可持续发展对公平性的要求是十分全面的，这种公平性要求当代人在考虑自己的需求和消费时，也要对未来各代人的需求与消费负起责任，保证各代人都有同样的选择发展的机会。

2. 可持续性原则

所谓的可持续性（Sustainability）是指生态系统在受到外界的某种干扰时，能够保持其生产率的能力。资源和环境是人类社会赖以存在的基础，因而保持资源与环境的可持续性是人类社会持续存在的前提。资源和环境的可持续，要求人们在生活和生产中对环境和资源进行保护式使用，在消耗方式和消耗量上对自己的行为加以约束。具体而言，可持续性原则要求人们放弃传统的高消耗、高增长、高污染的粗放式生产方式和高消费的生活方式，鼓励进行生态化的生产和适度消费，尽可能避免给环境造成破坏。从上述分析不难看出，可持续性原则的核心内容就是人类社会的经济和社会发展要和环境的承载力相协调，不能超过资源与环境的承载能力。

3. 共同性原则

在可持续发展中，共同性（Common）包括了两个含义：其一，人类社会发展的目标是共同的，即实现公平性和持续性的发展；其二，人类拥有共同的环境和资源，为了实现持续发展的目标必须采取全球共同的联合行动。因此，共同性原则需要人们形成一种相同的意识，即在满足自身需求时考虑到对他人（包括前代人和后代人）和生态环境的影响，切实保证人类共同资源的可持续利用，实现人与人以及人与自然之间的动态平衡。

4. 需求性原则

传统发展模式以传统经济学为支柱，所追求的目标是经济的增长，发展效果通过国民生产总值来反映，这种发展模式忽视了资源的代际合理配置，通过市场信息来刺激当代人的生产活动。它不仅使世界资源环境承受了前所未有的压力，资源环境不断恶化，而且人类的一切基本物质需要仍然得不到满足。而可持续发展则坚持公平性和长期可持续性原则，以满足所有人的基本需求（Demand）和向所有人提供实现美好生活愿望的机会。

（三）可持续发展理论对旅游规划的指导意义

旅游业是社会发展的重要组成部分，是国家经济不可缺少的要素。因此，旅游业的可持续发展对国家经济的发展有着十分重要的意义。但是长期以来旅游的开发模式是典型的粗放型模式，将旅游业的发展看成一种数量型的增长和外延型扩大再生产，因而导致了旅游资源的盲目开发，缺乏深入调查研究和全面科学论证、评估与规划，旅游区的环境也遭到了严重的破坏。所以，在旅游规划和开发中，要以可持续发展理论作为工作的依据之一，保持人类享受资源的公平性，严格控制出现急功近利、重开发轻保护，甚至只开发不保护的现象。对于旅游资源的开发，应进行科学的论证，只有在技术和资金到位的前提下才能进行，否则，应继续等待开发时机。旅游开发中还要注重旅游区的环境问题，不能一味追求经济效益。旅游规划开发人员应树立社会效益和生态环境效益的观念，切实保证旅游活动与生态环境的协调，实现旅游的有序发展，走可持续发展的道路。

泰山：世界遗产的忧虑

泰山，世界文化与自然双重遗产，世界地质公园，全国重点文物保护单位，国家重点风景名胜区，国家5A级旅游景区。泰山位于山东省泰安市中部。主峰玉皇顶海拔1545米，气势雄伟磅礴，有“五岳之首”“五岳之长”“天下第一山”之称。自古以来，中国人就崇拜泰山，有“泰山安，四海皆安”的说法。在汉族传统文化中，泰山一直有“五岳独尊”的美誉。自秦始皇封禅泰山后，历朝历代帝王不断在泰山封禅和祭祀，并且在泰山上下建庙塑神，刻石题字。古代的文人雅士更对泰山仰慕备至，纷纷前来游历，作诗记文。泰山宏大的山体上留下了20余处古建筑群，2200余处碑碣石刻。

泰山索道包括泰山中天门索道、后石坞索道、桃花源索道。3条索道以岱顶为中心，构成了连接中天门旅游景区、后石坞旅游景区和桃花峪旅游景区的泰山空中交通网。中天门索道下起中天门西侧的凤凰岭，上至南天门西侧的月观峰，1981年7月1日起开始建设，1983年8月5日建成通车。后石坞索道上起泰山岱顶北天门，下至后石坞旅游景区，1992年5月28日起开始建设，1993年8月28日建成通车。桃花源索道下起桃花源旅游景区，上至岱顶天街北端，1992年5月28日起开始建设，1993年11月8日建成通车。

2000年10月1日，扩建后的泰山新索道在众多专家学者的质疑和反对声中投入运营。有关学者在接受传媒访问时再次呼吁：泰山修建索道弊大于利，为了把泰山完整无缺地传给后人，应坚决拆除泰山索道。

据报道，泰山中天门至岱顶主索道是于1983年建成运行的，由于索道直接插入泰山心脏，严重破坏泰山中心旅游景区的景观，在修建前即遭到专家们的强烈反对。按国务院批准的总体规划，泰山中天门索道到服役期满后应予全部拆除，但索道公司不仅没拆，反而决定扩建，增加5倍多的运量。中国14位著名专家、教授和院士曾就此联名发出紧急呼吁，要求立即停止索道扩建工程，但未获采纳。

泰山世界遗产研究委员会主任、泰山志编纂办公室主任李继生是泰山申报世界遗产时申报资料的主笔，他从一开始就坚决反对在泰山上修索道。他说，泰山修建索道是富了一家穷了大家，近几年的建筑投入越大，破坏也就越大。他介绍说，在泰山上修建索道违背了“保护世界文化与自然遗产公约”的有关精神。中国加入该“公约”的目的就是更好地保护泰山，泰山也是我国当年申报的唯一的文化、自然双遗产。这位学者进一步强调，在泰山可以修什么，不可以修什么，在哪个地方修，国务院1987年批准的《泰山风景名胜区总体规划》已有明确的规定，对保护问题规定得更加严格，其是有法律效力的。

思考与练习

1. 判断是否为旅游景区的依据是什么？
2. 概述旅游规划的分类。
3. 旅游景区开发的原则是什么？
4. 如何处理旅游景区开发与资源保护之间的关系？

第二章　旅游景区资源的调查与评价

本章摘要

旅游景区资源是旅游景区开发的基础和前提，摸清旅游景区资源的状况，包括资源的数量、质量、分布及其潜在价值，是旅游景区开发规划及项目设计的前提。本章对旅游景区资源分析的基本理论和方法加以阐述，主要内容包括旅游景区资源的概述、旅游景区资源分类、旅游景区资源调查的方法和程序、旅游景区资源评价的方法。

学习目标

- 理解旅游景区资源的定义和内涵
- 了解旅游景区资源的特征
- 掌握旅游景区旅游资源的基本类型
- 掌握旅游景区旅游资源调查的方法和程序
- 掌握旅游景区资源评价的定性和定量方法

第一节　旅游景区旅游资源的概述

一、旅游景区资源的概念

所谓旅游景区资源，是指旅游景区内具有开发价值、能够吸引游客并且满足旅游需求的自然和人文景观以及旅游服务设施的总和。该定义包含以下 4 个方面的含义。

（一）旅游景区资源的客观存在性

旅游景区资源首先是存在于旅游景区中的自然事项和人文事项，人们通过感觉器官可以感知到。

（二）旅游景区资源是吸引物

无论是从观赏、体验还是从其本身看，旅游景区资源都具有一定的吸引力，能够满足游客娱乐、休闲、舒畅心情的各种需求。

（三）旅游景区资源的造景功能

旅游景区资源存在于旅游景区中，并不都具备了景观的特征，但是通过资源开发、形象塑造可以将旅游景区资源转化成具有景观特质的景点。

（四）旅游景区资源范围的宽泛性

旅游景区资源不仅指自然和人文旅游资源，还包括旅游景区内的各种基础设施和旅游服务设施及旅游景区提供的各种旅游服务。比如旅游景区的宾馆、酒店、购物商店等，这些旅游服务设施不仅为游客提供使用功能，其建筑本身也是旅游景区的重要景观。

二、旅游景区资源的特征

（一）空间局限性

因为旅游景区在空间上具有一定的范围，所以旅游景区内的资源具有空间局限性，受空间范围的限制，因此，旅游景区内的资源数量也表现出有限性，旅游景区空间范围的大小决定了旅游景区资源数量的多少。这一特征要求旅游景区的开发必须将旅游景区范围和资源数量结合起来考虑。

（二）系统性

旅游景区资源是一个系统，旅游景区内各种资源之间是相辅相成的，它们共同构成了旅游景区的资源系统，系统内任何一个要素的变化都会影响到旅游景区的整体性开发与管理。这一特征要求旅游景区开发要注重对旅游景区的整体开发，协调好旅游景区内自然景观、人文景观和旅游景区旅游服务设施的组合开发。

（三）空间组合性

旅游景区资源除了具有相互联系性外，在空间上还表现出组合性，任何一个旅游景区都可以看作各种资源在空间上的完美组合，这种组合赋予了旅游景区独特的旅游功能。

（四）开发性

旅游景区资源潜在的开发性是由旅游景区资源品位提升的潜在性决定的。不同旅游景区的资源或同一旅游景区内资源都有明显的差异，品质不高的资源依然具有开发价值，开发者可以通过市场分析，结合市场需求开发具有特色的旅游产品。

（五）综合价值

旅游景区资源的价值不仅仅体现在旅游价值方面，通常是由多方面的价值综合体现出来的，比如自然保护区的生态价值、森林公园的游赏价值、故宫的文化价值和红色旅游区的教育价值等。正是因为旅游景区具有综合价值，才使旅游景区更具有开发价值，这一特征要求旅游景区开发要充分挖掘旅游景区多方面的价值，对旅游景区进行综合性开发。

旅游景区资源系统主要由旅游资源、旅游基础设施、旅游服务设施和旅游景区内提供的各种服务组成，其中旅游资源是旅游景区资源中的核心资源，决定着旅游景区吸引力的大小。其他旅游景区资源决定了游客在旅游景区内游览的舒适度程度。

第二节　旅游资源的分类和调查

一、旅游资源的定义和内涵

（一）旅游资源的定义

旅游资源在国外被称作旅游吸引物，泛指旅游地吸引旅游者的所有因素的总和。

目前我国普遍采纳的定义是2003年颁布实施的国家标准《旅游资源分类、调查与评价》（GB/T 18972—2003）中的表述，即旅游资源是指“自然界和人类社会凡能对旅游者产生吸引力，可以为旅游业开发利用，并可产生经济效益、社会效益和环境效益的各种事物和因素”。本书所论的旅游资源以此国家标准为准。

（二）旅游资源的内涵

旅游资源的上述概念不仅确定性地概括了旅游资源的基本定义，还明确了判别旅游资源的3个重要依据。

1. 旅游资源要能对旅游者产生一定的吸引力

这是判别是否属于旅游资源的首要条件。旅游资源是资源的一部分，理所当然地应该具有资源的共性，即在旅游业发展中具有可利用的价值，并作为人类旅游活动重要的基础。旅游资源的实用价值和基础性主要体现在对游客的吸引力上。游客从客源地到某一旅游地去旅游，是因为这一旅游地有吸引游客的对象。例如，优美的自然风光、驰名的文物古迹、舒适的气候环境、奇特的景物，都可以吸引游客前去游览、观赏、休养等，从而促进了旅游活动的开展。旅游资源对游客的吸引力，是指对社会旅游者的群体而言，而不是以个别人的爱好为标准。这种吸引力会随着时代变迁和旅游者的需求而发生变化，也会随着旅游资源的合理开发而大大增加。

2. 旅游资源要能为旅游业服务、被旅游业利用

那些能对游客产生吸引力，目前未被开发利用，未来将被开发利用的客观实体或因素，属于潜在旅游资源。同时要认识到，旅游资源是一个不断发展的概念，随着社会的进步、经济的发展、科学技术水平的提高，人们旅游需求日益多样化、个性化，旅游资源的范畴也在不断扩大。从“能为旅游业服务、被旅游业利用”这一内涵衡量，今后旅游资源的范围还将继续扩大，某些现在看来不是旅游资源的客体或因素，很可能以后会成为旅游资源。

3. 旅游资源开发要能实现经济、社会和生态三大效益的统一

这是判别是否属于旅游资源的第3个依据。如用于招揽游客的赌博、色情、迷信活动等，忽略了长远的经济和社会效益，不宜作为旅游资源；以破坏生态环境为代价来换取暂时的经济效益的事物和因素，也不能作为旅游资源。

旅游资源的内涵十分广泛，既包括自然界的名山、瀑布、森林、动物等，以及人工建造的园林、宫殿、文化名城、珍贵文物等物质客观实体，也包括游记、诗词、题刻、神话传说、影视戏曲和书法绘画等许多非物质的精神文化因素。在旅游业发展的不同历史阶段，旅游资源的范畴在不断扩大，并与科技发展水平紧密相关。随着科技的进步，资源利用方式会发生变化，开发深度也会加大；由于原有技术水平的限制，尚未被开发利用的资源也将经过开发而进入旅游活动中。

二、旅游资源的特征

（一）美学特征

旅游资源同其他资源相比，最主要的差别就是拥有美学特征。几乎所有的旅游活动都包括对美的事物的观赏，从一定意义上说，缺乏观赏性，也就不构成旅游资源。

无论是自然的还是人文的旅游资源，都包含多种美，如形象美、形态美、色彩美和声音美等，它们都给旅游者以符合生理和心理需求的美的享受。旅游资源的可观赏性越强，对旅游者的吸引力就越大。

（二）文化特征

旅游资源都具有丰富的文化内涵，即蕴藏着一定的科学性和深层次的自然与社会哲理。旅游者通过游览、参观，可以获得丰富的知识，增加智力，启迪美感，旅游是人们进行智力和情感教育的重要方式。但旅游者文化享受的获得，往往需要较高的文化素养和精神境界。这种特性使其文化内涵的深浅与吸引力的大小不成正比。因此，旅游开发者不仅应该深入研究旅游资源的文化内涵，而且应该采取措施使其充分展示在旅游者面前，增加其对游客的吸引力。

（三）地域特征

自然和人文旅游资源都具有明显的地域差异，即具有其存在的特殊条件和相应的地理环境。因为地理环境的区域分异规律主要制约着自然地理环境，所以一个地区的地质、地貌、气候、水文、动植物等均存在着明显的地域差异性。而人总是生活在一定的地理环境中，因此，不同国家、民族在长期活动中形成的历史文化和风俗民情，不可避免地带上一定的地域色彩。

（四）整体特征

任何一种旅游资源都不是与周围其他景观要素互不联系的单一景象，而是不断和其周围的环境相互作用，共同形成的一个和谐的有机整体。存在于特定地域上的各种各样的旅游资源，离开了必要的环境，它们的内涵和吸引力也就消失或大大降低，如主题公园仿制了逼真的竹楼、蒙古包等，但它离开地域背景、周边环境与民族习俗等依托，在游客的视域中，真假泾渭分明。长江三峡、桂林山水、壶口瀑布等旅游资源，更是离不开特定的地理环境。

（五）不可再生特征

具有吸引力的旅游资源多是自然的造化和历史的遗存，一旦遭到破坏，将是难以修复和还原的。历史文物遭到破坏，即便是人力可以使其恢复，但已经不是原物，同时它的观赏和历史价值也降低了。被破坏的自然风景，人力就更难以恢复了。有人强调旅游资源无法被旅游者带走，把旅游资源定性为可永续利用的资源。其实，这种认识是片面的。例如，不控制洞窟容量，虽然游客没带走什么，仍会加速洞窟的风化和破坏。

（六）季节特征

旅游资源的季节特征指景物有随季节变化的特征，并且影响到旅游活动和旅游人群的季节变化。旅游资源的季节变化主要由所在地的纬度、地势和气候等因素决定，特别是气候的季节性变化影响，同时也受人为因素的影响。不同的季节，同样的景物会表现出不同的特征，甚至有些景色只在特定的季节和时间里出现，例如，吉林的树挂、傣族的“泼水节”等。旅游资源的季节变化特征，导致了旅游在一年之中出现较明显的淡旺季。

（七）动态特征

旅游资源的范畴和价值是随着人类的认识水平、感官需要、发现迟早、宣传、开发条件等众多因素的变化而变化的。旅游资源范畴变化表现为：一些原本不是旅游资源的后来变成了旅游资源；一些旅游资源变成了非旅游资源。不同的人对于同一旅游资源可以产生完全不同的评价。如当地居民认为不足为奇的当地旅游资源，外来游人看来却是十分新奇的。旅游资源的价值还与旅游者的开发方式有关，例如，同一个水体旅游资源，可用来开发观光、度假和康体旅游等，其开发价值是不同的。

三、旅游资源的分类

（一）旅游资源的分类原则

国家标准划分旅游资源的总原则是依据旅游资源的性状，即现存状况、形态、特性、特征。这个原则比较清楚，它包括了旅游资源的内在性质和外部表现，一切着眼点都在旅游资源本身，而不把其体量、用途、开发利用程度等附加性质作为其分类判断指标。具体的分类原则主要如下。

1. 属性原则

属性是指旅游资源的性质、特点、存在形式、状态等。旅游资源的分类应在确定旅游资源分类的范围和内容的前提下，以旅游资源属性作为主要指标，对旅游资源进行科学的分类。例如，地质地貌、水体、气候、生物旅游资源等，它们的性状不同，可以区分为不同的类别。

2. 特征原则

旅游资源分类还应充分考虑旅游资源的成因、形态、年代等基本特征因素，对旅游资源的类型进行合理的划分。例如，地貌旅游资源按成因可分为流水作用的旅游地貌、风力作用的旅游地貌、溶蚀作用的旅游地貌等。

3. 相似性与差异性原则

旅游资源的分类应尽可能寻找共同性，区别差异性，所划分出的同一级同一类型旅游资源必须具有共同的属性，不同类型之间应具有一定的差异，做到旅游资源分类的系统化和规范化，防止所划分旅游资源类型出现相互包容和重叠的情况。

4. 对应性原则

所划分出的次一级类型内容，必须完全对应于上一级类型的内容，不能出现下一级内容超出上一级或少于上一级内容的现象，否则就会出现逻辑上的错误。

5. 逐级划分的原则

把分级与分类结合起来，使旅游资源普查和定量评价相结合，并具有可操作性。旅游资源可以分为不同级别、不同层次的亚系统，逐级进行分类，避免出现越级划分的逻辑性错误。

（二）旅游资源的分类方法

根据《旅游资源分类、调查与评价》（GB/T 18972—2003），旅游资源可分为 8 个主类（包括 A 地文景观、B 水域风光、C 生物景观、D 天象与气候景观、E 遗址遗迹、F 建筑与设施、G 旅游商品、H 人文活动。其中 A、B、C、D 属于自然旅游资源，E、F、G、H 属于人文旅游资源）、31 个亚类、155 个基本类型 3 个层次。具体见表 2－1。

表 2－1　旅游资源分类

主类	亚类	基本类型
A 地文景观	AA 综合自然旅游地	AAA 山丘型旅游地；AAB 谷地型旅游地；AAC 沙砾石地型旅游地；AAD 滩地型旅游地；AAE 奇异自然现象；AAF 自然标志地；AAG 垂直自然地带
	AB 沉积与构造	ABA 断层景观；ABB 褶曲景观；ABC 节理景观；ABD 地层剖面；ABE 钙华与泉华；ABF 矿点矿脉与矿石积聚地；ABG 生物化石点
	AC 地质地貌过程形迹	ACA 凸峰；ACB 独峰；ACC 峰丛；ACD 石（土）林；ACE 奇特与象形山石；ACF 岩壁与岩缝；ACG 峡谷段落；ACH 沟壑地；ACI 丹霞；ACJ 雅丹；ACK 堆石洞；ACL 岩石洞与岩穴；ACM 沙丘地；ACN 岸滩
	AD 自然变动遗迹	ADA 重力堆积体；ADB 泥石流堆积；ADC 地震遗迹；ADD 陷落地；ADE 火山与熔岩；ADF 冰川堆积体；ADG 冰川侵蚀遗迹
	AE 岛礁	AEA 岛区；AEB 岩礁
B 水域风光	BA 河段	BAA 观光游憩河段；BAB 暗河河段；BAC 古河道段落
	BB 天然湖泊与池沼	BBA 观光游憩湖区；BBB 沼泽与湿地；BBC 潭池
	BC 瀑布	BCA 悬瀑；BCB 跌水
	BD 泉	BDA 冷泉；BDB 地热与温泉
	BE 河口与海面	BEA 观光游憩海域；BEB 涌潮现象；BEC 击浪现象
	BF 冰雪地	BFA 冰川观光地；BFB 常年积雪地
C 生物景观	CA 树木	CAA 林地；CAB 丛树；CAC 独树
	CB 草原与草地	CBA 草地；CBB 疏林草地
	CC 花卉地	CCA 草场花卉地；CCB 林间花卉地
	CD 野生动物栖息地	CDA 水生动物栖息地；CDB 陆地动物栖息地；CDC 鸟类栖息地；CDE 蝶类栖息地
D 天象与气候景观	DA 光现象	DAA 日月星辰观察地；DAB 光环现象观察地；DAC 海市蜃楼现象多发地
	DB 天气与气候现象	DBA 云雾多发区；DBB 避暑气候地；DBC 避寒气候地；DBD 极端与特殊气候显示地；DBE 物候景观
E 遗址遗迹	EA 史前人类活动场所	EAA 人类活动遗址；EAB 文化层；EAC 文物散落地；EAD 原始聚落
	EB 社会经济文化活动遗址遗迹	EBA 历史事件发生地；EBB 军事遗址与古战场；EBC 废弃寺庙；EBD 废弃生产地；EBE 交通遗迹；EBF 废城与聚落遗迹；EBG 长城遗迹；EBH 烽燧

续 表

主类	亚类	基本类型
F 建筑与设施	FA 综合人文旅游地	FAA 教学科研实验场所；FAB 康体游乐休闲度假地；FAC 宗教与祭祀活动场所；FAD 园林游憩区域；FAE 文化活动场所；FAF 建设工程与生产地；FAG 社会与商贸活动场所；FAH 动物与植物展示地；FAI 军事观光地；FAJ 边境口岸；FAK 景物观赏点
	FB 单体活动场馆	FBA 聚会接待厅堂（室）；FBB 祭拜场馆；FBC 展示演示场馆；FBD 体育健身场馆；FBE 歌舞游乐场馆
	FC 景观建筑与附属型建筑	FCA 佛塔；FCB 塔形建筑物；FCC 楼阁；FCD 石窟；FCE 长城段落；FCF 城（堡）；FCG 摩崖字画；FCH 碑碣（林）；FCI 广场；FCJ 人工洞穴；FCK 建筑小品
	FD 居住地与社区	FDA 传统与乡土建筑；FDB 特色街巷；FDC 特色社区；FDD 名人故居与历史纪念建筑；FDE 书院；FDF 会馆；FDG 特色店铺；FDH 特色市场
	FE 归葬地	FEA 陵区陵园；FEB 墓（群）；FEC 悬棺
	FF 交通建筑	FFA 桥；FFB 车站；FFC 港口渡口与码头；FFD 航空港；FFE 栈道
	FG 水工建筑	FGA 水库观光游憩区段；FGB 水井；FGC 运河与渠道段落；FGD 堤坝段落；FGE 灌区；FGF 提水设施
G 旅游商品	GA 地方旅游商品	GAA 菜品饮食；GAB 农林畜产品与制品；GAC 水产品与制品；GAD 中草药材及制品；GAE 传统手工产品与工艺品；GAF 日用工业品；GAG 其他物品
H 人文活动	HA 人事记录	HAA 人物；HAB 事件
	HB 艺术	HBA 文艺团体；HBB 文学艺术作品
	HC 民间习俗	HCA 地方风俗与民间礼仪；HCB 民间节庆；HCC 民间演艺；HCD 民间健身活动与赛事；HCE 宗教活动；HCF 庙会与民间集会；HCG 饮食习俗；HCH 特色服饰
	HD 现代节庆	HDA 旅游节；HDB 文化节；HDC 商贸农事节；HDD 体育节

注：如果发现本分类没有包括的基本类型时，使用者可自行增加。增加的基本类型可归入相应亚类，置于最后，最多可增加 2 个。编号方式：增加第 1 个基本类型时，该亚类两位英文大写字母 + Z；增加第 2 个基本类型时，该亚类两位英文大写字母 + Y。

四、旅游资源的调查

（一）旅游资源调查的目的

旅游资源调查的目的主要是系统全面地查清调查区域内旅游资源的存赋数量、空间分布、等级质量、特色、吸引力、类型等要素，以查明可供利用的旅游资源状况，为旅游资源的综合评价提供直接的科学资料，为旅游资源的开发以及旅游业的发展提供决策依据。

（二）旅游资源调查的意义

旅游资源调查可了解到调查区域内旅游资源的类型、现状、特征、规模和开发潜力等因素，系统掌握旅游资源的现状，为其评价和开发工作提供可靠的第一手资料；可全面掌握该资源的开发、保护和利用现状及存在的问题，从而为确定该资源的开发导向、开发时序、开发重点和提出相应的管理措施提供翔实可靠的材料；可掌握旅游资源的利用状况，对有开发潜力和符合旅游者需求的旅游资源，适时科学地开发；可动态、系统地掌握旅游资源的开发进展状况，检测其保护情况，从而为旅游管理部门及时获得相关信息与迅速地做出反应提供条件，并使其工作科学化、现代化；可建立信息档案，并链接到区域信息库中，起到摸清家底和了解现状的作用，对区域经济发展和管理工作有很大的参考价值。

（三）旅游资源调查的种类

1. 概查

概查是为发现问题而进行的一种初步调查，它主要是寻找问题产生的原因以及问题的症结所在，为进一步调查做准备。概查可以简化工作程序，如不需要成立调查组，资料收集限定在与专门目的相关的范围，不必制订严密的调查方案，可以不填写或择要填写旅游资源单体调查表。概查以定性为主，周期短、收效快，但信息损失量大，在进行旅游资源评价时易造成偏差。

2. 普查

普查是指为了掌握被研究对象的总体状况，对全体被研究对象逐个进行综合调查的一种调查方法。旅游资源的普查可以获得调查区旅游资源的丰富程度、优势和劣势等信息，可以作为国家与地方制定旅游业发展方向以及某一方面的政策所需要的专门性资料。普查对时间、人力和资金的消耗非常大，技术水平要求高，对旅游资源的调查缺乏深度。

3. 详查

详查即带有研究目的或规划任务的调查，对重点旅游资源及旅游区进行专题研究和鉴定，对关键性问题提出规划性建议。需组织多学科力量集中进行野外实地勘查，以弄清资源的成因、现状、历史演变及发展趋势，资源的类型结构和空间组合特点等。同时需要弄清开发该旅游资源的自然、社会和经济环境条件，并对投资、客源、收益及旅游业的发展给区域的经济、社会和生态带来的影响做出预测，从而确定该区旅游发展的方向和重点项目。

4. 典型调查

典型调查是根据旅游资源调查的目的和任务，在对调查对象进行初步分析的基础上，在被调查对象中有意识地选取一个或若干个具有典型意义的旅游资源进行调查研究，以认识调查对象的总体情况。典型调查方便、灵活，节省人力和物力。

5. 重点调查

重点调查即在调查对象中选择一部分对全局具有决定性作用的重点旅游资源进行调查，以掌握调查对象总体情况的调查方式。一般选定下述单体进行重点调查：具有旅游开发前景，具有明显的经济、社会、文化价值的旅游资源单体；集合型旅游资源单体中具有代表性的部分；代表调查区形象的旅游资源单体。

6. 抽样调查

抽样调查即按调查任务确定的对象和范围，从全体调查总体中抽选部分对象作为样本进行调查研究，用所得的结果推断总体结果的调查方式。抽样调查具有较强的时效性、较高的准确性和较大的经济性。在旅游资源调查中，一些不可能或不必要进行全面调查的，或在人力、财力资源有限的情况下，最适宜使用抽样调查的方法。

（四）旅游资源调查的内容

1. 旅游资源自身调查的内容

旅游资源自身调查的内容包括旅游资源状况的调查、旅游资源交通调查、与邻近资源相互关系的调查、旅游资源保护和开发现状的调查。旅游资源状况的调查包括对旅游资源的类型、数量、结构、规模、级别、成因，与旅游资源有关的重大历史事件、名人活动、文艺作品等基本情况，及旅游资源的文字、照片、录像、专题地图等有关资料的调查。旅游资源的交通是其开发的最大限制因素，摸清交通现状与前景十分重要。交通沿线及枢纽点的旅游资源，只要有一定的特色，就能吸引游客。若旅游资源特色强、规模大、结构好，就极易形成近期开发的重点新旅游景区。与邻近资源相互关系的调查包括调查自然与人文旅游资源的结合与互补情况，各要素的组合及协调性，景观的集聚程度等，调查分析邻近资源与区域内资源的相互联系、所产生的积极和消极因素以及旅游资源在不同层次旅游区域中的地位。旅游资源保护的调查内容包括工矿企业生产、生活等人为因素造成的大气、水体、土壤、噪声污染状况和治理程度，以及自然灾害、传染病、放射性物质等状况。旅游资源开发现状的调查包括旅游要素和客源市场的调查。旅游要素调查包括食、住、行、游、购、娱等诸方面；客源市场的调查包括形成客源的层面范围和大致数量，产生客源的积极和不利因素等。

2. 旅游调查区调查的内容

旅游调查区调查的内容包括调查区概况、自然人文环境、调查区重点内容和调查区旅游开发的调查。调查区概况包括被调查区的名称、地域范围与面积、所在的行政区划及其中心位置与依托的城市。自然环境调查包括地质、地貌、气象气候、水文、动植物等内容。人文环境调查包括历史沿革、经济状况、社会文化环境等内容。调查区重点内容的调查是指重点旅游景区和外围旅游区的调查。把那些旅游资源极具特色、具有特殊旅游功能、唯我独有的或适合科学考察和专业学习的地区确定为重点新旅游景区，并对此进行详细调查。旅游区外围的调查可以发现新旅游资源，有利于分流原旅游景区的客流，改善旅游环境，同时可以扩大已知旅游景区的范围，延长游客停留时间，与原旅游区形成一个规模宏大、内涵丰富的新景区。调查区旅游开发的调查包括阐明旅游资源开发指导思想、开发途径、步骤和保障措施。

（五）旅游资源调查的程序

旅游资源调查程序，包括调查准备、实地调查。

1. 调查准备阶段

（1）成立调查组

①调查组成员应具备与该调查区旅游环境、旅游资源、旅游开发有关的专业知识，

一般应吸收旅游、环境保护、地学、生物学、建筑园林、历史文化、旅游管理等方面的专业人员参与。

②根据本标准的要求，进行技术培训。

③准备实地调查所需的设备，如定位仪器、简易测量仪器、影像设备等。

④准备多份“旅游资源单体调查表”。

（2）确定资料收集范围

①与旅游资源单体及其存赋环境有关的各类文字描述资料，包括地方志书、乡土教材、旅游区与旅游点介绍、规划与专题报告等。

②与旅游资源调查区有关的各类图形资料，重点是反映旅游环境与旅游资源的专题地图。

③与旅游资源调查区和旅游资源单体有关的各种照片、影像资料。

2. 实地调查阶段

（1）确定调查区内的调查小区和调查线路

为便于运作和此后旅游资源评价、旅游资源统计、区域旅游资源开发的需要，将整个调查区分为调查小区。调查小区一般按行政区划分（如省级一级的调查区，可将地区一级的行政区划分为调查小区；地区一级的调查区，可将县级一级的行政区划分为调查小区；县级一级的调查区，可将乡镇一级的行政区划分为调查小区），也可按现有或规划中的旅游区域划分。

调查线路按实际要求设置，一般要求贯穿调查区内所有调查小区和主要旅游资源单体所在的地点。

（2）选定调查对象

选定下述单体进行重点调查：具有旅游开发前景，有明显的经济、社会、文化价值的旅游资源单体；集合型旅游资源单体中具有代表性的部分；代表调查区形象的旅游资源单体。

对下列旅游资源单体暂时不进行调查：明显品位较低，不具有开发利用价值的；与国家现行法律、法规相违背的；开发后有损于社会形象的或可能造成环境问题的；影响国计民生的；某些位于特定区域内的。

（3）填写“旅游资源单体调查表”

对每一调查单体分别填写一份“旅游资源单体调查表”，如表 2-2 所示。

调查准备和实地调查结束后需要对获得资料和现场记录进行整理总结，包括将野外考察的现场调查表格归纳整理为调查汇总表；将野外所填的草图进一步复核、分析、整理，并与原有地图和资料互相对比，做到内容与界线准确无误，形成正式图件；将野外拍摄的照片放大，归类，附上文字说明；将野外摄制的录像进行剪接编制、配音；对室内外收集和考察获得的资料进行分析整理、数据处理、编制调查报告。在整理总结过程中，常常会发现一些野外考察过程中的疏漏或文字记录数据测量模糊等状况，对这些情况需进行野外补点。也有经分析，需进一步对一些重点地区补充资料而出外补点的。

表 2－2　　　　　　　　　　旅游资源单体调查表

单体序号________________单体名称________________

<table>
<tr><td>行政位置</td><td colspan="5"></td></tr>
<tr><td>资源代码 1</td><td></td><td>资源代码 2</td><td></td><td>资源代码 3</td><td></td></tr>
<tr><td>地理位置</td><td colspan="5">旅游资源单体所在的经纬度</td></tr>
<tr><td>性质与特征</td><td colspan="5">（单体性质、形态、结构、组成成分的外在表现和内在因素，以及单体生成过程、演化历史、人事影响等主要环境因素）</td></tr>
<tr><td>旅游区域及进出条件</td><td colspan="5">（单体所在地区的具体部位、进出交通、与周边旅游集散地和主要旅游区点之间的关系）</td></tr>
<tr><td>保护与开发现状</td><td colspan="5">（单体保存现状、保护措施、开发情况）</td></tr>
<tr><td>图片资料</td><td colspan="2"></td><td colspan="2">视频资料</td><td></td></tr>
<tr><td>填表人</td><td colspan="2"></td><td colspan="2">填表时间</td><td></td></tr>
</table>

注：调查表各项内容填写要求如下。

1. 单体序号：由调查组确定的旅游资源单体顺序号码。

2. 单体名称：旅游资源单体的常用名称。

3. “代码”项：代号用汉语拼音字母和阿拉伯数字表示，即“表示单体所处位置的汉语拼音字母－表示单体所属类型的汉语拼音字母－表示单体在调查区内次序的阿拉伯数字”。

如果单体所处的调查区是县级和县级以上行政区，则单体代号按“国家标准行政代码（省代号 2 位－地区代号 3 位－县代号 3 位，参见《中华人民共和国行政区代码》（GB/T 2260—1999））－旅游资源基本类型代号 3 位－旅游资源单体序号 2 位”的方式设置，共 5 组 13 位数，每组之间用短线“－”连接。

如果单体所处的调查区是县级以下的行政区，则旅游资源单体代号按“国家标准行政代码（省代号 2 位－地区代号 3 位－县代号 3 位，参见《中华人民共和国行政区代码》（GB/T 2260—1999））－乡镇代号（由调查组自定 2 位）－旅游资源基本类型代号 3 位－旅游资源单体序号 2 位”的方式设置，共 6 组 15 位数，每组之间用短线“－”连接。

如果遇到同一单体可归入不同基本类型的情况，在确定其为某一类型的同时，可在“其他代号”后按另外的类型填写。操作时只需改动其中旅游资源基本类型代号，其他代号项目不变。

填表时，一般可省略本行政区及本行政区以上的行政代码。

4. “行政位置”项：填写单体所在地的行政归属，从高到低填写政区单位名称。

5. “地理位置”项：填写旅游资源单体主体部分的经纬度（精确到秒）。

6. “性质与特征”项：填写旅游资源单体本身个性，包括单体性质、形态、结构、组成成分的外在表现和内在因素，以及单体生成过程、演化历史、人事影响等主要环境因素，提示如下。

（1）外观形态与结构类：旅游资源单体的整体状况、形态和突出（醒目）点；代表形象部分的细节变化；整体色彩和色彩变化、奇异华美现象，装饰艺术特色等；组成单体整体各部分的搭配关系和安排情况，构成单体主体部分的构造细节、构景要素等。

（2）内在性质类：旅游资源单体的特质，如功能特性、历史文化内涵与格调、科学价值、艺术价值、经济背景、实际用途等。

（3）组成分类：构成旅游资源单体的组成物质、建筑材料、原料等。

（4）成因机制与演化过程类：表现旅游资源单体发生、演化过程、演变的时序数值；生成和运行方式，如形成机制、形成年龄和初建时代、废弃时代、发现或制造时间、盛衰变化、历史演变、现代运动过程、生长情况、存在方式、展示演示及活动内容、开放时间等。

（5）规模与体量类：表现旅游资源单体的空间数值如占地面积、建筑面积、体积、容积等；个性数值如长度、宽度、高度、深度、直径、周长、进深、面宽、海拔、高差、产值、数量、生长期等；比率关系数值如矿化度、曲度、比降、覆盖度、圆度等。

（6）环境背景类：旅游资源单体周围的境况，包括所处具体位置及外部环境如目前与其共存并成为单体不可分离的自然要素和人文要素，如气候、水文、生物、文物、民族等；影响单体存在与发展的外在条件，如特殊功能、雪线高度、重要战事、主要矿物质等；单体的旅游价值和社会地位、级别、知名度等。

（7）关联事物类：与旅游资源单体形成、演化、存在有密切关系的典型的历史人物与事件等。

7. “旅游区域及进出条件”项：包括旅游资源单体所在地区的具体部位、进出交通、与周边旅游集散地和主要旅游区（点）之间的关系等。

8. “保护与开发现状”项：旅游资源单体保存现状、保护措施、开发情况等。

9. “共有因子评价问答”项：旅游资源单体的观赏游憩价值、历史文化科学艺术价值、珍稀或奇特程度、规模丰度与概率、完整性、知名度和影响力、适游期和使用范围、污染状况与环境安全。

（六）旅游资源调查的方法

1. 询问调查法

调查者可用访谈询问的方式了解旅游资源情况。应用这种方法，可以从资源所在地部门、居民及旅游者中及时地了解旅游资源客观事实和难以发现的事物现象。通常可以设计调查问卷、调查卡片、调查表等，通过面谈调查、电话调查、邮寄调查、留置问卷调查等形式进行询问访谈。

2. 统计分析法

统计分析法指使用统计学的方法来对旅游资源进行分类、分组等方面的分析和处理。这种方法包括对现有资料的收集、预测和对调查过程中所取得的资料的统计、分析等，对确定一个调查区的旅游特色和旅游价值具有重大意义，也是旅游规划和生态环境建设的基本依据。该方法适用于调查区资料较多且对于旅游资源分析有价值的区域。

3. 田野勘测法

田野现场勘测是旅游资源调查最常用的一种实地调查方法。要求调查人员一一核实所有已获得的资料，而且需补充将来开发工作所需的一切资料。调查人员通过观察、踏勘、测量、登录、填绘、摄像等形式直接接触旅游资源，进行专业认识和分析，可以获得珍贵翔实的第一手资料。

4. 现代科技分析法

现代科技分析法主要采用遥感技术、全球定位系统（GPS）、物探技术等。遥感技术是采用航天遥感（卫星）、航空遥感测量技术，对地球进行测量观察而获得地理信息的一种手段。GPS 是一种空间定位技术，可用来测定调查区旅游资源的位置、范围、大小、面积、体量、长度等。物探技术主要用于调查那些尚未发掘的地下文物。

5. 分类对比法

分类对比法指将旅游资源分门别类地进行特征归纳并进行对比考察和研究。调查区的各类旅游资源及景观美感各异，将所调查的旅游资源按其形态特征、内在属性、美感吸引性进行分类，并与其同类型或不同类型的旅游资源加以比较，以得出该地域内旅游资源的共性特征和个性特征。

第三节　旅游景区旅游资源的评价

旅游资源评价是旅游景区开发规划的重要基础工作，它是对构成旅游资源因子的质量、规模、功能、性质等各方面及旅游资源整体进行的评价，为旅游资源的开发提供更科学的依据。

旅游资源评价是一项极其复杂而重要的工作，主要是因为旅游资源内容广泛，种类及性质千差万别，同时，旅游资源评价目的不同，评价的手段和方法不同，因此，对旅游资源评价也很难有一个统一的标准。

一、旅游景区旅游资源评价的内容

旅游资源评价的内容包括旅游资源价值的评价及旅游景区旅游资源开发条件的评

价两种。

（一）旅游资源价值的评价

旅游资源价值评价的评价具体包括资源特色价值、美学观赏价值、历史文化价值、科学研究价值、经济社会价值、规模与组合状况6项指标。

1. 资源特色价值

这是吸引游客的一个关键性因素。通过对调查区与其他旅游区的比较，可分析出旅游资源的特色。旅游资源的特色越突出，旅游价值越大。

2. 美学观赏价值

它是指旅游资源能提供给旅游者美感的种类及强度。旅游资源的美包括形态美、形式美、色彩美、韵律美、嗅味美、动态美和意境美等。美感越强烈，对其评价就越高。

3. 历史文化价值

其包含两方面内容：一是其本身所具有的历史文化内涵，即其具有或体现了某一历史时期的某种文化特征；二是与重大历史事件、文艺作品、传说故事等有关的历史文化。旅游资源产生的年代越久远，越有代表性，越是与名人有关，其历史地位就越高，文化价值就越大。

4. 科学研究价值

科学研究价值是指在自然科学、社会科学和教学科研方面有某种科学研究功能。

5. 经济社会价值

经济社会价值是指旅游资源可能带来的经济收入和对人们福利、身心健康的有益程度。它可以促进人们开阔视野，增长知识，促进科技文化交流。

6. 规模和组合状况

规模和组合状况指景观本身所具有的大小、尺度和它们组合的质量，它包括单个景点的多要素组合形式以及更大范围旅游景区资源种类的配合状况，由此形成的该旅游景点、旅游景区、风景名胜区或旅游区的群体价值特征。旅游资源特质、价值、功能高者并不一定能形成开发规模，只有在一定地域上资源较为集中，多类型资源能协调布局和组合，才能形成一定的开发规模。

（二）旅游景区旅游资源开发条件的评价

旅游资源自身的价值固然非常重要，但旅游资源开发仍要受到许多外部客观条件的限制，因而对旅游资源客观条件的评价不可或缺。旅游资源开发条件的评价包括区位条件的评价、环境条件的评价、效益条件的评价、客源条件的评价和施工条件的评价5个方面。

1. 区位条件的评价

它包括旅游资源的地理位置、交通条件、与周围旅游区之间的相互关系3个方面。地理位置往往影响到旅游资源的吸引力、开发规模、路线布置及利用方向等。世界上许多旅游区（点）因其特殊地理位置而增强了吸引效应，成为世界旅游的热点地区。交通条件即可进入性，指一般旅游者接触旅游资源的可能性。某个景观再美，如交通不便，也很难招揽游客。旅游资源吸引功能及价值，很大程度上受距离客源远近及游客进出难易的制约。一般与交通干线及辅助线距离越近，可进入性越强。另外，通往旅游区的道路状况及所费时间，也影响到进入性。与周围旅游区之间的相互关系包括该旅游资源分布区与另一旅游资源分布区之间相互联系的区位，以及它是否濒临名山、名河、名岛、名湾、名湖、名城等，这些既影响到资源本身的开发价值，也影响到它的吸引效应。

2. 环境条件的评价

它包括自然、社会经济和旅游环境容量。自然环境指旅游资源所在地的地质地貌、气象气候、水文、土壤、动植物等要素。不少自然环境的组成本身就是旅游资源的一部分。社会经济环境指旅游资源所在区域的政治、经济、基础设施、医疗保健及当地居民对旅游业的态度等。政局稳定、给予投资者以较大优惠等均会给资源开发提供有利契机。经济发展水平影响到旅游地的基础设施建设，也影响到能否吸引素质较高的人力资源。基础设施影响到投资多少和规模，也影响到旅游开发的效益。医疗保健条件好的地区，能保障旅游过程中游客的健康并能及时处理意外伤害。如果当地居民热情好客，就会使游客有一种宾至如归之感。旅游环境容量指在一定时间条件下，一定旅游资源的空间范围内所能开展的旅游活动能力。一般用容时量和容人量两方面来衡量。旅游资源景观数量越多、规模越大、场地越开阔，它的容时量和容人量就越大。

3. 效益条件的评价

效益条件的评价包括经济效益、社会效益和环境效益的评价，评价时应综合分析，以得出科学的结论。经济效益的评价不仅应估算投资量、投资回收期等主要的经济指标，而且应评估因关联带动作用由乘数效应带来的综合经济效益。社会效益包括正负两个方面：正面效益如增长知识，打破地区封锁，利于各地建立良好关系等；负面效应也会出现，影响到旅游地的社会风尚、伦理道德等。环境效益是指旅游开发会带来环境美化、交通顺畅、自然保护区建立等积极影响，也会给环境带来不良影响，如旅游景区超负荷接待导致资源破坏，生态环境恶化。如果旅游资源开发与环境保护存在较大矛盾，则应以保护环境为重。

4. 客源条件的评价

客源条件的评价包括所能吸引的客源范围、辐射半径、可能的季节变化吸引客源层次及特点等问题。客源市场大小决定着旅游资源的开发规模和开发价值。客源存在时空的变化：在时间上，客源的不均匀分布形成旅游的淡旺季；在空间上，客源的分布半径及其密度由旅游资源的吸引力和社会经济环境决定，旅游资源特色强、规模大、接待环境好的旅游区，其客源范围和数量都较为可观。

5. 施工条件的评价

它是指旅游资源的开发还需考虑项目的难易程度和工程量的大小。首先，工程建设的自然基础条件，如地质、地貌、水文气候等条件；其次，施工程建设的供应条件，包括设备、食品、建材等。评价施工环境条件的关键是权衡经济效益，对开发施工方案需进行充分技术论证，同时要考虑经费、时间的投入与效益的关系。

二、旅游资源综合评价的方法

旅游资源评价的方法可以概括为两大类，即定性评价和定量评价。

（一）旅游资源定性评价方法

定性评价又称经验法，主要是基于评价者（专家或旅游者）对旅游资源观察后的个人体验，凭印象判断旅游资源的价值。此方法简便易行，但往往会受到评价者自身主观意向和偏好的局限。以往常用的定性评价主要有“六字七标准”评价法、“三三六”评价法、一般体验性评价和美感质量评价等。

1. “六字七标准”评价法

该评价法是黄辉实提出的，从资源本身和资源所处环境两个方面对旅游资源进行评价。旅游资源本身的评价采用的“六字”是美、古、名、特、奇和用。“美”是指旅游资源给予欣赏者的美好感受；“古”指旅游资源的悠久历史；“名”指有名的景观或与名人有关的遗迹；“特”指在一定区域范围内独有或罕见的旅游资源；“奇”指给人以奇异、奇妙、奇特之感的景观；“用”指能够给人以使用价值。资源所处环境评价采用的“七标准”是季节性、环境污染状况、与其他旅游资源之间的联系性、可进入性、基础结构、社会经济环境和客源市场。

2. “三三六”评价法

“三三六”评价法即三大价值、三大效益和六大开发条件。“三大价值”指旅游资源的历史文化价值、艺术观赏价值和科学考察价值；“三大效益”指旅游资源开发之后的经济效益、社会效益和环境效益；“六大开发条件”指旅游资源所在地的地理位置和交通条件、景象地域组合条件、旅游环境容量、旅游客源市场、投资能力和施工难易程度6个方面。

3. 一般体验性评价

一般体验性评价是对大量旅游者或旅游专家进行的旅游资源优劣排序的问卷调查进行统计，或对旅游地或旅游资源在报刊、旅游指南、旅游书籍上出现的频率进行统计，并综合这些统计数据，确定一个国家或地区最佳旅游资源的排序，以测定旅游资源的整体质量和大众知晓度的方法。我国曾评选的“中国十大名胜”和“中国旅游胜地四十佳”就是运用该方法得出的。但是这种方法仅限于少数知名度较高的旅游资源或旅游地，一般的或尚未开发的旅游资源则难以采用这一方法。

（二）定量评价法

定量评价法是对旅游地资源构成的各种因子尽最大可能量化，运用数学方法或其他方法对资源进行科学的评价得出科学结论的评价方法。

1. 技术性的单因子定量评价

技术性的单因子定量评价是在评价旅游资源时集中考虑某些关键因子，进行技术性的适宜度或优劣判断，它对于开展专项旅游活动如登山、滑雪、游泳等较为适用。

2. 多因子综合评价法

这种评价方法的特点是考虑多种因子，应用一定的数学方法，对旅游资源进行综合评价。根据评价目的选择评价因素和评价因子，然后就这些因素和因子逐项进行评价，得出数值，经汇总后得到该旅游资源或旅游地的整体价值或开发价值评估。按照我国《旅游资源分类、调查与评价》（GB/T 18972—2003）的标准对旅游资源单体进行评价。本标准采用打分评价方法，评价主要由调查组完成。旅游资源评价赋分标准见表2－3。

表 2－3　　旅游资源评价赋分标准

评价项目	评价因子	评价依据	赋值
资源要素价值（85分）	观赏游憩使用价值（30分）	全部或其中一项具有极高的观赏价值、游憩价值、使用价值	30～22
		全部或其中一项具有很高的观赏价值、游憩价值、使用价值	21～13
		全部或其中一项具有较高的观赏价值、游憩价值、使用价值	12～6
		全部或其中一项具有一般观赏价值、游憩价值、使用价值	5～1
	历史文化科学艺术价值（25分）	同时或其中一项具有世界意义的历史价值、文化价值、科学价值、艺术价值	25～20
		同时或其中一项具有全国意义的历史价值、文化价值、科学价值、艺术价值	19～13
		同时或其中一项具有省级意义的历史价值、文化价值、科学价值、艺术价值	12～6
		历史价值或文化价值或科学价值或艺术价值具有地区意义	5～1
	珍稀奇特程度（15分）	有大量珍稀物种，或景观异常奇特，或此类现象在其他地区罕见	15～13
		有较多珍稀物种，或景观奇特，或此类现象在其他地区很少见	12～9
		有少量珍稀物种，或景观突出，或此类现象在其他地区少见	8～4
		有个别珍稀物种，或景观比较突出，或此类现象在其他地区较多见	3～1
	规模、丰度与概率（10分）	独立型旅游资源单体规模、体量巨大；集合型旅游资源单体结构完美、疏密度优良级；自然景象和人文活动周期性发生或频率极高	10～8
		独立型旅游资源单体规模、体量较大；集合型旅游资源单体结构很和谐、疏密度良好；自然景象和人文活动周期性发生或频率很高	7～5

续 表

评价项目	评价因子	评价依据	赋值
资源要素价值（85分）	规模、丰度与概率（10分）	独立型旅游资源单体规模、体量中等；集合型旅游资源单体结构和谐、疏密度较好；自然景象和人文活动周期性发生或频率较高	4～3
		独立型旅游资源单体规模、体量较小；集合型旅游资源单体结构较和谐、疏密度一般；自然景象和人文活动周期性发生或频率较小	2～1
	完整性（5分）	形态与结构保持完整	5～4
		形态与结构有少量变化，但不明显	3
		形态与结构有明显变化	2
		形态与结构有重大变化	1
资源影响力（15分）	知名度和影响力（10分）	在世界范围内知名，或构成世界承认的名牌	10～8
		在全国范围内知名，或构成全国性的名牌	7～5
		在本省范围内知名，或构成省内的名牌	4～3
		在本地区范围内知名，或构成本地区名牌	2～1
	适游期或使用范围（5分）	适宜游览的日期每年超过300天，或适宜于所有游客使用和参与	5～4
		适宜游览的日期每年超过250天，或适宜于80%左右游客使用和参与	3
		适宜游览的日期超过150天，或适宜于60%左右游客使用和参与	2
		适宜游览的日期每年超过100天，或适宜于40%左右游客使用和参与	1
附加值	环境保护与环境安全	已受到严重污染，或存在严重安全隐患	–5
		已受到中度污染，或存在明显安全隐患	–4
		已受到轻度污染，或存在一定安全隐患	–3
		已有工程保护措施，环境安全得到保证	3

注：计分与等级划分情况如下。

1. 计分

根据对旅游资源单体的评价，得出该单体旅游资源共有综合因子评价赋分值。

2. 旅游资源评价等级指标

依据旅游资源单体评价总分，将其分为5级，从高级到低级为：五级旅游资源，得分值域≥90分；四级旅游资源，得分值域≥75～89分；三级旅游资源，得分值域≥60～74分；二级旅游资源，得分值域≥45～59分；一级旅游资源，得分值域≥30～44分。此外还有未获等级旅游资源，得分≤29分。其中：五级旅游资源称为“特品级旅游资源”；五级、四级、三级旅游资源被通称为“优良级旅游资源”；二级、一级旅游资源被通称为“普通级旅游资源”。

“中国大竹海”旅游资源单体调查

一、行政位置

湖州市安吉县天荒坪镇五鹤村。

二、资源代码

CAA 资源（林地）。

三、地理位置

东经 119 度 39 分 09 秒，北纬 30 度 29 分 16 秒。

四、性状特征

中国大竹海是以安吉县天荒坪镇五鹤村为中心的一片面积达 666.7 万平方米、单纯密林毛竹为主的林地。“中国大竹海”地势东南高，西北低，三面环山，中间凹陷，西北开口，呈东南向西北倾斜的“畚箕形”狭长盆地地形。大竹海植被条件优越，森林覆盖率高，达 96% 以上。辖区内有山林 53590 亩，其中毛竹林 45455 亩，占山林总面积的 84.8%，以单纯密林毛竹分布为主，郁闭度达到 0.7～1.0，且单株毛竹粗壮，分布集中，大竹海所产大毛竹平均胸围 12 寸，杆高 12 米，平均每亩立竹量约 280 支。目前最大的一支毛竹胸周径达 0.54 米，高度约 12.8 米，重约 62 千克，被誉为“中国毛竹之王”。现存北京农业展览馆的“毛竹王”就是当年从这里获取的。

站在建成于 1998 年、高 17 米的观竹楼上，整个大竹海，山山岭岭，绿竹成片，碧波茫茫，翠浪接天，形如绿色的海洋，竹子的世界。登上楼顶，但见四周群山茫茫，大片竹林青翠欲滴，西南面为天荒坪抽水蓄能电站，东南面为芙蓉谷，北面是零星的村庄。站在楼顶，微风拂过，成片的竹子随风摇曳，碧浪翻腾，宛如置身于茫茫碧海之中。与此同时，大竹海内四季景色也不尽相同。春雨后，竹林里到处是生机勃勃的春笋，夏季竹林营造了一片清凉世界，“一林绿初满，目在其隙中。虽无临其媚，时鼓瑶涧风”。秋风瑟瑟，尤物凋零，独浩瀚的竹海在阳光的照射下仍呈现出“箭杆万顷拂彩云，峡谷披青泛碧波”的繁盛。而每当雪后，雪拥翠筏，又是一番清丽的景象。

大竹海毛竹林为省政府林业厅毛竹示范基地，而且是亚非拉 17 个国家科学培育基地，有“中国毛竹看浙江，浙江毛竹看安吉，安吉毛竹看港口”之美誉。《孝丰县志》记载：港口（五鹤原属港口乡）境内与余杭交界的幽岭，“其岭峻绝，修竹苍翠，拂人衣裙”，峰峦绵延起伏，坡陡峻峭，峡谷深邃，故得名“幽岭”。自南宋后与独松、百丈并列为“天目三关”，形势险要，历史上为兵家必争之地。山阴（今绍兴）许庆霄也有《过幽岭诗》云：“幽岭幽岭何其幽，蔽天松竹无人游，东西天目环四周，独松一关居上头。”大竹海的入口处有一处冷泉名“五女泉”，五女泉的泉水是从潭池中间的泉眼里涌出来的地下水，富含矿物质，冬暖夏凉，甘甜爽口，传说是五个仙女在大旱的时候为了拯救整片竹林而挖的。五女泉的下游分别有“解意泉”“孝子泉”“情缘泉”及“问子泉”。这里也是影视拍摄基地，在此曾拍摄过《卧虎藏龙》《像雾像雨又像风》等影片。

广州广交会上的大毛竹标本、宁波奉化的“毛竹之父”都产自这里的竹林。大竹海形成的原因，主要有两个方面，一是适宜的气候、地形和土壤；大竹海属亚热带北缘，年平均气温13.19摄氏度，无霜期长，雨量充沛，年平均降水量1790.2毫米，这些条件，对喜温喜湿的竹类生长十分有利。北魏贾思勰所撰的《齐民要术》中阐述了种竹的土地条件“竹宜高平之地，近山阜尤是所宜，下田得水则死，黄白软土为良”，这些有利于竹子生长的条件大竹海都具备了。除此之外，竹乡人民有着经营竹林的较丰富、较系统的传统经验，包括护笋养竹、分年限扑山、砍伐等，加上现代竹林培育技术的不断发展，如挖山松土、培土施肥等，才有了大竹海杆高、挺直、围大、壁厚、质量上乘的毛竹。

大竹海的北面有一名“官财坑”的峡谷，峡谷长不足几千米，落差达四五百米，整个峡谷都较狭窄，最宽处不过二三十米，最窄处仅数米。狭窄的峡谷内布满奇形怪状的岩石。同时，峡谷内的瀑布和跌水分布非常密集，整个瀑布群掩映在竹林与棕叶林之只露一线天。落差大小不一，最大的落差有十余米。瀑布从陡峭的岩石上奔泻而下，状如白练，瀑布的下方都形成有水潭。

五、旅游区域及进出条件

中国大竹海位于安吉县天荒坪镇五鹤村，距离递铺镇18千米。由递铺镇出发，沿04省道往南行驶11千米，接着沿乡村道路行驶7千米，即可到达，交通便利。“中国大竹海”作为新开发的生态旅游项目，位于省级风景名胜区天荒坪—太湖源旅游景区—青山湖—瑞晶洞这条新的生态黄金旅游线的最前端，并与传统的上海—湖州—莫干山旅游线路沟通。南距杭州58千米，北至县城12千米，湖州70千米，距上海220千米。

大竹海所在的安吉县是闻名全国的竹乡、白茶之乡、昌硕文化之乡。近几年以生态旅游为主要特色的安吉旅游业得到迅速发展，境内分布有众多特色旅游景点，如建在高山之巅、亚洲第一、世界第二大的华东抽水蓄能电站；浓缩了中国6000年竹文化史，被国内外专家公认为是世界最大、品种最全的“竹子王国”——竹子博览园；保存有1.2万亩原始森林的黄浦江源头、省级自然保护区——龙王山旅游景区等。

六、保护与开发现状

“中国大竹海”商标已被注册。大竹海旅游景区内安全、卫生环境较好，并已规划做进一步的开发。

资料来源：浙江旅游职业学院．旅游资源评价与开发．精品课程网站。

旅游资源调查与评价：运用《旅游资源分类、调查与评价》（GB/T 18972—2003），选择你熟悉的一个旅游景区对其资源单体进行分类与评价。

思考与练习

1. 什么是旅游景区资源？旅游景区资源与旅游资源的区别是什么？
2. 旅游资源分类的标准是什么？
3. 旅游景区旅游资源调查的方法有哪些？
4. 旅游景区资源评价的内容是什么？
5. 旅游景区资源进行定性评价的方法有哪些？
6. 旅游景区资源进行定量评价的方法有哪些？

第三章　旅游景区形象的设计与传播

本章摘要

就整个旅游过程来说，形象是评估旅游景区“吸引力”的关键因素，只有当旅游景区形象和主题具有明确的比较优势（鲜明的个性）时，才能使游客欣欣向往。本章介绍了旅游景区形象的定义、分类，旅游景区形象设计的依据，旅游景区的形象链的设计和旅游景区形象的有效传播。

学习目标

- 理解旅游景区形象的定义和分类
- 掌握旅游景区形象设计的方法
- 掌握不同旅游景区形象的形象链设计
- 了解旅游景区形象传播策略

第一节　旅游景区形象系统概述

一、旅游景区形象的定义

旅游景区形象是由旅游景区各种吸引因素交织而成的文化的综合反映和外在表现，是旅游景区在公众心目中的图景和造型，是旅游景区的文脉和个性在最具代表性的文化符号下使游客产生的直觉。对旅游者而言，旅游景区形象是一个心理认知过程，是游客对旅游景区信息进行综合处理的结果。旅游景区形象是在一定时期和一定环境下，公众对旅游目的地的各种感知印象、看法、感情和认识的综合体现，即旅游者对某一旅游地的总体认识和评价，是对区域内在和外在精神价值进行提升的无形价值。对设计者而言，旅游景区形象是设计者对旅游景区形象的整饰和包装。通过旅游景区的空间外观、环境氛围、服务展示、公关活动等在旅游者心目中确定一个明确的综合感知形象。

二、旅游景区形象的分类（从旅游者的角度）

借鉴心理学的相关原理，从旅游者认知旅游景区的内心感受和印象生成的心理过程等角度来进行探讨。

从感知对象角度，将旅游景区形象分为人—地感知形象（来源于知觉）和人—人感知形象（包括情感过程和意志过程，大脑对信息的综合处理结果）。人—地感知形象的形成来源于旅游者对人—地感知因素（即旅游景区的地理景观）的感知，感知者与被感知者之间不存在直接的互动关系；人—人感知形象的形成来源于人—人感知因素

（即旅游者和旅游景区内的从业人员、管理人员、社区居民等）的感知，人与人之间的感知关系，具有直接的感知互动，并产生深层次的心理感受而不只是单纯的感官感受。

从感知空间角度，将要素形象分解为第一印象区形象、光环效应区形象、核心区形象和最后印象区形象；从感知步骤将吸引力的产生分为留下印象、留下好印象、留下好形象、成为心目中美好的地方。

三、旅游景区形象的“整饰”（从设计者的角度）

所谓“整饰”旅游景区形象，实际上是对旅游景区进行人为的主题设计，对游客进行有意识的引导；是以统一的文化基调、差别化的个性塑造、人工强化的符号，有意识地对旅游景区进行简洁化处理。

为什么要对旅游景区进行“整饰”？只要我们提供高质量的服务，以旅游景区的原生形象去提高知名度和美誉度不行吗?

形象是旅游景区的生命，是其形成竞争优势最有利的工具。个性鲜明、亲切感人的旅游形象以及高品质的旅游产品可以帮助旅游地在旅游市场上较长时间地占据垄断地位。而这种垄断力的来源是产品差异性与服务个性化。

同时，目前我国旅游产品越来越多，同质旅游产品、类似旅游产品越来越多，突出优点甚至突出特点越来越难；而且，信息传播手段、途径越来越多，旅游者面临的问题不是信息不畅，而是信息过载，游客很难进行有效选择。所以需要通过人为的设计对旅游景区形象进行“整饰”。

1. 形象是吸引游客的关键因素

从体验和文化层面来说，形象是激发游客出游的关键驱动因子。旅游景区通过形象设计，使旅游景区产品易于识别和记忆，引起游客注意，产生一种追求感，诱发出行欲望。

2. 形象掌控竞争优势

鲜明而有创意的形象可以形成较长时间的垄断地位，减弱与其他旅游景区同质产品的冲突，增强旅游景区的附加值和吸引力因素。同时，作为一种感性认识，良好的形象容易使旅游者对旅游景区产生偏爱和品牌忠诚，进而导致认牌购买的行为倾向。

3. 形象是旅游景区品牌和资产

良好形象带来好的口碑和品牌效应，增加旅游景区的附加价值和吸引力因素，是旅游景区的巨大财富和无形资产。个性形象的树立和传播形成宣传热点和轰动效应，提高旅游景区美誉度。知名度的外显是旅游景区开拓市场的先锋和利器。

旅游景区形象“整饰”方法如下。

1. 简洁化

在信息元素多方刺激感官的条件下，人们追求简洁，而且只能接受简洁，所以通过简洁可以引导信息的传播。

2. 统一基调

旅游景区统一的文化基调，是旅游景区统一的风采和精神。统一可导致对游客的多次刺激，形成印象。

旅游景区主题形象是旅游景区赋予了特定意义的，简洁、统一的旅游景区形象。一种主题是在一种基调下的加工、搭配、演化，它是丰富的、多样的、变化的，但不是杂乱的。它是一种前置形象，即在游客形成印象之前注入的，确立主题是为了帮助游客获得好心情。

3. 树立差别

引入企业识别系统（CIS）的策划方法，强化、塑造差别，并使之贯穿于旅游景区的实体建设、经营管理和服务的全过程。

知识链接

企业识别系统是英文“Corporate Identity System”的中文翻译，简称CIS，其理论的发源地一般认为是在美国。CIS包括理念识别（MI – Mind Identity）、行为识别（BI – Behavior Identity）、视觉识别（VI – Visual Identity）3个部分。

MI是核心，它是整个CIS的最高决策层，给整个系统奠定了理论基础和行为准则，并通过BI、VI表达出来。所有的行为活动与视觉设计都是围绕着MI这个中心展开的，成功的BI与VI就是将企业富有个性的独特的精神准确地表达出来。

BI直接反映企业理念的个性和特殊性，包括对内的组织管理和教育、对外的公共关系、促销活动、资助社会性的文化活动等。

VI是企业的视觉识别系统，包括基本要素（企业名称、企业标志、标准字、标准色、企业造型等）和应用要素（产品造型、办公用品、服装、招牌、交通工具等），通过具体符号的视觉传达设计，直接进入人脑，留下对企业的视觉影像。

1. 旅游景区理念识别系统

理念识别系统是旅游景区形象系统的核心和灵魂，旅游景区旅游理念是旅游景区组织的理念和旅游景区的经营管理观念，即指导思想。属于思想意识范畴。

旅游景区理念识别系统的组成：旅游景区使命、经营观念、行为规程、活动领域。

2. 旅游景区行为识别系统

旅游景区行为识别系统是传播旅游景区组织理念的一种动态识别方式。它主要由服务行为识别和社会行为识别两部分组成。

服务行为识别是指旅游景区对员工进行教育、培训以及为员工创造良好的工作环境，以保证员工有条件提供最佳的产品和服务的一种对内的行为识别。

社会行为识别是指旅游景区为塑造良好的旅游景区形象，促进旅游景区产品销售而面向社会开展一系列活动的一种对外的行为识别。主要包括旅游景区公共关系活动、社会公益活动、专题活动、形象广告活动等。

3. 旅游景区视觉识别系统

旅游景区视觉识别系统的内容如表3－1所示。

表3－1　旅游景区视觉识别系统内容

形象构成	主要说明
第一印象区	游客最先进入旅游景区的视域空间
最后印象区	游客最后离开的景点或旅游景区

续 表

形象构成	主要说明
光环效益区	旅游景区中具有决定性意义的地方
地标区	能作为旅游景区的形象代表的地段
典型镜头区	旅游景区内的标志性旅游景区
视觉识别符号	标徽、标准字体、标准色、象征性吉祥物、象征性人物等形成基本符号
应用识别符号	在具有使用价值的物品上表示具有宣传意义的旅游景区符号。旅游纪念品、办公及公关用品、指示类应用设计（标示牌、路牌、方向牌等）、服务人员的服饰等
光环效应识别符号	通过有关组织的认证或由有关组织授予的标志，这些标志能提升旅游景区形象。如世界遗产地、国家风景名胜区、AAAA 级旅游景区、国家森林公园、国家旅游度假区等

4. 符号化

从旅游景区的象征属性来看，旅游吸引物是一种符号，是一种代表其他东西（属性）的象征。从某种意义上说，人们游历世界各地不过是为了收集各种符号。景物越具有典型性和代表性就越可以看作符号，因为它象征比景物更多的东西和内容。旅游吸引物符号化的过程是双向的，一方面景点转化成符号和象征（这主要是文化过程而非物质开发过程），另一方面景点本身又可以被许多其他符号（如宣传图片、路牌）所代表、所象征。某一景点被符号性的文字、图片渲染得越高，其名声就越大，吸引力就越大。象征性符号是可以经过人工设计的，我们可以通过策划、战略的实施、旅游者暗示等途径来获得具有象征性的符号。

第二节　旅游景区形象定位与形象设计

旅游景区的形象定位是旅游景区形象设计的前提和核心。形象定位就是要使旅游景区深入潜在的游客心中，占据其心灵位置，使旅游景区在游客心中形成生动、形象、鲜明而强烈的感知形象。旅游景区形象定位必须以形象调查为基础，以旅游景区特色为基础，以客源市场为导向，塑造富有个性、独特鲜明的形象。

一、形象定位的原则

旅游景区形象定位是旅游景区在公众心目中确定自身形象的特定位置。定位不是发明或创造，定位是去操纵已存在心中的东西，去重新结合已存在的连接关系。定位的实质是一种形象进入和占领的策略手段，要遵循一定的原则和方法。

（一）资源导向

资源是旅游景区的本钱和生命，资源决定定位。大多数旅游景区的旅游开发属R－P（资源—产品）提升模式，需要高投入、大手笔、精加工。形象定位的首要原则就是要立足旅游景区资源的挖掘与整合，总括资源最显著特征，体现深刻内涵，并通过实施差别化战略，将旅游景区的独特点以高品位的艺术形式集中表现出来。

（二）文化导向

形象是文化最本质和最直观的表现，主题形象设计在市场导向的原则下，必须回归到文化底蕴、文化提炼和升华旅游景区个性品质、突出旅游景区文化个性和文化品位。主题要有新意和深度，不能仅停留在一些表层概念上。挖掘特色要体现自然生态环境特征，以文化内涵命主题，是创造和提炼出的新颖，是一种升华了的个性。

（三）市场导向

旅游的本质是体验或经历，以旅游景区为舞台和道具为旅游者创造一种意境形象，意境其实就是一种场所氛围。从形象的角度来说，就是通过一系列主题意境形象单元的组合，形成具有内在联系的景观形象意境流，让游客在旅游景区中体会到连续的、过渡自然的意境体验。

二、旅游景区形象的设计

形象定位是旅游景区形象设计的起点和前提，它是建立在分析市场需求、解读旅游景区地方性表征（地方精神或地方认同感、归属感）的基础之上的。文脉或称地格是旅游景区独特的本土特征和地方风格，包括文化特质和自然特性，是旅游景区形象设计的本源。

（一）文脉研究的内容

文脉的形成既有先天（自然地理特征）的基础，也有后天（历史文化特征）的孕育，往往能够反映一个旅游景区的总体吸引物特征。旅游者对地方和景观的解读，同时投注了人们的无限深情，有一种家的归属感，客观认知加上情感投射就成为一种文化意义上的地方认同心理。

1. 自然地理特征

旅游景区是否在地理特性方面具有与其他地区截然不同的特征或者占有特殊地位，都有可能被强化开发为地方性，成为吸引旅游者的事物。抓住这些地理特征，有时对潜在旅游者是一个很有吸引力的号召，即使是区域内的地理之最，也可以作为宣传营销的切入点。

2. 历史文化特征

文脉研究的第二个角度是对地方的历史过程进行考察分析，寻找具有一定知名度和影响力的历史遗迹、历史人物、历史事件和古代文化背景，作为地方性的显要因素，利用当地的历史文化影响进行文脉定位。通过对当地民族文化和民俗文化的考察分析，从民俗文化中提炼出富有号召力和地方特色的精彩内容及景观特性。特别是在一些少数民族集中的西部地区，民俗文化往往构成富有旅游号召力的精彩内容。

（二）把握文脉，塑造形象

主题形象源自文脉。旅游景区形象设计应根植于地方文脉的提炼，站在文化沟通与交流的高度，用大众所能接受的方式诠释地方历史文化特征和内涵，通过高创意将旅游景区文化产品化。无论旅游景区的文脉是强是弱，是明是隐，我们都可以在对其内涵深刻解读的基础上，通过主题的选择和提炼，采取顺应或突破文脉的方法来塑造旅游景区地方精神的形骸。

1. 因势利导，顺应文脉

文脉特征鲜明的旅游景区，其内部必然有某些突出而鲜活的景观要素，或某种构景要素具备相对明显的比较优势，即可赋予其具有较高审美价值的文化因素，并以之作为文化主题的载体。采取顺应其文脉，追求同一性的主题选择方法，从文脉特征中提炼主题，加以着意强化和深化，升华主题认同感。旅游景区文脉所包含的多种要素因其表现方式、作用力强弱的不同，主题提炼时要根据具体情况做一些必要的处理。比如，根据主题对文脉要素进行取舍，大胆地剪裁，重新穿插组合，以深化主题形象和主要文脉；对最能体现主题的文脉因素深度挖掘，通过添加素材、充实内容，强化其主题表达能力，达到“锦上添花”“画龙点睛”的效果；在保持和深化原有文脉特色的同时，选择与其中某些要素有关联的民间习俗、文学作品、历史事件、代表人物等，通过适当的主题联想和主题延伸，扩展其原有的内涵和外延，丰富旅游景区形象层次和内容。顺应文脉可以使旅游形象具有地方特色，但要防止附近真迹的影响，如北京开发“老北京”便是一个不成功案例。

2. 突破文脉——反其道而行之

多数旅游景区的文脉可以说是先天不足，二三流资源的自然地理特征不明显，后天的孕育也不充分，人文资源能体现该地区的一些特色，却不具有代表性和推广性。按照常规方法进行开发，难以形成足够的吸引力和竞争力。我们完全可以突破文脉的桎梏，抛开资源的局限而另辟蹊径，在市场需求的拉动下，大胆引入全新因素，颠覆定位，架构差异化的主题，达到出奇制胜的市场效果。突破文脉当然不是“无中生有”和“天马行空”，而是渊源有之，需要一个作为突破参照物的背景文脉。从资源的角度来说，可以以旅游景区原生文脉为参照，创造出与之形成强烈对比的新主题，在反差中巧妙地融为一体。从市场需求的角度来说，甚至可以客源市场或依托城市文脉为突破背景，通过截然不同的场景和体验的冲击，形成鲜明个性化的主题，以强烈的反差赢得市场。文脉的突破点如果选择恰当，旅游景区的形象是相当容易出彩的，比如北京开发“世界公园”、深圳的“三园”，都是极好的启示。

三、受众调查和竞争者分析

旅游规划与开发必须以市场为导向，遵循市场—资源—产品—市场规律，即根据市场需求筛选资源，经过一定的技术经济行为，将资源加工成产品，推向市场，接受市场对产品的检验，因此，市场因素是旅游资源开发成功与否的关键。市场调查的目的，是摆脱个人有限经验和主观推断，以正确的方法主动收集、掌握与规划决策相关的旅游市场需求信息。具有针对性的客观需求信息，是旅游开发规划决策最主要的依据。其意义有以下几点。

（1）为旅游经济部门和旅游开发部门的决策者制定政策、进行预测和制订计划提供依据。

（2）可以为旅游开发规划提供第一手材料和可靠信息，指导开发者进行总体设计。

（3）为开发部门提供旅游者对旅游消费需求的变化信息，以便合理地规划、布局设计、制定服务项目，购置设备、设施等，并为充分利用旅游资源寻找客源市场和途径。

（4）为开发研究部门提供技术和竞争动向方面的情报。

在买方市场的前提下，受众调查和竞争者分析是确定旅游景区总体形象、选择形象口号的科学基础和技术前提。

（一）受众调查

旅游景区形象是由开发者和旅游者共同决定的，即取决于地方性和受众。受众即旅游景区可能或潜在的旅游者，是旅游景区旅游形象传播的对象。受众调查是为了了解人们对旅游景区形象的感知。旅游者对旅游景区形象的感知，包括对地理环境实体如风景实体的感知以及对当地人文社会的抽象感知，即人—地感知形象和人—人感知形象。受众调查的基本内容包括受众基本情况（身份、受教育程度、收入水平等）；对旅游景区旅游认知和产品选择；收入水平与产品偏好；年龄与产品偏好；对旅游产品和服务的预期；获取信息的途径等。

旅游景区形象是影响游客出游目的地的重要因素，因此旅游地形象的现状调查首先要调查旅游者对目的地的了解程度、对目的地的喜欢程度，即旅游地的知名度和美誉度。旅游景区的知名度和美誉度是旅游者关于旅游景区印象（量和质）的定量评价指标。知名度是一个旅游景区被公众知晓、了解的程度，是评价旅游景区“名气”大小的客观尺度。其测算公式为：

$$知名度 = 知晓公众人数/公众人数 \times 100\%$$

美誉度是一个旅游景区获得公众（或旅游者）信任、赞许的程度，是评价旅游景区社会影响好坏的指标。其测算公式为：

$$美誉度 = 称赞公众人数/知晓公众人数 \times 100\%$$

在现实生活中，知名度和美誉度并不必然存在正向关系，如果旅游景区的高知名度是因为“臭名昭著”，那么其美誉度一定是相当低的。因此，旅游景区若想树立良好的形象，就必须把同时提高知名度和美誉度作为追求的目标。

（二）竞争者分析

竞争者分析即在市场竞争下的一种形象差别化战略。旅游景区在形象塑造过程中会遇到地方性及市场比较类似的其他旅游景区的竞争，或者较能反映本地特色的形象已经被周边地区抢先注册了，这时就会面临着一种直接的形象挑战。通过形象替代分析，根据差别定位、独特性定位、比附定位等不同形象战略，对旅游形象审慎抉择。只有独树一帜、难以被竞争者模仿的形象才能被旅游者注意和感知。

旅游竞争分析时一般需要对下列因素进行比较评价：自然旅游资源，如气候与地形；文化和历史资源，如历史遗存、传统节事；基础设施，如道路网络、水的供应、通信设施等；进入方式及旅游景区内交通设施；吸引物与旅游设施等。

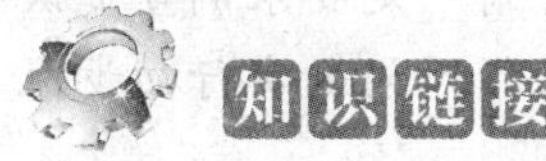

旅游市场调查的内容、程序和方法

一、旅游市场调查的内容

旅游市场调查的内容极为广泛。其中，支持开发规划决策的主要调查内容包括客源地市场环境、市场需求和潜在需求、旅游消费行为、产品组合、旅游价格、旅游渠道6种。

1. 客源地市场环境调查

主要进行政治环境、经济环境和社会文化环境的调查。政治环境包括当地政府有关旅游的方针政策和法规及国际政局的变化等。经济环境包括人口、国民经济、家庭与个人收入水平、物价水平、能源和资源，特别是旅游资源的情况等。社会文化环境包括受教育程度和文化水平、职业构成、民族分布、宗教信仰、风俗习惯、审美观、家庭结构等。

2. 市场需求和潜在需求调查

包括现有和潜在的购买人数、销售量、购买原因等；旅游企业在国际市场上的销售情况；本企业和竞争企业的同类产品市场占有率及其在某地区的市场占有率；企业营销策略的变化对企业营销量和竞争单位销售量的影响，并据此估计市场需求量的变化趋势。

3. 旅游消费行为调查

包括旅游者类别，即是团体旅游还是个体旅游，旅游者的年龄、性别、民族、职业等；购买能力，指旅游者的收入水平、消费水平及消费结构；旅游购买者的情况，指谁是主要购买者，谁是最忠实的购买者，谁是新产品的首用者，谁是购买的决策者；购买者的居住区；旅游者的欲望与购买动机；旅游者的购买习惯、游览季节、游览目的、停留时间、付款方式等。

4. 旅游产品组合调查

包括旅游者对旅游线路、交通、导游等的评价、意见和要求；旅游商品的牌号、商标是否易于记忆、惹人喜欢、富于联想或有暗示作用；旅游线路、旅游新产品的开发，何时开发新产品、淘汰老产品等。

5. 旅游价格调查

旅游者对各种价格变动的反应、国际旅游最适宜价格、新产品（如新开辟线路、新建饭店等）如何定价、老产品如何调价等；批发与零售价格、团体优待价格等如何确定。

6. 旅游渠道调查

包括旅游企业渠道、行政单位渠道、社会组织渠道。

二、旅游市场调查程序

（一）提出问题和明确调查目标

旅游市场调查的问题涉及许多方面，如果调查员不清楚调查问题的关键，所收集的信息关联不大就会造成人力、财力和物力的浪费。正式调查之前一定要求调查员认真地确定本次调查应该弄清楚的问题，如果问题比较笼统，就必须对问题实行初步探索，找出具体的关键问题和范围，据此确立调查的目标。

（二）制订调查方案和调查计划

调查方案的内容包括明确调查要解决哪些问题，通过调查要取得什么资料；确定调查对象应具备的条件；地区范围应与旅游产品销售范围相一致，明确调查在什么地方、多大范围进行；内容提纲要全面而简练；调查表的设计要注意避免可有可无的问题，避免被调查者不愿回答或令被调查者难堪的问题，容易的问题放前面，难回答的问题放中间；资料的收集方法：调查法、观察法、实验法，调查法宜于描述性研究，后两种方法适宜于探测性研究；在调查对象中抽样应制订一个方案，包括确定目标调查者、适宜的抽样数量和如何选择被调查者。

调查计划的内容包括市场部或企划部来负责建立组织领导机构，负责具体组织实施工作；确定市场调查人员的条件和人数，包括对调查人员的必要培训；安排一个调查时间表，确定各阶段的工作内容及所需时间，包括起始时间、调查活动频率、调查报告的完成时间和交接时间；费用预算主要有调查表设计印刷费、调查员培训费、调查员劳务费及礼品费、调查表统计处理费用等，同时应核定市场调查中将发生的各项费用支出。

（三）实地调查和收集信息

实地调查较为复杂烦琐，这是耗时最长、花费最大、最易出差错的阶段，调查组织要协调好调查员间工作进度，帮助解决遇到的问题，以便按照调查方案的要求去收集市场信息资料；收集信息具体通过观察、专题讨论、问卷调查、询问和实验的方法，直接从现场得到市场第一手资料。信息有很强的原真性和可靠性。

（四）分析信息和撰写调查报告

分析信息是对信息进行核对，剔除错误的信息；对信息编码、分类；把资料归类储存。分析资料可借助一定的方法，其中统计方法有计算综合指数法、时间序列分析法、回归分析法、因素分析法。模型方法有描述性模型和决策性模型两种。调查报告由4部分组成：①前言说明调查的目的、方法、对象、时间、地点以及调查人员等；②正文要真实地列举调查的结果并做出分析；③结尾是总结性说明，指出报告的作用；④附录就是一些附表、附图及有关的补充性说明。

三、旅游市场调查方法

（一）文案调查法

文案调查法又叫间接调查法，是利用企业内部和外部各种信息和情报资料，对调查内容进行分析研究的一种调查方法，包括资料筛选、编排标记、文字摘录、分析鉴别和分类登记5个步骤。文案调查是旅游市场调查的第一步，其获取资料渠道之一是企业内部资料，如业务、统计、财务和供销等方面资料；渠道之二是企业外部资料，如政府部门、信息中心、咨询机构、协会、书报、电台、电视台、博览会、展销会和交易会等。文案调查法的优点是所需时间和费用较少、不受时空限制、不受主观因素的干扰等，而其不足是时效性差、缺乏一致性、利用率较低，另外调查员要有较好的理论、专业知识及技能。

（二）访问调查法

访问调查法是通过各种方式直接向调查对象展开问询的调查方法。访问调查法的主要类型如下。

1. 面谈调查法

根据调查提纲直接访问被调查者。可以是个别面谈，也可以是群体面谈。优点有回答率高，具有较强的灵活性和准确性；缺点是成本较大、易受调查人员素质影响且管理较困难。

2. 电话调查法

即用电话访问被调查者。要注意问题数量不宜过多，避免回忆性问题。优点有速度较快、节省费用、覆盖面较广；缺点是因受到时间的限制，无法控制被调查者的情绪。

3. 邮寄调查法

将调查问卷邮寄给被调查者，被调查者填写好后寄回的一种调查方法。优点是可扩大调查区域，成本较低，有充分的答卷时间，无须对调查员进行培训和管理；缺点是征询回收率较低，反馈时间较长，无法判断回答的可靠程度。

4. 德尔菲法

按规定的程序，根据调查问题设计意见征询表，采用函询的方式，依靠分布在各地的专家小组背对背地做出判断分析，经过反复征询使不同意见趋于一致，从而得到调查结果。选定征询专家的人数以10～20人为宜。

5. 专题讨论法

选择6～10人在一位访问人的组织下讨论问题的一种调研方法。访问人要保持客观性，并时刻掌握话题的焦点。

上述方法各有其优点和缺点，它们在获得第一手资料方面各有其特有价值。

（三）观察调查法

观察调查法是调查员凭借自己的感官和各种记录工具，在被调查者未察觉的情况下，直接观察和记录市场信息的一种方法。要注意遵循客观性原则、全面性原则和持久性原则，注意遵守社会公德，为被调查人保密。观察调查法有3种基本类型。

1. 直接观察

观察人员直接到实地观察。

2. 测量观察

运用电子仪器或机械工具进行记录和测量。

3. 技术观察

观察人员实施观察时要运用的一些技能手段，主要运用卡片、符号、速记、记忆和机械记录等。

（四）实验调查法

实验调查法是指有目的地改变一个或几个影响因素，来观察市场现象在这些因素影响下的变动情况，以认识市场现象的本质特征和发展规律。优点是能客观揭示市场现象之间的相关关系、管理上好控制和有可重复性；缺点是时间长、费用高、难以选择有代表性的实验市场和不能收集到过去和将来的意见。实验类型有实验室实验和现场实验。实验室实验指在人造的环境中进行实验，研究人员可以进行严格的实验控制，比较容易操作，时间短，费用低；现场实验指在实际的环境中进行实验，其实验结果一般具有较大的实用意义。

（五）抽样调查

抽样调查是按照一定方式，从调查总体中抽取部分样本进行调查，用所得的结果说明总体情况的调查方法。其适用范围：不可能或不必要进行全面调查的社会经济现象；经费、人力、物力和时间有限的情况；运用抽样调查对全面调查进行验证；对某种总体的假设进行检验。优点是节约人力、财力和时间，有较强的时效性和准确性，资料收集的深度和广度大大提高；缺点是缺少详细的分类资料，抽样数目不足时会影响准确性。

抽样调查可分为随机抽样和非随机抽样。随机抽样是按照随机原则抽取样本；非随机抽样则不遵循随机原则，是从方便出发或根据主观的选择来抽取样本。

（六）网络调查法

网络调查法指利用国际互联网作为技术载体和交换平台进行调查的一种方法。可分为选择合适的搜索引擎、确定调研对象、查询相关调研对象、确定适用的信息服务、信息的加工五大步骤。优点是快速性、经济性、共享性、互动性和无时空限制；缺点是样本数量有限、对象的不确定性和可信度不容乐观。其常用方法一是电子邮件调查，即将调查问卷作为电子邮件的组成部分的调查方法；二是网页调查，即问卷以网页作为载体的网上调查方法；三是可下载调查，被访者可用事先安装的软件打开下载调查文件；四是网上二手资料收集，许多机构的信息以电子文件的形式存放在网上，随着政府和企业信息化工程的推进以及互联网的普及，通过网络获取二手资料将成为一种主导渠道；五是公告牌调查，即建立一个讨论区，邀请被调查人员进入某个网页，参加关于某个话题的讨论。

四、主题形象口号设计

形象定位最终应由一句精辟而富有创意和感染力的主题口号概括和表述。形象口号是旅游者易于接受和容易传播旅游形象的最有效的方式，它集中揭示旅游景区形象理念，是文、史、地三脉的三维时空组合。形象口号作为形象定位的外在界面表现形式，是打入潜在旅游者脑海的关键，要具有亲和力和时代感，并考虑形象信息传播的深度性和广泛影响力，形式可以借鉴广告。

设计旅游景区形象口号的原则：地方性—内容源于文脉；行业特征—表达针对顾客；时代特征—语言紧扣时代；广告效果—形式借鉴广告。

华侨城的主题公园群的总体口号：中国心、世界情、华侨城。

华侨城内部口号：寸草心、手足情、华侨城。

华侨城企业文化口号：同根同心，求实求精。

锦绣中华：一步迈进历史，一日畅游中国。

中国民俗文化村：二十四个村寨，五十六族风情。

世界之窗：世界与您同欢乐/给我一天，我给你一个世界。

欢乐谷：奇妙的欢乐之旅。

北京世界公园：圆您一个梦，送您一片情。

（一）多面孔的形象口号

形象口号不是唯一和一成不变的，在旅游景区不同的发展阶段，面对不同尺度的目标市场空间，形象口号是“分尺度”“分时段”，内外有别，以“多形象”面孔设计和推出。根据涉及的空间大小可以把旅游空间行为的尺度划分为大、中、小 3 个尺度，空间尺度和时间维度往往是同步、统一的，即小尺度空间形象也正是旅游景区近期的目标形象；同理，中尺度空间对应中期形象，大尺度空间对应远期形象。

（二）形象口号：从具象到意境

意境其实就是一种场所氛围。诺伯舒兹（1995）提出的场所精神认为，场所是环境的一种具体形态，是由物质的本质、形态、质感及颜色的具体的物所组成的一个整体，这些物的总和决定了一种“环境的特性”，亦即场所的本质或“气氛”。

从形象的角度来说，就是通过一系列具有一定主题的意境形象单元的组合，形成具有内在联系的景观形象意境流。形象意境流的设计很大程度上取决于地方性研究和某种意境的创造。山川、水体、村庄和社会文化心理积淀共同构成旅游景区的本底形象意境流，这种自然状态的形象意境需要把地方精神提升为主题思想，并采用古典园林的造园手法，使整个旅游景区形成一个大的主题形象意境，让旅游者产生心理意境重合，提升审美感受。

旅游景区形象越来越趋于给旅游者创造一种意境形象，不管是在景观设计还是在宣传口号上都力图让接受者产生一种联想，以此吸引旅游者的注意力。如大连过去的形象口号是“北方明珠”，现在则定位“浪漫之都”，通过广场绿化、城市建筑、海滩、节庆活动来营造浪漫的感觉和氛围。中国香港过去是“购物天堂”，现在则改为“动感之都”，让旅游者对香港的魅力更加迷恋。上海 2002 年推出的旅游形象口号“上海，精彩每一天”，也有异曲同工之妙。随着空间尺度的由小到大，以及发展阶段的由近及远，旅游景区的形象口号有一个从具象上升到抽象意境的过程，意境形象是最高层面的外在界面表现形式。

五、旅游景区形象设计的要素分析

（一）人—地感知形象设计

1. 旅游景区景观形象

旅游景区景观是自然景观和人工景观的整合。自然景观要力图保持自然景观的原生态面貌，必要时可将自然景观按照既定主题进行必要的切除和修补，“去其糟粕，取其精华”，使旅游景区视觉景观有各自的特性，同时又在主题的赋予过程中成为一个整体。人工景观要“少而精确”，依据主题策划的需要而建造，不仅要满足使用功能，还要充分体现艺术性和景观功能，做到“巧夺天工”，不露痕迹。

2. 视觉识别系统

旅游景区的视觉形象（VI）包括基本设计要素（旅游企业标志、名称、标准字、标准色、景物造型和口号）和应用设计要素（办公用品、证件、礼品、广告、指示系统、交通系统、服饰用品、娱乐设施等）。VI 要做到全面化和特色化，它强调的是一种格调，塑造的是一种气氛，奉献给旅游者的是一种浪漫的风情，观念上重视人性化，形式偏重于艺术化，手法浪漫。旅游景区 VI 设计的核心是旅游形象标志。形象标志通过引用旅游景区标志性景观，或用构景手法，提炼并显露主题文化，来营造并强化旅游景区的旅游形象。

(二)人—人感知形象设计

人—人感知是通过游客满意程度(Tourist Satisfaction,TS)来实现。有 3 种行为因素决定 TS 的大小,即旅游从业人员通过提供给旅游者的服务来影响 TS;当地居民的态度和行为在与旅游者的接触中影响 TS;其他旅游者的行为通过影响旅游景区的社会环境容量影响 TS。

1. 旅游服务者——心手相连

"善解人意和细致入微"只是行为识别当中的基本要求,行为识别的设计重点应该是个性化和人情化的高质量旅游服务。要训练旅游景区服务人员对旅游景区形象内涵的理解能力,以及将形象主题传递给旅游者的能力。

2. 当地居民——微笑的距离

旅游景区所在地居民是旅游景区形象的塑造者和体现者,他们的生活方式、语言、服饰、活动行为等,是与风景同样的被观察或观赏的对象。居民的形象设计和包装要突出正面形象因素,以便弘扬正气,增强信心,自觉地以自己的言行体现来维护旅游景区良好形象。

3. 其他旅游者——我们同行

旅游者会对旅游景区的形象和主题产生文化共鸣和心理认同。旅游者在旅游过程中相互交流和沟通,能够获得更多的体验和感受,提高旅游满意度。

第三节 旅游景区的形象链设计

成功的旅游景区往往有一个大主题和多个副主题,采用功能分区来解决,或者以核心地段形象的方式实现主题形象和景观意境链接。同时,旅游景区作为一个整体的社会功能系统,必须围绕主题来整合产品项目、游憩系统、营销方案的设计,形成形象统率下的产品链、活动项目链、游憩导读链、营销链,此所谓旅游景区形象链设计。

一、旅游景区形象系统链

整体形象、功能区二级形象和旅游景区核心地段形象构成了旅游景区形象的系统链,作为一个逻辑概念的旅游标志,成为旅游者容易辨认的特质和游玩线索。

(一)功能区形象链

旅游景区各功能区是依据开发主题和开发时序划分的相对而非绝对独立的空间,功能区之间有相互衔接和融合的关系,旅游景区总体形象也相应分解为若干副主题或称为分区形象主题、二级形象,落实到具体的功能区域。环环紧扣,承上启下,重点突出,构建多层次、有深度、内涵丰富的主题形象体系,体现旅游景区系统内部的丰富性、组织性、功能整合性。

功能区形象设计原则如下。

(1)承上启下原则

旅游景区总体形象是核心和统率,功能区形象要与之保持一致,但这种一致性不是要弄文字技巧的模仿或复制，而是承上启下的整体与局部的关系。功能区形象应在体现各区资源特色、产品项目以及发展目标的基础上，从某一个方面，作为一个点去充实和强化总体形象，同时也使功能区在整体背景中凸显出来，形成自身亮点。

(2) 协调互补原则

旅游景区各功能区之间资源分布的空间差异，导致旅游开发功能定位、发展目标和产品项目有所不同，功能区形象也必然各不相同。但作为同一层次的景域空间，在旅游开发的各个方面和各个层面存在着协调一致、互动互补、相互促进的关系，而不是相互干扰和替代，因此，功能区形象设计应遵循协调互补原则，避免各个功能区之间概念混乱和开发冲突。

（二）核心地段形象链

核心地段主要指旅游景区的第一印象区、最后印象区、光环效应区、地标区，它是旅游景区形象的重要景观载体和精华所在。核心地段的形象塑造具有举足轻重的作用。

1. 第一印象区

旅游者到达或进入旅游景区时最先看到和感受到的地区，多为旅游景区入口、接待中心、边缘区域等引景空间。由于第一印象效应和晕轮效应，该旅游景区形象设计非常重要。把第一印象区作为引景空间打造，对景观进行一定的主题赋予，注重营造氛围，从而给游客特殊的情感体验，成为连接世俗空间与旅游景区旅游空间，旅游者从外部空间进入旅游景区的情感缓冲地带，以及实现预体验的特定空间。

2. 最后印象区

旅游者离开旅游景区时最后接触的地点，在很多情况下与第一印象区相重合。最后印象区是整个旅游景区的终点，要给游客一种温馨和回味的场景及氛围，使游客身心愉快，满怀激情和感悟，重新踏上人生路。

3. 光环印象区

对旅游景区的整体形象具有决定意义的地方，会极大地影响旅游者对旅游景区的实地感知形象，并产生以光环印象决定全部旅游景区形象好坏的形象全息效应。光环印象区形象要注意景观效果设计的细节完美和自然环境绿化，精致不唯多，创意而时尚，成熟又过瘾。同时人性化的周到服务形象必不可少。

4. 地标区

旅游景区标志性形象特征所在区域，具有唯一性，在形象设计中与第一印象区有同等重要的地位。在地标区通常都会有一个浓缩和集中体现旅游景区主题的标志性景观。作为整个旅游景区的标志性景观区域，地标区形象设计强调视觉的冲击（外在表现的险峻、高大或精美），强调文化的积淀（深入挖掘旅游景区文化精神内核，艺术化的外在表现形式），强调对旅游者心灵的震撼。

二、旅游景区形象整合链

主题形象设计是旅游景区规划的灵魂和核心，它制约和统率产品设计与营销规划。强调必须围绕形象来整合旅游景区产品项目、游憩系统、营销方案的设计，形成形象整合下的产品链、活动链、营销链、品牌链。

1. 产品链

城市作为大尺度空间的旅游目的地，近年来出现了整体打造城市，城市主题化、旅游景区化发展的趋势，城市旅游产品链设计值得作为小尺度旅游目的地的旅游景区借鉴和学习。

大连提出了“浪漫之都”的城市主题形象，深入挖掘和整合六大资源形成系统化的旅游产品链，对游客产生了强大的吸引力，促进了城市经济的全面“六大浪漫”：①浪漫的广场、绿地、喷泉——城市建在花园里；②浪漫的建筑——奏响城市凝固的音乐；③浪漫的大海——空气清新、海鲜上乘；④浪漫的金石滩、旅顺——休闲度假好去处；⑤浪漫的大型活动——火爆热烈、精彩纷呈；⑥浪漫的市民——笑脸喜迎八方客。

2. 活动链

杭州准备采用“爱情之都”的形象口号，取代使用已久的“上有天堂，下有苏杭”的口号。为此，杭州拟推出一系列时尚与爱情、浪漫与经典相结合的旅游活动，以加快这一形象的塑造与传播。

（1）爱情故事：征集民间爱情故事，让市民人人都能讲爱情故事和传说。

（2）爱情女神：着力开发如世界名模大赛等具有阴柔美的时尚活动。

（3）爱情节庆：创造中国的爱情节，每年农历七月七日组织100对鹤发童颜的夫妇，100对金童玉女的新婚夫妻参与。同时抓住婚姻的节点，举办新婚、银婚、金婚等各种婚庆活动。邀请香港凤凰卫视中文台“非常男女”栏目在杭州拍实景录像。

（4）爱情线路：从凤凰山的万松书院，经万松岭、候潮门、海潮寺至观音塘、七甲渡，直到祝英台渡江南归，打造梁祝“十八相送路”经典爱情之路。

（5）爱情影视：将有关梁山伯与祝英台、许仙与白娘子以及其他名人爱情故事的戏剧、电影，按照产业化思路，设计成适合游客口味的保留项目。

（6）爱情服务：为情侣们提供完善的“爱情之旅”配套服务，游情侣景点、吃情侣餐、住情侣店、行情侣路、购情侣信物、参与情侣娱乐项目。

3. 营销链

20世纪90年代以来，“童话世界”迪士尼公司几乎每年都制作一部以上的重量级动画电影，1991年《美女与野兽》；1992年《阿拉丁》；1994年《狮子王》；1995年《风中奇缘》《玩具总动员》；1996年《钟楼驼侠》；1997年《大力士》；1998年《花木兰》，以及以后的《虫虫特工队》《海底总动员》等都在全世界引起轰动，全球票房收入上亿美元。《狮子王》更达到了动画电影的巅峰，在全球获得超过7.6亿美元的票房收入；片中主题曲获奥斯卡最佳原创音乐奖、最佳歌曲奖，被全世界传唱。迪士尼公司正是利用电影、MTV等可大量复制放映，有广泛传播力，更生动、形象、更具感染力的媒体，成功地进行迪士尼乐园形象和产品的持续营销，通过形象整合的营销链，为公司赢得了市场。另外，积极向上、惩恶扬善、美好结局的童话大片也极大提升了迪士尼乐园完美的“童话世界”形象。比如《阿拉丁》改编自阿拉丁神灯的故事，结尾做了改动：阿拉丁利用第3个愿望赋予灯神自由，也赋予迪士尼更深刻的意义。

4. 品牌链

深圳华侨城旅游主题公园的品牌链培植：1989年9月建成开园的“锦绣中华”是

我国具有真正主题意义的旅游主题公园；1991 年 10 月，“中国民俗文化村”对外开放；1994 年 6 月，“世界之窗”开园纳客；1998 年 10 月，“欢乐谷”投入运营；1999 年春节，“欢乐干线”开通营运；2000 年元旦，OCT 生态广场建成投入使用。通过不断创新，人们培育出了具有规模效应的旅游主题公园群，从而提升了华侨城的旅游功能和品牌形象。

技能训练

请结合河北省秦皇岛市提出的“长城滨海画廊，四季休闲天堂”的旅游形象宣传口号，选用产品链、活动链、营销链或者品牌链对秦皇岛的旅游形象进行设计。

第四节　旅游景区形象传播策略

从传播学上讲，传播是信息在时间和空间上的移动和变化，旅游景区的形象传播即旅游景区与目标客源市场和潜在的旅游者在时空上进行的形象信息沟通。经过设计的旅游景区形象能否产生预期的效果，很大程度上取决于形象传播。如何将形象信号有效地传达到旅游者注意力范围并被认可，就显得尤为重要。

一、旅游景区形象感知阶段的形象传播

在旅游者游程中存在着一个递进的形象感知平台，即形象的本底感知（平台Ⅰ）—形象的决策感知（平台Ⅱ）—形象的实地感知（平台Ⅲ）。当处于某一形象平台的旅游者受到强烈的旅游景区信息刺激时，旅游者就会对旅游景区的形象形成强烈的感知，获得极大的审美感受，然后进入审美感层次提高的下一个平台区（见下图）。在不同的形象感知阶段，旅游者对形象信息的了解渠道和接受方式也不尽相同，这就需要运用适当的方法把形象传递给消费者（见表 3－2）。

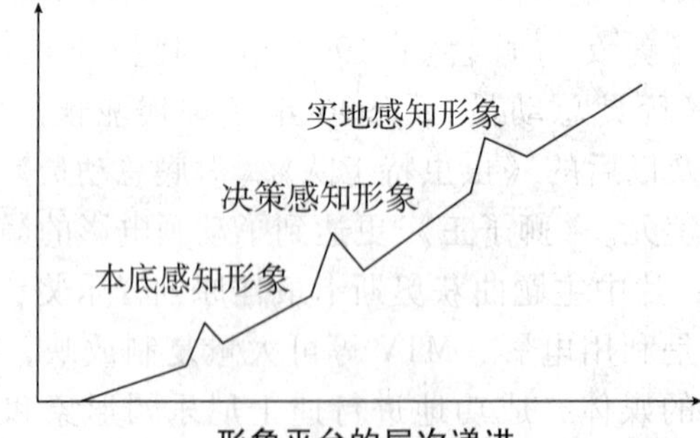

形象平台的层次递进

表 3－2　旅游景区形象的整合传播

形象感知阶段	注意/刺激类型	传播渠道	信息特点	形象类型	传播策略
本底形象感知阶段	无注意/被动刺激	大众传播 口头传播	感性，非商业性，具有强大影响力	感官形象	创造新闻 社区公共关系

续 表

形象感知阶段	注意/刺激类型	传播渠道	信息特点	形象类型	传播策略
决策形象感知阶段	有意注意/主动刺激	广告、促销等商业传播	全面、系统、真实	诱导形象	营销性传播
实地形象感知阶段	有意、无意刺激/主动、被动刺激	现场传播	真实、具体、主观	再评价形象	内部形象传播

（一）本底形象感知阶段形象传播策略

本底感知形象是长期形成的对旅游景区的总体认识，此时旅游景区形象处于表象平台。

1. 旅游者感知特点

（1）旅游者对旅游景区的本底感知形象来源于电视、杂志的“偶有所闻”，或是听亲戚朋友介绍的“道听途说”，是一种无意、被动的刺激反应行为。对旅游景区形象产生的形象感知具有不完全、刻板、牢固、模糊等特征。

（2）此阶段的形象传播是社会性的非商业传播，由于语言、文字和电视电影描述的形象性、感染性，画面的直观性、艺术性，情节的曲折生动、引人入胜，旅游者对旅游景区产生的是一种感观形象，感性而非理性，充满情感想象空间的朦胧感觉。由此产生强烈的第一印象，一般情况下难以改变。

2. 形象传播策略

形象传播不同于营销战略。形象传播是传达定性的概念，即“我（旅游景区）是什么”；营销则是承诺“我（旅游景区）能给你什么利益”，完全单向的行销行为。本底感知阶段形象传播的关键是旅游景区形象的概念传播。

（1）制造新闻，利用大众传播展示美好形象

大众传播是左右公众信息选择和决策的最主要渠道，新闻的真实性、权威性代表信息的公正和客观。新闻媒介的正面宣传可较长期地影响旅游者对目的地的本底感知形象。旅游景区要广泛运用大众传播进行事件炒作，制造“上镜”机会，保持对旅游者的经常性刺激。首先，找准与大众传媒的契合点。针对新闻媒体，关键是选择报道的角度，主题活动或事件必须具有社会性、时效性、时事性、趣味性，否则，花钱也买不到版面。比如，重庆市歌乐山烈士陵园利用资源优势，经常举办革命主题活动，白公馆《江姐》夜场演出、《红岩魂》全国巡回展览等。包括中央三套电视台在内的国内外知名媒体不请自来，全程跟踪报道，吸引了国内外旅游者的注意，在弘扬革命精神的同时，强化了旅游景区主题形象。其次，要讲究技巧。要成新闻报道的对象，有两种方式：一是自己“驾车”，即自己搞一些有意义的事情，比如大型节庆活动或公益事业来制造新闻。每个旅游景区都有本地的节庆事件，如南方地区的妈祖庙会、龙舟赛，北方的冰灯节，旅游景区若成功运用这些引人注目的节事，必能吸引媒体的注意，通过媒体的传播扩大旅游景区形象影响。重庆珊瑚公园每年举办的山城啤酒节已经成为公园的招牌，持续好几天的文艺表演，竞争激烈的啤酒大赛总是成为新闻的焦点。二是“搭车”，即不做新闻的主角，而是以背

景、场地或参与者、协助者的方式在新闻中被提及。自己“驾车”要靠实力，也需要时机，这往往是可遇不可求的。而只要用心寻觅，“搭车”的机会是很多的。如果能与体育赛事、影视节目、文艺活动拉上联系，借它们的影响力和号召力，旅游景区形象传播可谓事半功倍。比如重庆永川市茶山竹海旅游景区，邀请到中国围棋队前来集训和比赛，张艺谋《十面埋伏》的拍摄，激烈的赛事，电影的炒作，文体明星的名人效应，一时间成为媒体争相报道的对象，旅游景区在各大媒体频繁出镜，其形象也借此机会广泛传播。

（2）开展社区公共关系，塑造良好社区形象

公关活动不需要给广告媒体付费，但活动本身可吸引媒体的关注，从而达到对外发布的效果，是一种低投入高产出的传播方式。通过社区公益活动，宣传展示旅游景区极具亲和力的公益形象，还能联络感情，融洽社区邻里关系，赢得良好口碑。同时，建立一整套处理突发危机事件的防御体系，一旦出现问题及时处理，通过公共的渠道化解形象危机是很有必要的。

（二）决策形象感知阶段形象传播策略

决策感知形象是旅游者通过主动收集商业广告、人际信息和公共旅游信息，所形成的对旅游景区的形象性认知。

1. 旅游者感知特点

（1）旅游者由被动变主动，有意识地去注意和收集相关的旅游信息，是一种理性行为，并具有较强的针对性。

（2）旅游者获得的有关旅游景区信息多来源于旅游经营者所做的广告、促销活动、印发的旅游指南等，这种商业渠道的信息一般能全面、系统地反映旅游目的地的实际情况。

（3）旅游者的决策感知形象是经旅游经营者设计和传播整合的诱导形象。比第一阶段感观形象更为清晰、全面，并具体落实到距离、价格、产品和服务等实际环节。

2. 形象传播策略

主要是配合商业广告、营业促销等营销手段进行形象传播。它侧重于建立完善的旅游信息网络以及电话服务系统，以语言、数据、图像、文字以及其他符号等为载体反映与旅游景区有关的形象、产品、旅游景区发展等多方面的状况，向旅游者传递有关旅游景区的全面信息。

（三）实地形象感知阶段形象传播策略

实地感知形象是旅游者到达旅游景区后的感官和感觉形象。旅游者进入旅游景区实地游览，会将头脑中的感官形象和诱导形象进行复合和对比，并在游览过程中不断地调整，从而达到某种心理平衡，并使旅游景区形象到达新的平台。

1. 旅游者感知特点

（1）旅游者的实地感知形象由功能性形象和心理感受两方面形成。功能性形象来源于旅游景区可直接观察和衡量的部分，如旅游资源特征、服务设施状况等；心理感受来自旅游景区的无形部分，如社会氛围、安全状况、风土人情等。

（2）旅游者通过自身的观察和感受，对旅游景区形象会有更清晰的认识和理解，

在此基础上形成对旅游景区的再评价形象。再评价形象具有一定的主观性，并因人而异。

2. 传播策略

主要依赖旅游景区产品、环境、氛围和旅游服务进行现场形象传播。同时，建立及时有效的反馈系统，开展“售后”传播是非常有必要的。影响反馈行为的两个因素：接近与参与。受众越接近传播媒介，反馈的可能性越大；参与程度越大，反馈的可能性越大。旅游景区可借鉴酒店的做法，在附近城区进行问卷调查，对进入旅游景区的游客发放意见名片，发送小纪念品，建立客户数据库和 VIP 档案，利用面向个人的观众传播工具（比如邮件、电话、传真等），以双向沟通的方式进行形象的有效传播。

二、旅游景区生命周期的形象动态传播

产品生命周期（Product Life Cycle），简称 PLC，是美国哈佛大学教授雷蒙德·弗农（Raymond Vernon）1966 年在其《产品周期中的国际投资与国际贸易》一文中首次提出的。产品生命周期是产品的市场寿命，即一种新产品从开始进入市场到被市场淘汰的整个过程。旅游产品生命周期也被称为旅游景区生命周期（Resort Life Cycle，RLC）。加拿大地理学家巴特勒（Butler，1980）对旅游景区生命周期理论进行了系统阐述，他认为一个地方的旅游开发不可能永远处于同一个水平，而是随着时间变化不断演变。旅游景区的发展阶段可以分为投入期、成长期、成熟期和衰退期 4 个阶段。

旅游景区作为独立的生命体，同样具有生长、发展、成熟和衰亡的生命历程。而作为一个既定的旅游景区形象只是一定时期的精神和文化的反映，随着时间变化和旅游景区的发展，旅游景区形象也有一个更新的问题，也就是说形象也有生命周期。形象生命周期的不同阶段有不同的特点，因此各阶段的传播重点也应有相应的调整。

（一）生长期

利用旅游景区开发造势，以形象设计作为兴奋点，通过向社会公开征集形象口号和形象标志，邀请媒体连续报道，吸引公众眼球，引发注意力经济。

（二）发展期

确立旅游景区形象，通过新闻事件、公关活动等提升形象品牌的理解度，扩大影响力。主要是概念传播，要的是知名度的大幅度提高。

（三）成熟期

大规模拓展旅游市场，深化形象品牌。旅游景区的形象传播要配合旅游产品和主题活动的不断推出，通过不同周期的传播重点来刺激吸引注意力。社会注意力资源分布一般以周、季和年为周期。对于旅游景区，以周为周期进行形象传播调整，太过于频繁，且不利于整体形象的塑造和传播。旅游业是一个季节性明显的产业，旅游景区的形象传播随季节的变化而相应地调整，延伸出旅游景区的季节形象。季节性主题给旅游者以常变长新的新鲜感，有利于吸引其注意力，丰富对旅游景区主题形象的认识。

（四）衰退期

旅游景区要把握好“转”“改”“撤”3 个基本原则，换一个“卖点”，换一种形象。通过旅游景区建造不断制造旅游景区“新概念”，开始新一轮形象传播。旅游景区

的魅力来自丰富的文化内涵，旅游景区的文化并不是一成不变的，需要在市场运转中不断地充实、扩展与更新，只有创新才能使其保持旺盛的生命力，促使其生命周期不断延长。

思考与练习

1. 什么是旅游景区文脉？如何利用文脉塑造旅游景区形象？
2. 旅游景区形象链设计包括哪些内容？
3. 比较旅游景区在不同形象感知阶段的传播特点和策略。
4. 比较旅游景区在不同生命周期阶段的传播特点和策略。

第四章 旅游景区的空间布局

本章摘要

旅游景区的空间布局是根据旅游资源的区域差异及区域内旅游资源组合的相对一致性，在同一旅游景区内部进行的用地功能划分，对每个所划分区域赋予一定的功能，清晰的功能定位有利于旅游区实现深度开发和持续发展，同时也便于旅游者组织游览活动。本章论述了旅游景区功能分区的影响因素、功能分区的原则、常见的分区模式和功能分区导向。

学习目标

- 了解旅游景区空间布局的影响因素
- 理解旅游景区空间布局的基本原则
- 掌握旅游景区空间布局的常见模式
- 理解旅游景区功能分区的导向

第一节 旅游景区空间布局的原则及影响因素

区域旅游的空间布局与功能分区是旅游规划、开发与管理的一项重要工作，它对今后区域旅游的开发建设和管理起着重要的指导作用。区域旅游的空间布局受诸多因素影响，其中旅游资源的特征、旅游客源市场的消费行为和偏好、旅游企业的区位成本、旅游区工业及旅游相关产业的布局、旅游城镇体系建设均为影响旅游产业布局的重要因素。

一、影响旅游景区空间布局的主要因素

旅游景区的空间布局形态既反映旅游景区各组成要素的分区、结构、地域等整体形态规律，也影响着旅游景区的有序发展及其外围环境关系。旅游景区空间布局必须综合考虑区域的资源特色、现有交通条件，甚至未来的大型项目布局等因素。

（一）旅游资源分布

旅游资源是游客活动的载体，旅游景区大部分旅游功能都是建立在旅游资源基础上的，旅游开发的目的就是为了更好地利用资源，将旅游资源转化为旅游产品，满足旅游者的需求。资源分布状况是旅游景区空间布局的一项重要依据，只有在对区内旅游资源进行深入调查和科学评价的基础上，才能明确各分区（亚区）的资源特色和开发定位，统筹安排旅游空间布局。

旅游景区旅游资源的分布情况以资源调查的方式取得，通过资料收集和实地勘察，查明可供开发利用的资源状况，系统全面地掌握其数量、质量、性质、特点、级别、成因、时代、价值，以及相关的旅游环境状况（自然环境、社会环境、经济环境等）。旅游资源评价的重点是资源特色、资源价值与功能、资源组合、结构和规模，以及旅游景区的环境容量和环境承载力等，其中资源特色（稀有度、悠久度、文化差异等）是吸引旅游者的关键性因素。

（二）客源市场需求

现代旅游规划认为，在旅游市场（即旅游需求市场或旅游客源市场）上，旅游者所购买的和旅游经营商所销售的，并不再是纯粹的旅游资源，而是将资源筛选、加工、再创造的旅游产品。旅游市场大小取决于购买力、购买欲望（或出游愿望）和出游机会，其中购买欲望是反映潜在购买力变成现实购买力的重要条件。

旅游开发应实现资源与市场的对接，立足资源特色，以市场为导向生产适销对路的旅游产品。旅游景区空间布局在一定程度上决定了各分区（亚区）的主导功能、产品类型和未来的发展方向，这就要求对旅游景区客源市场进行调研，把握和了解旅游需求特征和发展趋势，在市场细分的前提下确定旅游开发的方向和目标，从而实现科学的空间布局和功能分区。

（三）旅游景区交通条件

旅游景区现有的交通网络强调的是工程技术上的合理必要性，突出了交通便利性和成本的可控制性。从经济和环境的角度出发，旅游规划要尽可能保证现有的交通条件能够得到充分利用，因地制宜地构筑旅游景区旅游交通线路，畅通、便捷，解决好进与出的问题。合理的空间布局应该有利于旅游景区内的游览线路组织。旅游景区的游览线路既要充分考虑旅游者游程中的心理需求和审美偏好，以实现符合人体工程学的旅游动线规划，注重人情味、节奏感与空间的“起、承、转、合”。同时，旅游景区布局应体现空间进程的层次性，游览线路上要有景可观、有点可游、有活动可参与，并能取得渐入佳境的效果。符合美学效果的景观视线系统，让游客能在最佳视点充分享受到完美展示的自然景观。

（四）产品项目布局

旅游景区旅游产品和活动项目必须依托一定的空间环境，需要通过空间布局来具体落实。各旅游空间以核心吸引物和各自的特殊条件形成自己的优势，对各种旅游活动进行相关分析，确定相互之间的互补、相依或相斥关系，形成产品项目的差异性和丰富性，以此明确各区的主导功能定位。布局在强化旅游空间差异的同时，还要注意到区域空间之间的连续性和均衡发展，使各个空间单元分层次并连成片，形成完整、丰满、具有多种适应性的功能整体。

（五）配套设施建设

在确定空间布局时，要事先估计到该空间布局状况将会对配套设施建设投入的影响，排水、供电、供暖等基础设施的总体安排将在很大程度上影响旅游区的未来发展。必须在严格保护自然生态系统完好性的前提下进行合理、适度开发，防止破坏性建设和建设性破坏行为。基础设施和旅游服务设施在空间上相对集中的布局，可以把对生态和资源的破坏控制到最小限度，也能够降低建设成本。

二、旅游景区空间布局原则

（一）区域空间一体化的竞合原则

旅游活动受制于旅游吸引物的空间结构。旅游景区的空间布局分为宏观、中观和微观3个层面。宏观布局作为大尺度空间，主要是指区域空间旅游发展的总体轮廓和部署。中观布局则形成内部结构布局，确定各旅游景区在地域空间内部的配置与部署关系。微观布局主要研究旅游景区内部点与点的聚集或分散的关系。

城市及其吸引范围构成一个旅游区域，旅游景区作为其中的旅游节点，必须与宏观布局统一与协调，通过旅游景区与城市区域空间一体化，实现最佳的区位优势和整合区域竞争力。在城市的空间布局里，旅游景区与其他旅游景区构成了横纵并列的“繁星图”。由于旅游发展的自身特点在一定程度上影响着区域关系在空间上的分割态势，而处于同一城市区域的一体化模式要求联合与整合，因而旅游景区之间存在着空间的竞争与合作关系。所以旅游景区布局还必须考虑中观层面上旅游景区与旅游景区之间的集聚与均匀、联结与疏离、优先与兼顾等战略抉择关系。旅游景区规划要考虑与邻近旅游社区之间的差异性和互补性，尽量避免冲突，增加合作和互相激励。

（二）功能区相对集中原则

旅游景区在开发成本大于其收益的情况下，这种开发是不经济的。旅游景区的空间布局应尽可能保持旅游资源的完整性、共同性，根据旅游景区旅游资源自然分布状况与景观空间组合特征，将具有成因共同性和类型相似性的景点（景物）划分在同一旅游功能区内，依据各自景观特色，确立不同主题，在整体上形成优势互补的格局。必须按区域结构和旅游功能的差异，对观光、休闲、住宿、餐饮等不同类型的功能单元采取相对集中的布局，通过快捷方便的道路系统连接，在空间上形成规模集聚效应，强化整体功能，以取得最大的经济效益。聚集的旅游景区布局具有聚集效应优势：①实现了开发的低成本、高产出。集中分布能降低基础设施建设成本，许多旅游设施可以同时让当地社区居民使用，形成综合的市场竞争优势，整体规模优势产生高效益。②环境保护的大整治和可持续发展。集中布局可防止对主要自然景观的视觉污染，也有利于环境保护与控制，对垃圾、废水等污染物进行集中处理和连续控制，使敏感区能得到有效保护。③经济效益的多联动、宽辐射。景观类型多样性可以吸引游客滞留更长时间，从而增加地方经济中旅游服务部门的收入，带动社区经济的发展。④原生文化的继承与发展。集中布局有利于游客与当地居民的交流与沟通，也有利于民俗文化的延续和社会风俗的优化等方面协调一致的共生双赢。但集中布局应充分考虑承载力（自然承载力、社会承载力和管理承载力）问题。

（三）旅游景区可持续发展原则

在旅游规划的哲学理念上，可持续发展已经成为全世界的共识。旅游景区布局的可持续表现为强调对自然资源和生态环境的保护和延续；强调文化的完整性和生态过程；强调满足当前需求，为东道主提供发展机会的同时，保留并强化未来的发展空间和机会。

1. 自然、生态及文化环境的完整与延续

旅游开发必须立足于生态环境的承受力和旅游资源的永续利用。由地文地貌、人文历史所构成的旅游资源总体特征是核心旅游吸引物，旅游景区布局和分区应注意保持与当地文、史、地三脉的内在联系，保护旅游区内特殊的环境特色和主要的吸引物景观，注重人文景观与自然景观的和谐，服务设施区外布局，防止景观的视觉污染。把游客接待量控制在环境承载力之内，以维持生态环境的协调演进，并通过旅游的良性发展促进人与自然之间和谐共进，实现经济效益、社会效益和环境效益的有机统一，实现开发与保护在更高层次上的协调统一。

2. 旅游开发空间的长远发展战略

旅游发展的日新月异和旅游者的“喜新厌旧”，注定了旅游景区无限度发展和持续开发的可能。规划所拟定的空间布局必须为旅游景区的长远发展留有足够的余地，在综合考虑资源状况、交通条件、客源市场潜力等因素的基础上，为旅游活动与开发建设的分片开发、分步实施，未来旅游区的地域扩张、各功能区之间的合并等，做出具有前瞻性和可变性的安排。这实质上是一种在变化中求发展的可持续战略。

（四）形象导向原则

形象是统率旅游规划的纲，形象问题本质上是旅游景区如何发展的问题。改变以往的布局模式出发点，以形象导向来进行布局，会给布局理论及模式带来一个新的思考视角。其核心是围绕主题形象对旅游景区进行统一的布局规划，以核心吸引物为中心，通过自然景观、建筑风格、节庆事件和服务方式等的有机组合来突出与强化主题形象，从而给游客留下一种清晰、深刻的视觉印象，以独特的形象风格影响旅游者的决策。同时，各功能区应根据本区的资源条件、交通连线等实际情况，确定明确的功能和形象定位，并通过氛围的营造和主题的延伸使各功能单元过渡自然、融为一体，保证旅游规划在更高层次上的综合和形象的一脉相承。

第二节　旅游景区微观层次空间布局的模式

微观布局着重研究旅游景区内部点与点、点与整体之间的相关性，通过比较与调整，形成性质分类、功能分区、成组布局、整体最优的多维网络结构。旅游景区内部空间布局模式虽多种多样，但其中的基本要素是相同的，典型布局形式主要有圈层模式、点轴模式和轴对称模式。

一、圈层模式

圈层模式是旅游景区规划布局中最常用也是最典型的一种模式，其布局以服务接待中心或自然景观为核心，各旅游景点分布在由内向外扩展的圈层中，形成市场—资源共轭的旅游景区体系。

（一）社区——吸引物综合体（CAC）模式

1965 年甘恩提出了“社区——旅游吸引物综合体”（CAC）（见图 4 - 1）的布局模式，建构了以服务中心为核心的吸引物综合体模型，这种布局方式是在旅游区中心布局一个

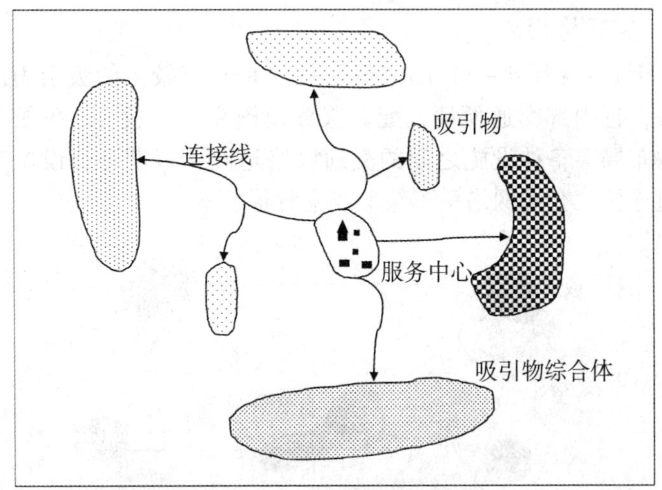

图 4－1 社区——吸引物综合体

服务中心，四周以资源为纽带形成不同的吸引物综合体，在服务中心和吸引物综合体之间有交通连接。这种布局使社区资源利用程度高，有利于旅游景区的综合开发。

（二）三区结构模式

1973 年弗斯特提出旅游区空间开发的“三区结构”：核心区是受到严密保护的自然区，限制乃至禁止游客进入；围绕它的是娱乐区，配置野营、划船、越野、观望点等设施与服务；最外层是服务区，为游客提供各种服务，有饭店、餐厅、商店或高密度的娱乐设施。这种模式适用于自然保护区、风景名胜区、森林度假区等。分区在结构上一般由核心区（绝对保护区）、控制保护区（相对保护区）和外缘缓冲区构成圈层模式。美国和加拿大的国家公园都采用了三区结构的布局模式。

（三）双核结构模式

1974 年特拉维斯提出“双核布局模式”（见图 4－2），这种方式为旅游者需求与自然保护区提供了一种商业纽带，通过精心设计，旅游服务全部集中在一个辅助型社区内，处于保护区的边缘。

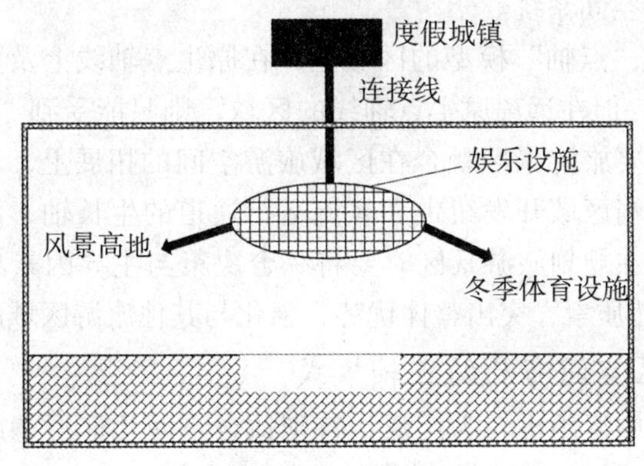

图 4－2 双核布局模式

（四）核式环布局模式

“核式环”布局（见图4－3）的“核”往往是具有较大的吸引力的自然景观，如温泉、滑雪场等，且内部交通便捷，配套服务设施完善，饭店、餐馆、商店等服务设施环绕自然景观布局，各种设施之间的交通联络道路构成圆环，设施与中心景观之间亦有便道或车道连接，交通网络呈车轮形或伞骨形。

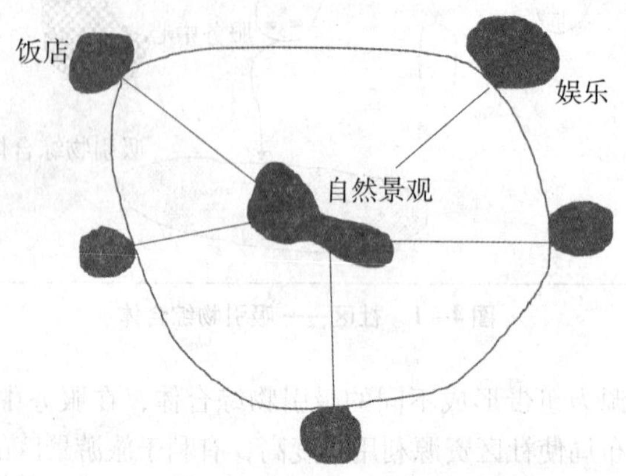

图4－3　核式环布局模式

二、点轴模式

（一）“点轴系统”理论

“点轴系统”理论的核心是关于区域的“最佳结构和最佳发展”。陆大道认为，区域社会经济的发展是由中心地（城市）和发展轴线带动的，并通过集聚效应和扩散效应带动其他区域的旅游发展。点轴发展模式中，点（中心城市）的主导地位和极化作用非常明显，中心城市往往成为旅游增长级。生长轴实质是依托中心城镇的旅游产业开发带。区域旅游经济的发展总是从不平衡到相对平衡，在开发条件的限制下，总是集中力量优先开发高等级的点和生长轴。点轴结构的形成经历一个时间过程，从初期孤立的数个中心地，逐步发展成为具有一定空间结构的发展轴线，最终形成“点—轴—面—网”的旅游空间系统。

将旅游景区放在“点轴”模型的区域里，在原生点轴线上及其邻近区域可以受到“直接辐射”的作用，但在远离原生点轴线的区域，则只能受到“缓冲辐射”的作用。在一定条件下，就需要旅游景区融合在区域旅游空间的拓展上，以城市为中心点，有意识地选择交通线充当区域开发纽带和客流运行通道的生长轴，沿着生长轴的方向进行旅游开发。同时，在规划旅游景区时要将综合决策与主导因素相结合，通过“集聚布局效应”，提高天然质素，突出整体优势，强化与其他旅游区域的差异。

（二）旅游景区空间布局的点轴模式

点轴模式在布局中运用也较为广泛，特别适合空间几何形态成线状或带状延伸的旅游景区布局，比如沿江、沿海的旅游景区。一般以核心景点为原生长点，连接“点”与“点”的旅游交通或游览线路形成“生长轴”“生长轴”把各旅游功能区串联起来

(见图4-4)。点轴模式在布局中具有扩散效应，“生长轴”可以随旅游景区空间的拓展而继续延伸，原生“点轴”的能量以“磁波”的形式产生“辐射”作用，可以导致区域旅游的较快增长。随着开发活动的增加和经济水平的提高，旅游景区旅游在空间结构上会出现更多的级别较低的中心节点和次生轴线。

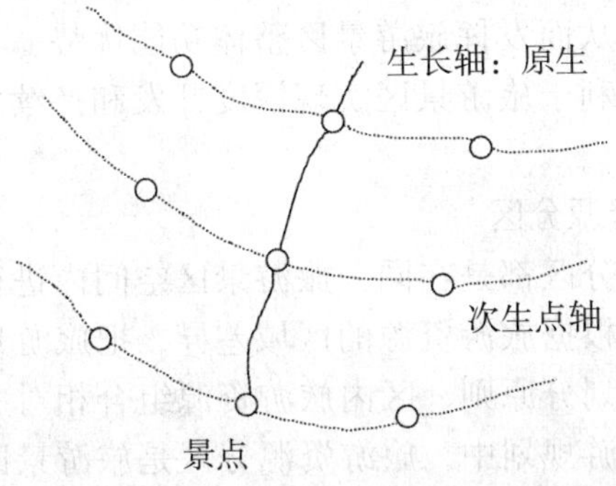

图4-4 旅游景区空间布局的点轴模式

三、轴线对称模式

轴线对称模式是一种严谨的空间布局模式，它更适用于历史文化突出的旅游景区，使用范围相对狭窄。对称美作为建筑设计布局倾向在我国古代得到广泛认同，尤以皇家建筑为体现。对称的布局讲求各功能区分布于中轴线上或两侧，具有轴线聚集与对称扩散优势，简化了旅游线路设计的内容，便于控制客流。

以上3种常见的布局模式对确定旅游空间组织层次与规划层次，制订旅游发展战略，寻求区位优势，利用集聚效应增加地区的整体吸引力，进行旅游线路设计以及选择最佳的旅游设施和观景点的场所均有指导作用。客观上讲，布局模式不存在优劣的比较，它们具有不同的空间关系、职能关系和活动关系，在布局上也各有优势，在旅游规划实践中必须深入分析影响旅游景区空间布局的主要因素，根据旅游景区的实际情况进行最优选择。

第三节 旅游景区功能分区

区域旅游功能分区是旅游规划与开发的重要内容，它决定了旅游区今后发展的方向，对于区域旅游特色的形成和区域旅游形象的塑造以及区域旅游空间结构的优化等具有重要的意义。

一、旅游景区功能分区和功能单元

(一) 功能分区及相关概念

旅游景区规划中，功能分区与旅游资源分区以及旅游景区划分很容易被混淆，这是3个既有区别又有联系的概念。

1. 功能分区与旅游景区划分

功能分区与旅游景区划分是不同尺度空间的规划手段。旅游景区划分是在大、中尺度的区域空间中，遵循全域覆盖法，根据旅游资源相对一致、旅游活动的连续性、开发建设的一致性等原则进行不同旅游景区的划分。旅游景区一般是由一个或者几个紧邻的主要景点为中心，通过交通线将若干景点统一起来形成的小尺度旅游目的地。每一个旅游景区都有其独特的资源特色，与其他的旅游景区有着较为明显的差别。

功能分区则是在同一旅游景区内部进行的用地功能划分，对每个所划分区域赋予一定的功能，防止雷同，从而发挥旅游景区整体功能优势。功能区可以不遵循全域覆盖法。清晰的功能定位有利于旅游景区实现深度开发和持续发展，同时也便于旅游者组织游览活动。

2. 功能分区与旅游资源分区

功能分区与旅游资源分区都是在同一旅游景区空间内进行，但两者的划分依据各不相同。旅游资源分区是根据旅游资源的区域差异，把旅游景区划分为不同的旅游资源区，它要兼顾行政区域划分原则、区内旅游资源组合相对一致与区际差异明显原则以及多级划分原则。在旅游规划中，旅游资源分区是旅游景区功能分区的前提和重要依据，但两者在地域空间上并不总是完全吻合。有时，出于旅游景区发展目标、形象与功能定位，以及旅游产品有效组合的需要，一个功能区域可能覆盖两个或更多的旅游资源区，以提高旅游景区用地的利用效率和地区整合功能，使旅游者的满意程度达到最大值，从而使旅游景区经济效益最大化，这是旅游功能分区的目的所在。

（二）旅游景区功能分区的导向

现代旅游规划注重对原生环境和本土意境的保护和设计，强调理解自然、尊重自然的过程，人与自然和谐共生的关系；强调理解人、尊重人、规划人的体验。文化导向、生态导向及体验导向的功能分区以全新的视角，体现了以人为本、生态（自然和文化）优先的规划理念。

1. 坚持立足资源的产品导向

传统规划中以资源为导向的分区模式虽单调而呆板，但却注意到了资源的重要作用。资源是游客活动的载体，旅游景区大部分旅游功能都建立在资源基础上，而功能分区的目的就是更好地利用资源，将旅游资源转化为旅游产品，满足旅游者的需求。旅游产品和旅游资源有着紧密的关联性，旅游资源是旅游产品的基础和主体。吴必虎提出了资源—产品（R－P）导向的分区模式，并将其划分为共生型（低投入、高产出）、提升型（高投入、高风险、高产出）和伴生型（资源与产品伴生）3 种模式。

2. 坚持个性和品位的文化导向

文化是一种复杂的社会存在，具有社会性、历史性、多样性、地域性和继承性等特征。生活在各种不同文化背景的人进入异质文化环境时，会感到文化差异性的存在，并由此激发旅游者探求的欲望。文化导向模式正是以“文化个性”和“文化品位”对旅游景区进行功能分区，强调文化意义和文化作用，坚持旅游的原汁原味。

以文化为导向的功能分区，第一，要遵循旅游景区旅游开发总体布局要求，结合旅游景区资源特色和分布规律，针对目标市场需求进行主题文化的选择；第二，要重塑原生文化的形骸和精神，注重文化的哲学因素制衡，防止文化生态链断裂；第三，在进行功能分区时不仅要传承文化，还要对文化进行创新，赋予它新的内涵和时代意义，丰富旅游者的文化体验；第四，各功能区要分工合理，通过旅游吸引物、旅游设施及整体环境营造，完美展现旅游景区文化。

3. 坚持可持续的生态导向

生态导向模式从环境适应的角度构筑了生态性旅游分区框架，其核心是对生态环境加以保护，尽量减少环境污染和破坏，尊重自然的异质性，不再把自然看成被征服、被利用的对象，达成“天人合一”的和谐。生态旅游规划具有保护自然环境和谋富当地居民的双重责任，在实现经济、社会、美学价值的同时，寻求适宜的利润和环境资源价值。

俞孔健在《景观：文化、生态与感知》中对安全生态格局的研究为生态功能区面积范围的界定找到了答案。核心区将保护对象（残遗斑块或濒危物种栖息地）尽量完整地保护起来，并将人类活动排斥在核心区周围的缓冲区。缓冲区或过渡带的功能是保护核心区的生态过程和自然演替，减少外界景观人为干扰带来的冲击。缓冲区边界和形状，可以有效利用土地，减少缓冲区划分的盲目性。户外游憩区位于旅游景区最外围，完全以游憩活动为目的，但强调地方风格，并与环境协调一致。

4. 坚持人文关怀的体验导向

旅游人类学为旅游景区提供了一种“以人为本”的规划哲学，使旅游景区建设和管理成为一种人文关怀的社会实践。它要求旅游规划分区研究人的特性、活动及需求，尊重人、理解人与自然的相互关系，为旅游者寻找或者创造一个充满人文关怀的旅游功能区域，而不仅仅是人活动的物理环境载体。体验经济时代宣布了人的体验需要开始转变为现实需求。旅游的本质就是体验，旅游景区以服务为舞台，以产品项目为道具，为旅游者创造一种或多种难忘的经历。体验导向的功能分区，实际上是体验经济在旅游规划中的运用。

（1）娱乐体验

为了满足旅游者娱乐体验的需求，应考虑以居住区为中心，游乐、观光、文化和运动各区环绕集聚的组团方式，功能区间线路选用多枢纽式（多点轴）联结。

（2）教育体验

教育体验分区要把寓教于乐放在首位，线路设计上选用单线贯通式，引导游客循序渐进，体验知识从感性到理性的升华。

（3）遁世体验

儒家道学的长期熏染，后工业社会人地的失衡，使自然山水成为中国人情感的投射对象和灵魂栖息的家园。遁世体验只是暂时地“离开”，在回归自然的反差中获得解脱和平衡。各功能分区采用单点轴线路互不干扰，营造一种“逃离现实的独处”。

（4）审美体验

审美导向的体验分区通过游览动线、视线和游憩导读系统设计，满足游客心理景观“可读性”和精神愉悦，强调悦形、抒情、比德的旅游审美体验过程。

5. 坚持突出主题的形象导向

形象导向模式的理论基础就是旅游景区形象策划。Guun 把形象分为原生形象与引致形象；Fakeye 和 Crompton（1991）在 Guun 的基础上提出形象三分类：原生形象、引致形象与复合形象（Complex）。在规划实践中还应注意以主题形象为导向，通过氛围的营造和主题的理性延伸，使各功能单元的过渡自然并融为一体。大体上，形象导向模式根据引景空间、旅游景区的原生形象、引致形象与复合形象来划分功能区，对于旅游景区的核心地段还可以再细化为第一印象区、光环效应区、地标区和最后印象区，总体上形成一种渐进式的分区布局。

6. 坚持未来发展的弹性导向

旅游发展的日新月异和旅游者的“喜新厌旧”，注定了旅游没有一劳永逸的规划，稳定只能是相对的，变化是绝对的。因此，旅游景区的功能分区要具有前瞻性和可变性，注重分区形象和产品项目的兼容性、创新性和延展性，这实质上是一种在变化中求发展的模糊战略。

（三）不同类型旅游景区的功能单元

在我国基本上有两类旅游景区：一类以经济开发为主要目的，如主题公园和旅游度假区，一般也称为第一部类功能区；另一类以资源保护为主要目的，包括风景名胜区、自然保护区、国家森林公园、历史文物保护单位等几种类型，也称为第二部类功能区。旅游景区里的各种功能单元是人的活动在旅游景区里的物质体现和主要载体，不同类型旅游景区的功能单元划分不尽相同。

1. 自然保护区

自然保护区是指法律上确认的，为达到特定保护目的而进行调节或管理的一片公有或私有土地或水域，以保护地球上的基本生态过程、生命维持过程，保存物种遗传的多样性，保证物种和生态系统的永久利用。并非所有的自然保护区都是成片连在一起的，有的是分散的，在许多国家都出现了所谓的保护区群（或叫联营保护区、保护区联合体），我国自20世纪50年代以来即开始建立各种自然保护区。

（1）自然保护区功能单元

①核心区（绝对保护区）：保护区的核心，主要是各种原生性生态系统类型保存最好的地方。这个区域严禁任何砍伐和狩猎等，主要任务是保护，以保护其物种多样性，使之尽量不受人为干扰，使它们能自然生长和发展，成为遗传的基因库，并可用作生态系统基本规律研究和作为对照区监测环境的场所。

②缓冲区：一般位于核心区外围，也可包括一部分原生性生态系统类型和由演替类型所占据的半开发地段。可预防核心区受到外界的影响和破坏，起到一定的缓冲作用；也可以用于某些试验性或生产性的科学试验研究，但不应破坏其群落环境，可在其中划出一定地段做采药、旅游、蔬菜生产等的基地，以适应各方面的需要。

③试验区：缓冲区的周围相当面积的保护区，可包括荒山荒地在内，最好能包括部分原生或次生生态系统类型。主要发展本地特有的生物资源生产，以及建立人工生态系统。

（2）美国国家公园功能单元

美国国家公园管理模式中，将国家公园划分为3～5个不同的功能单元。

①生态保护区是研究生态的自然保护区，只对工作人员而不对游人开放。

②特殊景观区是指美学价值很高、供旅游者游览观赏的自然区，除必要的安全、卫生及道路外，不得新建任何建筑物，严格限制开发。

③历史文化区是保护历史文物及其环境的地区，在不影响历史原貌的原则下，其附近可以适当营建卫生、保护和绿化设施。

④游憩区是公园内设施集中的区域，是公园的服务区，可建设必要的服务设施，如游客中心、旅馆、商店、车站、停车场、电信、公路等设施，但要求其建筑尺度小，采用地方材料、地方风格、保护与环境协调一致。

⑤一般控制区属于普通管理区域，除上述4种区域外，都是一般控制区，有的控制区包括公园界外的相邻地区。

2. 森林公园

1982年9月，我国第一个国家森林公园——张家界国家森林公园成立，标志着我国森林公园与森林游憩事业的正式开始。1993年，林业部《森林公园管理办法》认为：森林公园是指森林景观优美、自然景观和人文景物集中，具有一定规模，可供人们游览、休息或进行科学文化、教育的场所。森林公园根据地域特点和综合发展的需要，可划分为下列功能区。

（1）游览区：游览区是游客游览的景观区域，由特色群落、古树名木、自然山水组成，是公园开展各种旅游项目的主体部分。

（2）野营区：野营、露宿、野餐等活动用地，多为森林茂密、较为平坦的地面，坡度一般在10°以下。

（3）游乐区：在距城50千米左右的近郊森林公园，为弥补景观不足，吸引游客，在条件允许的情况下可以建大型游乐与体育设施，但项目一定要体现当地特点，不能将城市项目搬到森林中。

（4）狩猎区：选择地形较为封闭，远离游览区、野营地和娱乐区，在适宜野生动物繁殖的生活地段开辟狩猎区。出于对野生动物的保护，很多国家禁止在野生动物保护区或森林公园打猎，狩猎区多被取消。

（5）旅游商品生产区：在较大型森林公园内，用于发展服务的森林旅游系统。

（6）生态保护区：保持水土、涵养水源、维护公园环境生态平衡的区域。

（7）生产经营区：从事木材生产、加工等非旅游业的各种林业生产区域。

（8）接待服务区：相对集中建设的宾馆、饭店、购物、娱乐、医疗等接待服务项目及配套设施。

（9）行政管理区：行政管理用地。

（10）居民住宅区：为保护核心景观，居民区多已搬迁到森林公园外围，森林公园内生态保护区已经不许新建居民住宅和山野设施。上述功能分区视森林公园大小、资源状况、经营项目多少，可适当减少或合并。

3. 主题公园

主题公园是为了满足旅游者多样化休闲娱乐需求和选择而建造的一种具有创意性游园线索和策划性活动方式的现代旅游目的地形态。1955年7月美国加利福尼亚州迪士尼乐园诞生，很快获得世界性认同和接受，形成了一种规模化的旅游目的地形式。1989年9月建成开园的“锦绣中华”是我国具有真正意义的旅游主题公园。主题在主题公园中起着决定作用，区别了一个公园和另一个公园的不同，但无论主题有何区别，其景观内的各功能单元都具有相似性。

（1）游乐设施：为游客提供游憩项目，是主题公园的核心吸引物和主要赢利途径。

（2）餐饮、住宿等商业设施：为游客提供餐饮、住宿等配套服务，主题旅游景区赢利的另一个重要来源。

（3）后勤服务设施：游客服务需求得以满足的各种保障。

（4）技术供应和工程服务设施：游客游憩需求得以满足的保障等。

思考与练习

1. 影响旅游景区空间布局的主要因素有哪些？
2. 聚集的旅游景区布局有哪些优势？规划师应注意什么？
3. 如何处理旅游景区各功能区之间的关系？
4. 旅游景区布局的“点—轴”模式的特点是什么？
5. 旅游景区功能分区应该遵循哪些导向和原则？

第五章　旅游景区的产品设计

本章摘要

旅游产品是旅游规划的核心。本章旅游产品规划主要是指旅游景观（吸引物）的开发与设计。在对旅游产品概念、构成和主要类型分析的基础上，阐述了旅游景区产品设计的原则和程序。针对旅游景区产品的生命周期，提出新产品开发和产品的切换是旅游景区生命力再造的重要途径，并阐述了具体做法。

学习目标

- 理解旅游景区产品的利益构成和功能构成
- 理解旅游景区产品设计的原则
- 掌握旅游景区生命周期各阶段的产品特征
- 掌握延长旅游景区生命周期的途径

第一节　旅游景区产品概述

一、旅游产品的概念及构成

从旅游市场的角度看，旅游产品是以旅游吸引物为凭借，以系列旅游基础设施、旅游交通为支撑，产品经营者在旅游过程中为了满足旅游者的需要和实现旅游活动目的所提供的全部实物与劳务服务的总和。从旅游者或旅游需求的角度看，旅游产品是旅游者花费了一定的时间、费用和精力所换取的一次完整的旅游经历。旅游者通过对旅游产品的购买和消费，达到了心理和精神上的满足。从旅游经营者或旅游供给角度看，旅游产品是旅游吸引物、旅游服务设施及旅游服务等要素的总和。在上述不同的视角下，旅游产品的结构也相应出现不同的情况。

（一）旅游产品的利益构成

旅游产品是一个整体系统，除了满足旅游需求外，还要求其具有提供相关辅助价值的能力。由此，旅游产品分解为核心产品、基础产品和形式产品 3 个产品层次，3 个产品层次组合起来就构成了整体旅游产品。

核心产品由食、宿、行、游、购、娱六大要素构成，向旅游消费者提供基本的直接使用价值，以满足其生理需要和精神需要。其价值表现为审美和愉悦，是旅游产品的核心价值。在旅游市场上，产品的基本使用价值必须通过某种实物予以承载，基础旅游产品是指为了让旅游者得到一次愉快的旅行经历，必须借助的餐饮、住宿、交通、游览、购物、娱乐等方面的基本物质保障。形式旅游产品是指各种具体的物质手段和产品概念在市场中所表现出来的外观形式，即服务、价格、质量、品牌、促销手段、特色、通达性、安全、方便性以及距离等。

（二）旅游产品的功能构成

从旅游产品的功能看，存在着基础型产品、提高型产品和发展型产品 3 个内部存在递进关系的层次。如表 5－1 所示。

表 5－1　　旅游产品的功能层次

产品层次	特征	项目内容	产品功能
基础型层次	陈列式	自然与人文景观	属于最基本的旅游形式，以旅游规模和特色为基础
提高型层次	表演式展示	民俗风情与购物	满足旅游者由“静”到“动”的多样化心理需求，通过旅游文化内涵的动态展示，吸引旅游者消费向纵深发展
发展型层次	参与式互动	亲身体验与娱乐	满足旅游者自主择项，投身其中的个性需求，是形成旅游品牌特色与吸引旅游者持久重复消费的重要方面

基础层次的旅游产品是旅游业深度发展和开发的基础，没有基础层次的繁荣与成熟，旅游景区无法形成规模旅游和特色旅游。提高层次和发展层次的旅游产品是增强旅游吸引力、促使旅游者多次来访和重复消费的保障，也最能体现出旅游景区产品的质量和特色。

二、旅游产品的特点

（一）功能上的审美与愉悦

旅游产品的使用价值表现为它能满足游客在旅游过程中物质生活和文化精神生活的需要，特别是文化精神生活的需要。旅游产品业的旅游资源无一不是历史文化和现代文化的结晶，具有艺术性、观赏性和审美性的特征。

（二）空间上的不可转移性

旅游产品无法从旅游目的地运输到客源地供游客消费，它也不能像其他物质性商品一样随着所有权的转移而被带走。旅游产品只能将旅游地的名胜古迹、文化遗产等历代劳动者所创造的价值和历史价值通过消费者的空间转移而得到延续。因此，旅游产品吸引力的大小就成为旅游企业经营成败的关键，而这种吸引力往往随着空间距离的延伸而衰减，因此对于不可移动性的旅游产品而言，信息的流通、交通的便利就显得格外重要。

（三）生产与消费的同时性

旅游产品作为一种服务性产品，一般都是在旅游者来到生产现场时，才开始生产并且交付使用的。这意味着旅游服务活动的完成需要由生产者和消费者双方共同参与，将生产与消费同步联合起来。旅游产品的生产经营和消费发生在同一个时空背景条件下，密不可分，往往是一个过程的两个方面：旅游产品在生产开始的同时，消费也即刻启动，消费结束时生产也不再进行。这个特性使旅游产品与一般消费品表现出巨大的差异，也给旅游产品的开发与管理带来了严峻的考验。

（四）时间上的不可储存性

旅游产品的不可储存性来源于旅游设施和服务劳动的时间性。旅游产品不同于制造业产品，销售不出可以储存起来，旅游产品一旦无人购买，其设施会闲置起来，服务人员会暂时停止工作，旅游产品和服务的供应就要停止运作。旅游产品的这一特点决定了旅游目的地和旅游产品和服务的供应部门应特别注意开拓客源市场，增加产品销售量。

（五）所有权的不可转让性

旅游产品的不可转让性是由它的无形性决定的。它的交换过程不是倾向于实物的交换，而是游客带着倾向亲自到旅游目的地进行交换和消费。游客购买的不是其所有权，而只是使用权。这一特点决定了旅游产品和服务的供应部门应很好地利用旅游产品和服务生产所依托的设施、设备的所有权，充分发挥旅游服务产品的功能，设法提高其使用期限和使用率，以获得更大的经营效益。

三、旅游产品的类型

旅游产品是一个开放的系统，随着市场需求的不断变化，旅游产品形式也在不断地增减改变。世界旅游组织（UNWTO）将旅游产品分为观光旅游、度假旅游、专项旅游 3 种基本类型，对于旅游景区产品，这种划分方法太过笼统。

（一）主体分类法

以旅游者的个人特征作为分类标准，如按照旅游者旅游目的分为观光型旅游产品、度假型旅游产品以及生态型旅游产品等；按照旅游者旅游组织形式分为单身旅游产品、情侣旅游产品、居家旅游产品等；按照旅游者消费方式分为高消费旅游产品、低消费旅游产品等。

（二）环境分类法

以旅游产品所依托的环境作为分类标准，如按照旅游产品所处的自然环境可以分为海岸旅游产品、山岳旅游产品、湖泊旅游产品等；按照人居环境可以将旅游产品分为乡村旅游产品、都市旅游产品等。

（三）空间分类法

按旅游空间的不同，可以将旅游产品分成室内旅游产品、城区旅游产品、乡郊旅游产品、区域旅游产品、国内旅游产品、国际旅游产品、洲际旅游产品乃至星际旅游产品。

（四）活动状态分类法

按照旅游活动的状态，可以将旅游产品分为主动旅游产品和被动旅游产品。

（五）内容分类法

按社会内容可以将旅游产品分为自然生态旅游产品、历史旅游产品、文化旅游产品、科技旅游产品等；按组织目的可将旅游产品分为科学教育旅游产品、商务旅游产品（会议旅游产品）、考察旅游产品、休养旅游产品、体育旅游产品以及宗教旅游产品等。

对于某一特定旅游景区来说，不可能开发出所有种类的旅游产品。这就需要对当地的资源、市场和竞争态势进行分析，提出最适合本地情况的若干种优势产品，构成产品组合。

第二节　旅游景区产品设计的原则

旅游产品是旅游规划与开发中经常接触到的一个基本概念，同样，它有广义和狭义之分。广义的旅游产品通常指旅游线路，也就是将一系列的旅游景点（区）以及节庆活动等旅游项目串接起来，为旅游者提供满意、印象深刻的旅行，使其获得一次值得回忆的愉快经历。而狭义的旅游产品指单纯意义上为旅游者提供物质和精神享受的那些旅游产品或者节庆活动。旅游产品开发与设计的最终结果是要吸引旅游者到旅游景区旅游，并取得最大的经济、社会和环境效益。旅游产品需要专业人士在分析旅游地的资源优势与社会、经济、文化背景的前提下，根据实际情况进行设计，所以在设计时必须遵循一定的原则。

一、“人无我有、人有我新、人新我转”的创新原则

人无我有是创新的最基本的含义，即创造一个别的旅游地或旅游景区从来没有过的旅游产品，属于完全意义上的创新，这是产品创新最基础的层次。

人有我新是指对已经存在的旅游产品经过一定的改进后再引入。比如，同样一个旅游产品在一个地方适合，在另一个地方可能就是不适合的。在人有我新原则的指导下，旅游景区可以对同一类型的产品进行本土化改造，使其与同类型产品形成差异，从而形成一个新的旅游产品。

人新我转是对创新性的再次强调，其含义是指当一个旅游产品在别的地方已经存在，并且在目前的条件之下，本地区已经无法通过创新措施使本旅游景区的旅游产品超越其他旅游景区时，旅游景区应该主动放弃这种旅游产品，寻找新的市场空间，开发出新的旅游产品。

二、因地制宜的资源转化原则

旅游资源调查和分析是旅游产品开发的前提条件，但旅游资源不等于旅游产品，作为原材料，旅游资源要制成旅游产品，必须根据市场需求加以筛选、加工，甚至再创造，然后才能组合成适销对路的产品。旅游景区由于地理环境、历史文化等构成条件的不同，必然会存在显著的地区差异，即使是同一资源，在不同的旅游景区中也会呈现出不同的特征。所以必须因地制宜地进行旅游资源的产品转化，开发设计出具有鲜明地域特色的旅游产品。

旅游资源与旅游产品的转化关系有 3 种模式：资源产品共生型——旅游景区资源品位高、吸引力强，不需要太大投资，不需经过大规模开发即可由资源转变为旅游产

品；资源产品提升型——二三流的旅游资源，需要较大的资金投入，通过对资源的深加工、精加工、高强度开发，提升产品质量和层次；资源产品伴生型——城市建筑景观、大型水利工程、中心商业区等功能上属于其他类型的设施或场所，但同时具有一定的旅游功能，利用此类资源的兼容性，开发设计具有多种功能的旅游产品。

三、市场导向原则

现代旅游业作为一项经济产业，是商品经济和市场经济发展到一定阶段的产物，对旅游者而言，旅游资源并不能直接被消费，只有在旅游资源经开发转化为旅游产品后，才能为旅游者购买。因此，旅游市场需要的是旅游产品，而不是旅游资源。旅游资源必须在以市场为导向的前提下，向旅游产品转化，才能为旅游业所用。旅游产品开发要求旅游资源开发者从分析市场出发，针对市场需求，对资源进行筛选、加工、再创造，然后设计、制作、组合成适销对路的旅游产品，并推向市场。在市场导向下，旅游资源转化的旅游产品在多大程度上吸引旅游者，是旅游产品市场价值的具体体现。旅游资源有了市场的引导，开发出的旅游产品符合市场需求的规范化和科学性，可以避免、减少投资开发的盲目性，使资源价值充分转化为经济效益。

四、整体一致性的区域优势原则

现在的旅游开发不再是旅游景区的单打独斗，区域联合已成为新时代的主旋律。旅游景区旅游产品设计不能盲目地、不切实际地超前发展，应遵从整体利益最大化原则来进行设计，根据资源特点、区域格局、市场需求、政府政策等若干要素，综合考虑旅游发展的空间格局问题。充分利用所在区域旅游资源特色和区域影响，在保持优势的同时，与其他旅游景区形成一定的差异和互补，不同层次的景观群落通过有效的旅游线路和活动组织加以连接和整合，实现旅游者的出游体验。利用旅游业的强大拉动作用，充分调动食、住、行、游、购、娱等相关行业参与整体产品的生产，共同实现旅游景区以及更大区域内的经济大发展。

五、主导产品下的综合设计原则

由于旅游需求的多样性，单一的旅游吸引物对旅游者的持续吸引力在不断衰减，从而注定了旅游产品的组合性特征。旅游景区旅游资源本身就是一个相互影响、相互关联的整体系统，同一种旅游资源可以开发、包装为不同类型的旅游产品，一种旅游产品可以建立在一种或多种旅游资源的基础之上，各项资源的不同配置、不同组合，都会对旅游产品整体功能产生影响。但是对于某一特定旅游景区来说，不可能开发出所有种类的旅游产品。这就需要对当地的资源、市场和竞争态势进行分析，提出最适合本地情况的若干种优势产品，构成产品组合。产品组合战略中首先需要做的就是确定本地区的关键产品及主导产品。因此，旅游产品的系统化要求在打造主导产品的基础上，通过类型、功能、档次的差异，不同旅游产品之间形成互补和互代的互动关系，形成“众星捧月”的产品布局。通过科学合理的旅游景区产品结构，更好地适应市场的需求，最大限度地占领市场，实现旅游景区的最佳经济效益。

六、可持续发展原则

旅游产品的开发是为了获得巨大的经济利益，促进当地经济发展，满足人们对休闲生活的需求。但是在追求经济利益的同时不能忽视社会效益和生态效益的实现。旅游产品的开发是一种社会性活动，必须考虑当地的政治、文化及风俗习惯，设计健康文明的旅游项目，促进地方精神文明建设，并寻求旅游业对人类福利及环境质量的最优贡献，造福当地居民。同时，追求环境效益，必须在合理的环境容量控制下进行有限度的转化开发，以开发促进环境保护，创造出人地和谐的生存环境。

为了实现旅游景区的可持续发展，还必须使旅游产品的设计和建设与旅游景区的长期发展规划保持高度一致性。在旅游景区发展的规划控制之下，集中精力去建设关键的主导产品系统，凸现重点旅游产品层次。通过重点产品或项目的建设，来带动整个旅游景区的旅游发展。旅游产品要具有前瞻性和可变性，尽量避免设计出滞后的旅游产品，注意旅游产品的更新换代和适时调整。

第三节　旅游景区产品设计的内容及程序

旅游景区旅游产品的设计是一项系统工程，它需要在对旅游区进行合理功能分区的基础上，综合各个功能区内的各种资源开发能吸引旅游者的旅游产品。因此旅游产品设计涉及的内容非常繁杂，总体来说，主要包括以下几个方面。

一、旅游景区旅游资源调查与评价

旅游资源调查与评价是产品规划的前期工作。依据国家标准《旅游资源分类、调查与评价》（CB/T 18972—2003），旅游资源调查与评价是对一个旅游景区旅游资源进行考察、勘察、测量、分析、整理的综合过程，为旅游景区旅游产品规划提供全面系统的文字、照片、录像、专题地图等有关信息，通过对旅游资源本身以及旅游资源外部开发环境、开发条件的评价，为旅游景区产品规划提供科学依据，以此确定产品设计的基调和方向。

（一）旅游资源调查的主要内容

1. 类型

旅游资源的主类、亚类及基本类型的数量，对各类旅游资源的空间分布进行汇总，并判定旅游景区旅游资源的特色。

2. 规模

旅游资源数量、分布范围和面积及分布密集程度。

3. 组合结构

自然旅游资源与人文旅游资源的组合结构、自然旅游资源和人文旅游资源内部的组合结构以及两大类旅游资源空间分布上的组合状况。

4. 开发现状

查明旅游资源的开发程度、开发效果等情况，最终确定旅游资源开发时序、开发重点、开发方向等内容。

5. 保护现状

旅游资源的保护现状、保护措施等内容。

（二）旅游资源评价的主要内容

1. 旅游资源自身的评价

旅游资源的性质、状况、形态、组成、成因与演化、年龄、价值、影响程度、保存情况等旅游资源品质评价，以及旅游资源之间的相互关系，包括它们的规模数量、类型集合、空间序列、功能互补、级别配置等旅游资源的结构评价。现在一般依据国家标准《旅游资源分类、调查与评价》（CB/T 18972—2003）进行打分定级。

2. 旅游资源外部环境的评价

旅游资源的自然环境、经济环境、社会文化环境，以及旅游资源的环境容量等因素。

3. 旅游资源开发条件的评价

区位条件、客源条件、投资条件、施工条件、现有开发条件等因素。

二、旅游市场调查与分析

旅游市场是旅游供求关系的总和，一般指客源市场。旅游市场需求是决定旅游市场购买力和市场规模的主要因素，直接决定了旅游景区产品的开发方向和开发规模。一旦现实的旅游市场需求发生转换，那么与之相适应的旅游产品将失去吸引力。旅游市场调查通过有计划、有针对性地收集、掌握、分析和总结旅游市场需求和市场活动信息，针对旅游者的需求偏好，创意性设计适销对路的旅游产品。

（一）客源地市场环境调查

它包括对政治环境、经济环境、社会文化环境、法律环境、科学技术环境以及自然地理环境等的调查。

（二）现实市场需求调查

1. 旅游市场需求量调查

购买人数和购买量。

2. 旅游者消费行为调查

旅游者构成，如旅游者的国籍、性别、年龄、民族；旅游者消费特征，如旅游者的收入水平、消费水平和消费结构；旅游者居住区域；旅游者的购买欲望和动机，如身体健康动机、文化动机、交际动机、地位和声望动机等；其他行为特征，如购买习惯、游览季节、停留时间等。

3. 旅游产品调查

旅游者对旅游产品的认识及需求的变动，对旅游路线安排以及交通、住宿、导游等服务的评价、意见和要求。

4. 旅游价格调查

旅游中六大要素的各自花费情况。

（三）潜在市场需求调查

通过对旅游客源地的出游率、重游率、开支率等调查，了解市场需求的发展趋势和潜力大小。

（四）产品组合调查

产品组合的广度，指客源地市场现有的旅游线路的多少；产品组合的深度，指每一条旅游线路有多少个旅游活动项目；产品组合的相关性，指现有旅游产品生产过程各个环节的一致性，一致性程度高则相关性就大。

（五）游客评价调查

游客评价调查包括游客对旅游目的地的整体印象、游客对旅游产品的满意度及潜在要求、游客的心理价格接受状态等。

三、旅游产品构思

旅游产品开发是以旅游者的需求和满足这种需求的可能性，以及具有开发与发展这种新产品的技术为基本前提的，旅游产品构思要反映出对旅游景区形象、文化历史背景、空间结构、开发重点等的系统界定。旅游景区旅游产品主要是旅游项目。

（一）旅游产品项目创意

分析市场需求结构特征、市场竞争格局和资源约束的影响，鉴别高度有效的市场机会，提出项目意向。旅游产品创意构思的方法很多，常用的有以下几种。

1. 联想类比法

直接类比，从与创新对象类似的事物中得到启迪，经发挥、创造得出的新方法；象征类比，从向往的和从表面看难以实现的事物中得到启迪，形成的新方法；拟人类比，置身于被创造的事物中，亲临其境，得到启迪，形成的新方法。

2. 头脑风暴法

发挥集体智慧的力量，召集有关专家和相关人员，针对产品设计这一核心问题进行自由式发言。提倡自由思考，鼓励新奇想法；提倡改进他人意见，或者结合别人的意见组合形成新的想法，可以采取默写式表达法和卡片式表达法，但不准批评、议论别人提出的想法。

3. 形态综合法

将所涉及的问题、因素特征都列出来，确定几个独立的因素及各因素包括的可能状态，加以系统分析和组合，形成产品构思。

4. 逻辑推理方法

运用逻辑推理的方法，把要达到相同目的的不同手段或同类产品的不同特征一一列举出来，从中推断出大量构思，然后绘制出“逻辑思考树形图”，按照图列出许多可能方案，从中进一步选优，得出产品设计方案。

（二）旅游产品项目策划

将项目创意转化为具体的投资和行动规划。制订项目应达到的目标，分析项目的收益能力，确定项目的市场空间，拟订投资计划，编写项目建议书。

（三）旅游产品项目筛选

对拟开发项目的各种预选的技术方案和投资方案进行筛选，以便剔除不利因素和不确定因素，进行开发项目的初步决策分析，最后选定投资合理、收益性高、风险性小的项目，写出初步可行性研究报告。

四、可行性分析

旅游景区产品的构思并不代表它们将全部为旅游景区开发所采纳和吸收，在确定旅游项目之前必须要对已有的项目构思进行甄别，即进行相应的可行性论证，从技术、经济、财务和社会等各个方面对开发项目的可行性与合理性进行全面的审核和评估，并写出评估报告。

（一）产品可行性论证的主要内容

为了实现对旅游项目的有效评估和审批，我国自 1979 年引入可行性研究，并在 1981 年明确规定把可行性研究作为建设前期的一个重要的技术经济论证阶段，纳入基本建设程序。政府对旅游景区开发的有效、适度控制，依靠对旅游产品项目可行性研究的审批来实现。预测风险并计划防范性措施能减少项目管理中的不利因素，只有当旅游项目得到清晰可行的肯定后，才能规划实施。

旅游景区产品的可行性论证是对市场的认知进行市场细分、目标市场确定、消费潜能分析，以确认创意项目的可行性。旅游项目 3 个根本因子——主题、规划设计与区位共同决定市场前景，其中规划设计是技术可行性的研究重点。在效益方面，反映财务可行性的财务效益取决于客源市场，反映建设必要性的社会效益和国民经济效益还是主要取决于这 3 个根本因子。

（二）SWOT 分析

对待每个产品项目都应该进行常规的、重要的 SWOT 分析，分析项目或项目的优势（Strengths）和弱点（Weaknesses），以及机会（Opportunities）和威胁（Threats）。

1. SWOT（态势）分析

所谓 SWOT（态势）分析，是运用各种调查研究方法，分析出旅游景区所处的各种环境与能力因素，即外部环境因素和内部能力因素。外部环境因素包括机会因素（Opportunities）和威胁因素（Threats），前者指外部可能会发生的有利事件（事物），后者指外部的竞争、负面的公众舆论等，它们对旅游景区的发展有着重要的直接影响，属于客观因素。内部能力因素包括优势因素（Strengths）和弱点因素（Weaknesses），它们是旅游景区在其发展中自身存在的积极因素和消极因素，属主动因素。在调查分析这些因素时，不仅要考虑到旅游景区的历史与现状，而且要考虑它的未来发展，展开周详的研究并对潜在风险进行细致分析。

2. SWOT 矩阵构造

将调查得出的各种因素根据轻重缓急或影响程度等排序方式，构造 SWOT 矩阵。在此过程中，将那些对规划区域发展有直接的、重要的、大量的、迫切的、久远的影响的因素优先排列出来，而将那些间接的、次要的、少许的、不急的、短暂的影响因素排列在后面。运用系统分析的综合分析方法，将已排列的与所考虑的各种环境、能力因素相互匹配起来加以组合，得出一系列规划区域未来发展的可选择对策。

3. 行动计划制订

就本质而言，增强旅游项目的可行性就是增强旅游景区的优势，并最大限度地创造机遇。同样，承认潜在的弱点，并设法扬长避短是降低风险性的出路。正确估计潜在的风险与威胁，制订出相应的行动计划是增强旅游项目可行性的重要手段。计划的制订要考虑过去，立足当前，着眼未来，发挥优势因素，克服弱点因素，利用机会因素，化解威胁因素。

五、重点旅游项目设计

旅游项目设计即旅游产品构思的具体落实，是清楚明白的文字表述，具有可操作性和规范性，最后通过招标的形式吸引投资者来投资建设。

（一）旅游项目的名称

旅游项目的名称是连接旅游产品与旅游者的桥梁，要仔细揣摩旅游者的心态，站在文化解读的高度，力争通过一个有创意的名称，来吸引广大旅游者。旅游项目名称需要“虚实结合”，一方面可以从名称中真切地了解旅游产品类型、性质和主要内容，另一方面通过有文化内涵的艺术性表达提升项目的意境和精神境界。

（二）旅游项目的主题与风格

旅游项目的目标是要感染旅游者，主题应该完美地吸引人们的各种感官和感觉。旅游项目的特色或者风格应该被描述出来，使得人们能够感受和把握其中所蕴涵的民风民俗和文化氛围，并以此来控制旅游功能分区的发展方向。

（三）旅游项目布局与土地利用

旅游项目是一个有形的实体，它有时间和空间的特征。所占土地面积以及其地理位置在地域空间上，规划中要明确给出每一个设计出的旅游项目的占地面积以及建设的大致地理位置，这两个内容必须具体到在实际中可以在空间进行定点的程度。一般可选择 3 ~ 6 个地段作为概念性详细规划的候选地址，需要编制这些地段的概念性土地利用详细规划，以保障旅游发展总体规划的实质性施行。

（四）旅游项目的产品体系

要明确表明旅游项目的主导产品或主导品牌，以及支撑项目等，抓住重点项目，打造主导产品，形成“众星捧月”的项目布局。同时搞好产品的穿插组合，各个功能区的旅游项目之间形成互补互动，共筑强大的向心力。

第四节　旅游景区生命周期的产品再生力创造

旅游吸引物并不是无限和永久的，任何旅游产品都有其生长的过程，都会经历幼年、少年、青年、中年和老年的过程，只是时间长短有所不同。旅游规划的一个重要目的就是努力促使旅游景区保持吸引力，延长其发展稳定期，防止衰弱期的到来。通过旅游产品的再开发，实现更新换代，使旅游景区开发步入复兴期的良性循环，这就是所谓的旅游景区生命周期的产品再生力创造。

一、旅游产品的生命周期

（一）巴特勒曲线

加拿大地理学家巴特勒（Butler，1980）对旅游景区生命周期理论进行了系统阐述，他认为一个地方的旅游开发不可能永远处于同一个水平，而是随着时间变化不断演变。在巴特勒曲线中，旅游景区的发展阶段可以分为介入期、探索期、发展期、稳定期、滞涨期和衰弱期（或复兴期）6 个不同时期，如图 5－1 所示。在实际研究中典型形态一般由投入期、成长期、成熟期和衰退期 4 个阶段构成。旅游产品的周期短于经济周期。

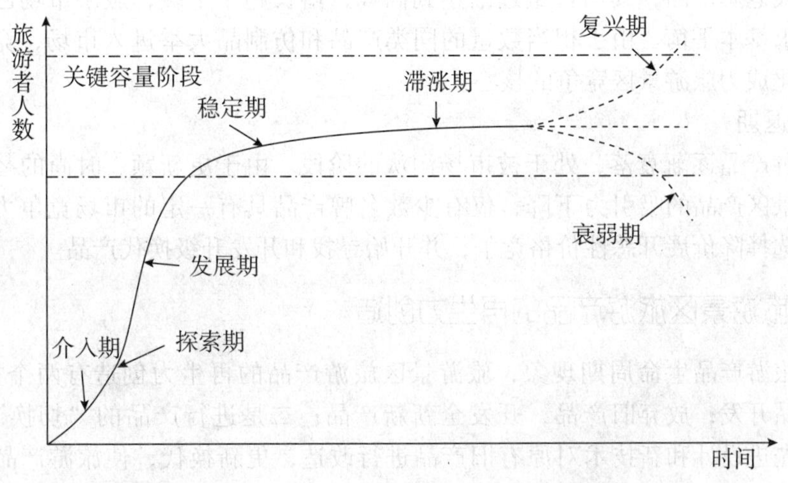

图 5－1 巴特勒旅游景区生命周期曲线

巴特勒曲线是对旅游景区发展周期的高度抽象和理论提炼。在实际情况中，这种曲线有各种变形。有些旅游产品（比如主题公园）的生命周期并没有经过巴特勒描述的介入、发展等阶段，而是直接从一个高峰起步，逐渐走向衰弱。而一些永久性的世界级文化遗产，我们只能观察到游客的起伏波动，而看不到它的第二轮上扬或衰败。如果没有人为的破坏或因自然灾害而引发的产品消失，此类旅游景区的旅游产品基本上不存在生命周期，也就是说不存在消亡问题，可以称之为全寿命周期。

生命周期现象是旅游产品供需关系变化的一种反映，能够充分描述旅游景区的发展历程，具有预测未来发展趋势的功能。旅游景区规划时，打造任何一项旅游产品都要预测其生命周期，及时更新换代。

（二）旅游产品生命周期的阶段特征

微观层面的旅游景区生命周期就是旅游景区产品的生命周期，指旅游景区产品从投放市场，经过发展期、成熟期到最后被淘汰的整个市场过程。在此过程中，旅游景区产品呈现出不同的阶段性特征。

1. 生长期

生长期是旅游景区旅游产品进入市场的初始阶段，具体表现为住宿、餐饮、娱乐等旅游基本设施建成，但有待完善；新的旅游线路开通，新的旅游项目、旅游服务推出，但旅游产品的生产设计还不够成熟，需要接受市场的检验。在此阶段，旅游者的购买多是试验性的，较少重复购买。同类竞争产品也较少。

2. 发展期

即旅游产品快速占领市场的阶段。旅游景区开发初具规模，旅游设施逐步配套，旅游服务趋于标准化和规范化，旅游产品基本定型并形成一定的特色，在市场上拥有一定的知名度。旅游者普遍对旅游产品有较好的口碑，越来越多的潜在消费者加入现实购买者的队伍，重复购买的选用者也不断增多，竞争也随之出现。

3. 成熟期

即旅游产品的主要销售阶段。旅游产品经过发展期的市场生长与磨合，逐渐成为名牌产品或老牌产品，其销售量逐渐达到高峰，增长趋于平缓，旅游市场已达到饱和状态，供求基本平衡。由于相当数量的同类产品和仿制品大举进入市场，竞争空前激烈，差异化成为旅游景区竞争的核心。

4. 衰退期

即旅游产品逐渐衰落，处于被市场淘汰的阶段。由于更新颖、时尚的替代产品出现，旅游景区产品的吸引力下降，仅有少数名牌产品具有一定的市场竞争力，大多数旅游景区选择降价展开恶性价格竞争，并开始寻找和开发升级换代产品。

二、旅游景区旅游产品的再生力创造

面对旅游产品生命周期现象，旅游景区旅游产品的再生力创造有两个重要途径：一是新产品开发，放弃旧产品，开发全新新产品；二是进行产品的“切换”，投入资金，采用先进设计和新技术对原有旧产品进行改造，更新换代，使旅游产品生命周期进入下一轮生长周期。

（一）新产品开发

根据旅游者的消费心理，紧跟时代潮流设计开发旅游产品，使旅游产品竞争力在一段时期内保持足够的影响力且趋于稳定，刺激产品的“张力”，促进全新产品的流行。Urban 和 Hauser（1980）提出了程序化步骤，其中包括机会确认、产品设计、产品试验、向市场推介 4 个过程。

1. 机会确认

机会确认是指确认旅游景区旅游产品中将来最有发展前途的开发项目。首先要对产品的现状进行全面而细致的分析，了解其存在的问题。

（1）问题的确认

问题的确认意味着创新的发展方向，也意味着创新过程最后获得的成果是否有价值、有意义，以及价值、意义的大小。要广泛听取来自员工、旅游者、旅游专家各方的意见，必须随时观察，不要急于下结论、做判断。可以使用：①强行联系法，先列出一张现有产品的目录，然后任意进行联系，并进一步考虑有无可能创造出新产品来；②提问清单法，针对要创新的问题，周密思考，列出若干要提出的问题，形成一个提问的清单，然后对这些提问进行逐一探讨，寻求答案，从答案中得到创新构想；③列举法，把要研究的对象所要涉及的问题（包括特性、缺点、希望、困难）全都列举出来，然后突出针对性改进方法；④要素组合法，通过重新组合形成新的产品创意。

（2）产品组合战略

产品组合战略可以帮助旅游景区确定区域内的关键产品，在此基础上，决定哪些产品应该大力发展，哪些可以维持现状，哪些应该逐步调整，转换结构。一般通过销售曲线识别法和市场占有率识别法识别产品生命周期，波士顿咨询公司产品组合法是其中的一种常用方法。

波士顿咨询公司产品组合法（Boston Consulting Group Portfolio Approach）的基本做法是利用波士顿咨询公司矩阵对每一种旅游产品进行打分评价。该矩阵的纵横两轴分别是市场增长率、市场份额态势。前者是指最近数年来热衷于某种产品的旅游者的增长率，后者是指选择某种产品的游客数量与其最大的竞争者所占的市场份额的比值。根据产品在增长率和份额态势矩阵中的具体位置，可以将旅游景区产品定位为明星产品、顽童产品、乳牛产品和灰狗产品。其中灰狗产品就是旅游景区需要进行产品切换或要彻底放弃重新开发的产品。见图5－2。

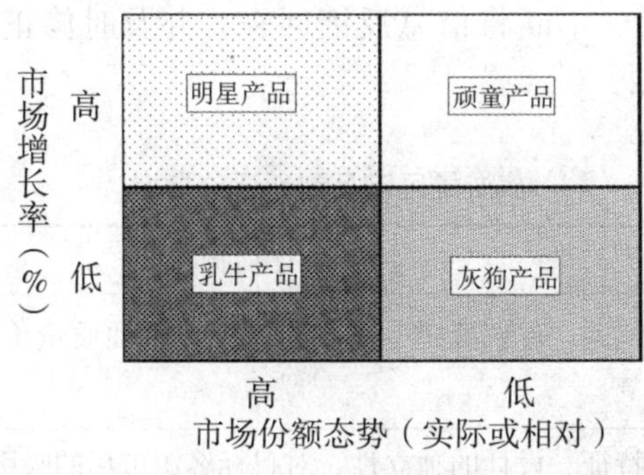

图5－2 波士顿矩阵

2. 产品设计

产品设计是指将一些好的想法转变为某种可以实现的形式，包括旅游产品特性的描述以及用以促销的开发战略，实际上可以理解为旅游产品创新及提升的思路。

生命周期的产品设计同样要经过项目创意、项目策划、项目筛选、项目评估各阶段。在已规划开发的旅游景区进行部分产品重新设计，毕竟不同于旅游景区规划之初的产品系统设计，必须遵守两项原则，其一，新产品要融入旅游景区理念系统，既要体现景观系统的时间线索和历史关系，也要揭示地方历史文化传统和独特的精神内涵，与旅游景区的战略发展目标和现有的主题形象高度统一协调；其二，新产品应该与旅游景区现有产品形成相互促进的互补关系，且不能相互干扰和替代，否则会导致产品项目之间的混乱和冲突，不利于旅游景区整体竞争力的塑造。只有如此，才能使旅游产品魅力持久不衰，使旅游景区开发步入复兴期的良性循环。

3. 产品试验

如果设计方案可行，可在更大的范围内对旅游产品进行试验，以确定它是否具有市场潜力，是否对旅游者具有吸引力。销售推广（销售促进）是比较常用的方法，通过对同行（中间商）或消费者提供短期激励促使其试用，以检验新产品的市场竞争力。“竞争力”是指在市场经济背景和竞争环境下，旅游景区长远地、持续地获得发展壮大的能力。旅游产品竞争力表现为旅游产品所具有的开拓市场、占据市场并以此获得赢利的能力。

4. 向市场推介

向市场推介即进行详细的产品规划并执行推介任务。

(1) 实施方案

建立项目执行管理机构，进行项目招投标，签订各项协议和合同，组织设计施工以及试营业工作。这个阶段必须对开发项目的成本、质量和工期等方面进行严密的监督和有效的控制，以保证严格执行项目的规划要求，实现开发项目的既定目标。

(2) 评价与修正

为了保证产品创新的有效性，必须对新产品开发进行技术评价和经济评价。同时，对推出的新产品需要进行跟踪调查，从旅游者、旅游经营者、旅游专家以及一线员工等方面了解对产品的反映，不断将信息反馈回来，并及时修正不足之处。旅游景区产品创新评价指标见表5－2。

表5－2　旅游景区产品创新评价指标

评估内容	评估指标
市场销售	目标市场及其范围、促销渠道、与现有产品体系和质量价格的关联度、对现有产品销售影响
技术性能	产品的创新性特征、设计的独立性、对目标客源市场的吸引力以及安全指数的稳定性
接待能力	必要的配套设备、运行过程中必要的知识和人员，单位时间的接待能力、季节性的影响
经济效益	运行成本的有利性、获取利润的可能性、盈亏平衡分析、收益率的大小、投资回收期的长短
竞争趋势	与同类产品比较的竞争、市场占有率的大小、产品的生命周期、产品对风险的应变能力
社会环境	游客游园游览环境影响、对自然资源的开发利用、对生态环境的影响程度

(二) 旅游景区产品切换的内容和途径

旅游景区产品切换即以更有效地满足消费者的需求为出发点，在不改变产品本身的情况下，不断更新和再生旅游景区产品吸引力因素，提升旅游产品竞争力因素，从而将产品周期的有限生命转化为无限的周期循环。

旅游产品内涵和外延的多样性和复杂性，决定了旅游产品创新的多维性，不仅包括旅游线路、旅游项目和产品结构优化等物态创新，也包括服务质量提高、产品品牌提升、旅游环境完善、形象主题延伸等精神创新。

1. 产品结构创新

产品结构创新是一种产品组合战略，这种战略强调以新的产品样式丰富原有的产品，配套组合，克服原产品的弱点，全面提高品位和档次。主要是对现有旅游产品的补充和丰富，即选择性的旅游产品开发，搞好产品的穿插组合，完善旅游景区产品结构和类型。

2. 产品内涵创新

产品性质是由旅游景区的市场和资源的双向比较因素决定的，产品内涵的创新主要是对原有产品质量和服务质量的全面提升。以市场为导向，强调对原有产品的加工和提升，深化产品内涵，增加产品吸引力，更有效地满足旅游者的需求。帮助旅游服务人员树立新的旅游理念，提高游客和服务人员的旅游文化素质，增强景点与游客的沟通。另外，旅游景区环境的整治、高科技手段的运用等也有助于产品内涵的创新。

3. 产品功能创新

产品功能创新即旅游景区产品从基础型向提高型和发展型的提升。如深圳华侨城，自 1989 年以来，相继推出了锦绣中华、中国民俗文化村、世界之窗、“欢乐谷”一期、“欢乐谷”二期等主打产品，每隔几年就有新的产品问世，产品一步一步地由陈列观光型、表演欣赏型向主体参与体验型升级，使其产品发展长盛不衰。

4. 文化主题的延伸

旅游景区的魅力来自丰富的文化内涵，主题文化的不断充实、扩展与更新是旅游景区再生力创造的源泉。旅游景区产品文化并不是一成不变的，需要在市场运转中不断充实、扩展与更新，只有创新才能使其保持旺盛的生命力，促使其生命周期的不断延长，这是旅游景区文化创意的途径与归宿，也是旅游景区再生力内部因素作用的结果。当今社会，文化已成为旅游经济的重要成长因素。华侨城旅游品牌享誉中外，正是文化旅游把以硬件构造为主体的旅游景区提升到以硬件为背景，以软件为主体，从而增强了旅游景区的活力。因此，旅游景区旅游产品切换应注意发掘或赋予具有较高审美价值的文化因素，通过景点与项目的更新将文化的潜在价值转化为旅游产品，创造旅游景区的再生能力。

5. 品牌塑造与重塑

品牌是旅游景区参与市场竞争的重要载体和富有优势的战略财富。品牌代表旅游景区产品的一种视觉形象和文化形象，它包括品名、品牌标志，更包括产品品质及其附加值、象征和形象。产品、质量和服务是旅游景区品牌塑造的 3 个支点，基本途径包括硬环境的改造，软环境的提升，服务设施、服务内容的完善等，特别是需要提高接待服务质量以及美誉度。传统旅游景区已在游客心中建立起稳固而清晰的品牌形象，使游客在出游决策时产生一种惯性思维，形成一种先入为主的偏见。但是，由于人们的喜新厌旧，原有的品牌形象号召力和吸引力大打折扣，品牌的重新塑造可以促使新形象替换旧形象，从而占据一个有利的心理位置。原有的品牌形象是对旅游景区总体形象的高度概括，突出了旅游景区旅游的优势和强项，绝不能放弃，品牌的重新塑造是在原有品牌基础上的探索与创新，其目的是更上一层楼，寻求一种突破。

思考与练习

1. 旅游景区旅游产品的构成包括哪些内容？
2. 旅游景区旅游产品设计应遵循哪些原则？
3. 旅游景区产品创新的原则是什么？
4. 旅游景区产品再生力创造的方法和途径是什么？

第六章　旅游景区的组织管理

本章摘要

旅游景区组织是旅游景区实现经济效益目标的保证，本章从旅游景区管理制度的建立，旅游景区组织结构的类型与选择、创新，旅游景区内各部门的内部管理和旅游景区部门之间的协调配合角度进行阐述。

学习目标

- 了解我国旅游景区管理制度发展情况
- 理解旅游景区管理制度的构成要素
- 掌握旅游景区组织设计的影响因素和设计程序
- 了解旅游景区各部门管理的内容

第一节　旅游景区管理制度及创新

旅游景区管理制度是指旅游景区在生产和经营过程中所必须遵守的规定和准则。旅游景区由多个部门共同实现旅游产品的生产，内部需要有协调的分工和合作。制定这些系统性、专业性相统一的规定和准则，就是要求旅游景区工作人员按照旅游景区经营、管理相关的规范与规则来统一行动。可见，旅游景区管理制度实际上是对旅游景区内工作人员行动的总体规范和约束。

一、旅游景区管理制度的构成要素

从我国旅游景区管理的实践来看，旅游景区管理制度可分为旅游景区外部行政管理制度和旅游景区内部经营管理制度两大部分。

（一）旅游景区外部行政管理制度

一般来说，旅游景区资源的所有权属于国家或全民所有，因此，国家和地方政府对旅游景区要行使一定的管辖权。与此同时，旅游景区又是旅游市场中的重要组成部分，其经营管理行为会对市场竞争形成一定的影响，因此，旅游行政主管部门也要对旅游景区进行管理。这些诸多的管理关系就综合形成了旅游景区的外部行政管理制度。可见，旅游景区外部行政管理制度是政府从旅游景区管理的角度对旅游景区的经营行为进行约束与规范的系统。

（二）旅游景区内部经营管理制度

与旅游景区外部行政管理制度相对应的是旅游景区内部的经营管理制度。旅游景区内部的经营管理制度是与旅游景区的业务和市场竞争力水平直接相关的管理系统。该管理制度以旅游景区的利益为出发点，目标在于通过提升旅游景区的经营管理效率来增加旅游景区的竞争力，为其实现战略发展目标提供保障。从这个层面上来看，旅游景区内部经营管理制度实际上是一种效益导向的管理要素组合。旅游景区内部的经营管理制度通常可以分成 3 个层次，即旅游景区的产权安排、旅游景区的组织结构和旅游景区的激励机制。

1. 产权安排

产权是人们由于财产的存在和使用而引起的相互认可的行为规范，以及相应的权利、义务和责任，一般可分为财产的所有权和财产的经营使用权。旅游景区产权的安排是旅游景区内部经营管理制度形成的基础，通过对旅游景区产权的分配，各经营管理主体的责、权、利的相互关系能进一步明确，从而能减少管理过程中的权利纠纷，提升旅游景区管理效率。因此，旅游景区的产权安排可以视为对旅游景区经营管理制度的总体安排，产权的分配形式决定了旅游景区管理制度的类型。

2. 组织结构

组织结构是指旅游景区全体员工为实现旅游景区发展目标而进行的分工协作，在职务范围、责任和权利方面所形成的结构体系。组织结构是针对旅游景区全局管理的概念，可以通过组织结构图来对其进行分解和设计。从本质上来看，旅游景区管理制度中组织结构的设计就是将各部门整合起来，实现有序营运。

3. 激励机制

激励机制是旅游景区内部经营管理制度的第 3 个层次，主要的管理对象是旅游景区内的员工。激励机制的设计目标是提升员工士气，增强旅游景区活力，一般采取的形式是将旅游景区员工的利益与责任和绩效挂钩，如员工的奖金与旅游景区经营的利润挂钩，负责人的晋升与部门的经营管理业绩挂钩等。对于现代企业而言，激励机制早已成为企业发展的重要推动力量，只有充分调动员工的积极性才能使企业创造更多的价值和财富，从而获得更具优势的市场竞争能力。因此，旅游景区经营和管理目标的实现也需要以各种形式的激励机制作为依托。

除了上述 3 个较为抽象的层次外，旅游景区管理制度还可具体表现为组织机构设计、职能部门划分及职能分工、岗位工作说明、专业管理制度、工作或流程、管理表单等管理制度。

二、我国旅游景区管理体制的发展

伴随我国经济体制改革的深入，我国旅游景区管理制度也同样经历了一个由公益性管理向经营性管理的转变过程。通过这种管理制度的转变过程，我们可以对目前我国旅游景区的管理制度有更加深入的了解。

（一）公益性旅游景区管理制度

公益性旅游景区管理制度主要形成并广泛应用于改革开放之前的旅游景区，当时旅游业在中国只是扮演着纯粹的接待部门的角色，而不是作为独立核算的经济主体存在。因此，公益性旅游景区与目前的自负盈亏的经营性旅游景区在管理制度方面存在较大的差异。

1. 外部行政管理制度

在公益性旅游景区管理制度的约束下，旅游景区的目的主要是保护旅游景区内的资源，并为政府的接待任务服务，同时满足民众的旅游需求。在这种情形下，人们更多的是关注旅游景区的所有权而不是经营管理权，而旅游景区资源的所有权归全民所有。因此，在公益性旅游景区管理制度框架下，旅游景区的行政管理权是全民所有并委托中央和地方政府代为管理。政府出于切实保护旅游景区内部资源的考虑，又将旅游景区内部资源划拨给不同的职能部门进行管理，如树木划拨林业部门管理、文物古迹划拨文物部门管理等。按照资源的类型对旅游景区实施行政管理的方式使得旅游景区行政管理制度十分混乱，多头管理情况非常严重。

2. 内部管理制度安排

公益性旅游景区管理阶段，旅游景区功能较为单一，不承担经营风险和生存发展的压力。旅游景区日常营运维护费用均从政府或各主管职能部门经费中划拨。旅游景区中的工作人员属于政府或事业编制。此时，旅游景区管理尚未形成产权意识，所有的权利都归政府所有，这也决定了旅游景区内部激励机制的缺失——旅游景区管理人员没有任何财产权利也不承担相应的经济责任。旅游景区管理和经营上的“无为而治”对于旅游景区资源的保全的确起到了较为明显的效果。由于旅游景区没有实施企业化营运，旅游产品的开发没有提上议事日程，相应的对于旅游景区资源的破坏性开发也较少。此外，主要旅游景区内的游客以政府部门的接待对象为主，普通游客规模不大，因此，旅游景区内资源承担的压力较小。

（二）经营性旅游景区管理制度

改革开放以后，随着我国经济的不断发展，民众和国外旅游者对于旅游景区产品的需求压力日益增大，原有的单纯的资源保护型旅游景区管理方式已经受到挑战，主要表现在3个方面：第一，公益性旅游景区管理无法满足旅游者多元化的旅游产品需求；第二，政府提供的旅游景区运行费用已经无力支持旅游景区接待压力并扩大生产服务规模；第三，市场竞争的压力使得各旅游景区不得不采取措施面对。正是这些因素的共同影响，旅游景区开始了由公益性功能向经营性管理的转变。

1. 外部行政管理制度

我国大部分旅游景区均是从传统的公益性旅游景区发展而来，因此，不可避免地受到传统行政管理体制的影响，较为突出的特点就是多头管理。这种情形在目前的旅游景区中依然大量存在：一个旅游景区会有三四个甚至更多行政主管部门，当旅游景区需要开发某个项目时则需要逐个请示。而经营性管理制度下的旅游景区需要的是以市场为导向，以高效率的运作来满足市场需要。毫无疑问，这种多头的管理方式将会大大降低旅游景区的营运效率，使旅游景区产品供给无法快速与市场需求同步。可见，我国现行的旅游景区外部行政管理制度与公益性管理阶段差别不大，仍然属于旅游景区的功能管理，即将旅游景区内具有不同功能的资源划归不同的部门管理，而不是将旅游景区作为一个经济主体实施管理。

2. 内部经营管理制度

在经营型旅游景区管理制度下，旅游景区内部的经营管理已经初步呈现出现代企业的特征，但基于原有的管理基础，旅游景区的内部经营管理难免有些缺陷。首先，传统的宏观管理模式导致旅游景区内的产权关系较为混乱。长期以来，我国旅游景区与上级主管部门之间形成了牢固的行政隶属关系，同时产权意识的薄弱和缺乏导致旅游景区在产权关系的分配上十分混乱。在我国旅游景区中，较为常见的情况是，经营权、管理权以及所有权为旅游景区的行政管理权所取代。因为旅游景区的资源归全民所有，而国家又委托相关的主管部门来对这些资源实施管理，所以旅游景区的所有权转化为相关部门的行政管辖权。而政府相关部门在对旅游景区实施企业化改造时，又借助获得的管理权占有了旅游景区的经营权。这样旅游景区的产权都集于管理机构，他们既是旅游景区的经营者又是旅游景区的管理者，使得旅游景区的经营管理缺乏相应的约束力。其次，旅游景区在管理的组织构架上已经初步体现了现代企业的特征。从旅游景区内部经营管理的组织构架上来看，随着企业化改造的不断完善，目前旅游景区的组织结构已经初步具有了现代企业的雏形，垂直型管理、职能型管理、参谋型管理等组织模式较为常见。虽然不少企业已经建立了现代化的管理组织，但由于很多旅游景区政企不分，政府的社会利益导向和企业的经济利益导向两者无法完全融合，导致旅游景区在资源开发和产品建设过程中监管不力，从而给旅游景区内资源的安全性埋下了隐患。最后，激励机制过度集中于资源开发而对于资源保护重视不够。当旅游景区实现企业化改造后，旅游景区营运资金逐步由主管部门提供为主向自筹经费转变，为了满足旅游景区经营和发展对于资金的需求，旅游景区不得不努力开发现有资源，通过旅游产品的开发来吸引旅游者。过度偏重于经济效益而忽略生态效益的激励机制，对旅游景区的可持续发展构成了严重威胁。2005 年由“圆明园”遗址公园湖底防渗工程引出的湖心岛出租、万春园别墅群以及园中文物生态被破坏事件，正是经济利益驱使的产物。

三、我国旅游景区管理制度中存在的问题

（一）旅游景区管理的产权不清，多头管理现象严重

旅游景区产权不清是影响我国旅游景区管理的核心问题，现代企业中产权的分配决定了企业所拥有的权利和义务，只有将产权问题彻底解决才能激发出旅游景区的活力，推动我国旅游景区的发展。虽然目前已经有不少旅游景区走出了产权明晰的第一步并且取得了可喜的成绩，但是我国大部分旅游景区的经营权、管理权和所有权尚未分离，并且由诸多相关部门所共有，这样的产权分配模式就导致相关管理机构都能对旅游景区的经营管理发表“高论”，反而使旅游景区的经营管理者无法对旅游景区的发展方向进行决策。如武陵源景区所在地的武陵源区人民政府，它对天子山、索溪拥有管理权，但对旅游景区内的张家界国家森林公园却无法行使有效管理。张家界国家森林公园管理处是由张家界市人民政府和湖南省林业厅双重领导的事业单位，与武陵源区人民政府级别相同，于是出现了一个旅游景区内存在两个同等级别管理机构的多头管理问题。从职能分工来看，张家界国家森林公园没有规划建设行政管理职能，而武陵源区人民政府虽有行政管理职能，但无法对张家界森林公园区域实施监督管理，于是导致张家界森林公园区域的规划、建设与总体要求脱节。在旅游景区的实际开发过程中，旅游景区内资源的所有权和管理权分属于不同的管理部门，在开发旅游景区内的不同区域和不同资源时，需要向不同的管理部门提出申请，这往往会使旅游景区项

目的投资开发商无所适从，大大降低了旅游景区开发的效率。

（二）旅游景区管理中政企不分，市场导向行为扭曲

一般而言，政府和相关管理机构是旅游景区的宏观管理者，应对旅游景区发展的大方向加以引导，并从政策上予以扶持。而旅游景区的经营管理人员是旅游景区日常经营管理的执行者，主要通过各种手段提升旅游景区在市场中的竞争力，使旅游景区的经济效益最大化。可见，政府机构与旅游景区企业是分工明确的两个主体，两者的价值取向和行为方式具有本质的差异。然而，我国目前的许多旅游景区在管理上还存在着政企不分的情况，即旅游景区的经营管理活动由政府派出管理机构执行，甚至有的旅游景区成为政府部门的下属企业。政府与企业身份的重叠大大降低了旅游景区的赢利水平和能力，例如，目前在不少政企不分的旅游景区中，政府消费，旅游景区埋单的情况时有出现。因此，旅游景区管理中的政企不分已经成为我国旅游景区发展的软肋。

（三）旅游景区管理中缺乏理性，激励约束机制缺位

我国旅游景区管理长期处于产权不清、责任不明确的状态，从而导致旅游景区经营者在管理决策中无须为其决策的后果承担责任，也无法从其管理产生的绩效中获得回报。此时，旅游景区管理者可能从自身的利益而非旅游景区利益出发来进行决策，各种“拍脑袋”的决策方式也应运而生，如在悬崖峭壁上修建现代化的电梯、在古城墙上修建跨越式人行天桥等。此外，旅游景区管理上的政企不分导致政府管理机构对旅游景区经营管理过程监管不力，旅游景区管理者的约束手段十分缺乏，不少旅游景区因盲目开发资源而造成对资源的永久性破坏。因此，为了保障我国旅游景区资源的可持续开发，应加紧建立旅游景区经营管理的激励和约束机制，通过制度安排来引导旅游景区的经营管理行为。

四、旅游景区管理制度创新

（一）适度集中旅游景区行政管理权

旅游景区是集中了各种产业要素的空间单元，其内部要素的多元性决定了旅游景区管理的边缘性与复杂性。目前我国旅游景区存在的管理条块分割、多头管理等问题，其根本原因也是旅游景区内部要素的多元化。为了优化旅游景区管理制度，提升旅游景区管理的效率，首要的工作是打破管理权限分散、管理机构多头的现状。而旅游景区管理的经验也表明，强化跨部门、跨行业、跨地区的协调管理力度，是实现旅游景区管理健康发展的基本保证。因此，集中旅游景区行政管理权就是要改变目前大多数旅游景区面临的多头管理的弊病，将原先分散在各个部门的旅游景区宏观管理权限集中起来，对旅游景区实施统一管理。而从这个意义来看，集中旅游景区行政管理权实际上是对旅游景区外部管理机构的整合。

集中旅游景区行政管理权的途径如下。

1. 区域内部的管理权集中

对于处于一个行政区域内的旅游景区而言，其面对的主要问题就是旅游景区管理机构过多，在旅游景区决策过程中无所适从。对于该情况，旅游景区管理机构应采取

"就低不就高"的原则，将各种管理的权限集中下放到基层的政府部门，并由政府部门指定或成立旅游景区管理机构对旅游景区实施统一的行政管理。实际上，早在1985年国务院就颁布了《风景名胜区管理暂行条例》，其中第五条明确规定："风景名胜区依法设立人民政府，全面负责风景名胜区的保护、利用、规划、建设。风景名胜区没有设立人民政府的，应当设立管理机构，在所属人民政府领导下，主持风景名胜区的管理工作。设在风景名胜区内的所有单位，除各自业务由上级主管部门领导外，都必须服从管理机构对风景名胜区内的统一规划和管理。"根据这项规定，各地相继制定了一些地方性法规，并根据具体情况设立了旅游景区管理机构。然而，由于缺乏法规的实施细则，在实际执行过程中，旅游景区的管理权限并没有真正集中到旅游景区管理机构，而是分散在各个政府职能部门内部。这些部门之间协调机制的缺乏，导致了其对于旅游景区权利的争夺行为。因此，对于属于同一行政区划内部的旅游景区，应严格按照相关法律法规的要求，建立综合性的旅游景区管理机构，如旅游景区管理委员会，并赋予其相应职权。成立旅游景区综合执法部门，将公安、工商、物价、税务、交通、路政、林业、环保、质检等职能由旅游景区综合执法部门统一行使。这样一来，各种管理职能可以得到有效的协调，旅游景区的管理效率也能得以有效提升。

2. 跨区域的管理权集中

对于那些跨越不同行政区的旅游景区而言，因行政区间的管理主体上的差异和利益冲突而造成的旅游景区人为分割、重复建设、恶性竞争等现象较为常见。如位于湖北、湖南和江西三省交界处的黄龙山旅游景区跨越了湖北和湖南两个省，同样的一座山头，在湖北被称为黄龙山旅游景区，在湖南则被称为幕阜山旅游景区，两个旅游景区之间具有良好的通联性。但是，正是由于上述两个旅游景区分属于不同的管辖区域，在旅游景区资源开发和市场营销上，两个旅游景区互相竞争，对资金和客源市场产生了强烈分流效应，大大影响了两个旅游景区的发展。如果两个旅游景区能够携手共同开发资源，共同拓展市场，必定能实现资源的优化配置，取得较为理想的经营业绩。可见，旅游景区跨区域的管理对其发展十分重要。这类旅游景区的行政管理往往受制于不同管理主体间的利益冲突，因此，对跨越行政区域的旅游景区只有通过第三方来进行管理才能避免"本位主义"的弊端。国外较常采取的方式是由政府出面组织成立相关的管理部门，专门负责对这类旅游景区进行管理。如美国国家公园均由内政部的国家公园管理局统一管理。国家公园管理局下设10个地区局，分别管理各地的国家公园。各国家公园设有公园管理局具体负责本公园的管理事务。国家管理局、地区管理局、基层管理局三级管理机构实施垂直领导，与公园所在地的政府部门没有业务关系。这种管理体制职责分明，工作效率高，避免了与地方政府产生矛盾，也没有产生相互争夺利益的事情。因此，我国也可以由国家旅游局出面成立相应的管理机构，并设立独立体系的下级机构对跨区域的旅游景区实施管理。

（二）构造现代企业型经营主体

旅游景区作为一个旅游企业必须有独立的经营主体，为此，旅游景区需要将传统的政企不分的经营主体转变为以现代企业制度为基础的独立法人，实现旅游景区的市场化经营。所谓企业制度是指以产权制度为基础和核心的企业组织与管理制度。现代企业制度则是指在世界范围内为人们所共识的，适应市场经济体制需要，体现企业成为独立法人实体和市场竞争主体的要求而确立的制度规范。构建一个真正意义上的现代企业型经营主体，旅游景区应进行下列调整。

1. 建立旅游景区的企业法人制度

法人制度是现代企业的主要特征，该制度是指旅游景区具有依法享有法人财产的权利。法人财产的界定又是以建立明晰的企业产权制度为基础的，即在产权明晰的前提下，旅游景区拥有对自有财产的处置权。只有明确了旅游景区所拥有和所能处置的财产，才能真正明确旅游景区经营盈亏的主体身份，才能让旅游景区形成自主经营和科学合理配置资源的管理机制。建立旅游景区企业法人制度是构造现代企业型经营主体的首要条件。

2. 完善旅游景区责任制度

旅游景区在经营管理中主要扮演 3 种角色：一是旅游景区内资源的经营者；二是旅游景区开发建设投资者的投资对象；三是市场所需求旅游产品的提供者。作为旅游景区资源的经营者，要对旅游景区资源的完好程度和可持续利用负责；作为旅游景区开发投资的对象，旅游景区要为投资者资产的保值增值负责；作为旅游产品的提供者，旅游景区还要最大可能地为旅游者以及旅游景区所在的社区负责。为了保证旅游景区能够尽到上述责任，应将上述责任进行细化分解，最终形成完善的旅游景区责任制度。

3. 科学选择并实施组织重构

科学完善的组织领导制度是现代企业制度的重要组成部分。现代企业组织制度的基本形式是公司制，其基本的领导体制是公司董事会领导下的总经理负责制，然而具体到管理组织形式，则有多种模式可供选择。

4. 完善并优化旅游景区内部管理制度

内部管理制度也是现代企业制度的重要内容之一，现代企业的内部管理制度包括劳动制度、人事制度、分配制度、财会制度等一系列的内容。只有在旅游景区内部形成了完善的规则和制度，工作人员才能按照制度行事，旅游景区的经营管理才会有序进行。因此，在构造旅游景区经营主体时，还应建立起完善的内部管理制度。

（三）明晰旅游景区产权的分配关系

一般而言，旅游景区内的产权关系可以按照资产的类型分为两个层面。所有权归国家所有的旅游资源是旅游景区内的国有资产，一般只能出让其经营权，而所有权和管理权则归政府所有。而那些旅游景区内的其他与经营管理相关的经济资源则属于经营性资产，其产权可以实现完全转移，即将其产权完全转让给旅游景区的经营管理者，实行企业化经营。旅游景区经营权和所有权的分离，可以解决旅游开发及保护过程中的政企不分及资金不足问题，从而促进旅游资源开发与保护的良性互动。但是，在体制、法规不健全的情况下，产权分离后可能会出现违反可持续开发原则的经营管理行为，经营管理者借助其拥有的旅游景区资源的经营权而对旅游景区进行掠夺式经营。为此，在实施旅游景区产权关系重新分配时，应借助公正、科学的方法和程序，如采用旅游景区经营权拍卖等形式对旅游景区经营者进行遴选，以确保信誉良好的企业取得旅游景区的经营权。而旅游景区在经营过程中，旅游景区产权的主体还应依法对经营者的投资与经营行为予以有效的监控和帮助，以保证资源被合理使用。近年来，旅游景区的产权分离工作已经在四川、湖北、湖南、山东、山西、福建等省市的部分旅游景区相继展开。如2001年，四川省出让包括世界自然遗产九寨沟在内的十大著名旅游景区及100多个旅游景点的经营权；四川省雅安市把碧峰峡省级旅游景区50年经营权转让给民营企业成都万贯集团；湖南省张家界市将黄龙洞旅游景区50年经营权转让给北京通达集团。这些旅游景区经营权的转让为旅游景区产权关系的明晰提供了借鉴。

总体来看，目前的旅游景区经营权转让的方式主要有以下几种。

1. 整体租赁模式

整体租赁模式是目前国内旅游景区经营权转让过程中最为常见的模式，是指将旅游景区一段时期内（一般为30~50年）的经营权按照一定的价格租赁给某个或几个非国有独资企业共同经营的形式。在整体租赁模式中，旅游景区的经营权、所有权完全分离。经营权归租赁的企业所有，主要负责旅游景区内资源的开发；所有权则归当地政府所有，由当地政府负责对旅游景区资源的保护。按照租赁企业的类型又可以分为民营企业租赁（如四川碧峰峡旅游景区、重庆芙蓉洞旅游景区、桂林阳朔世外桃源旅游景区等）和上市公司租赁（如黄山风景区）。

2. 整合开发模式

整合开发模式是指旅游景区的经营权出让给国有独资旅游企业集团，由该企业对旅游景区实施企业化经营管理以及资源开发和保护，同时旅游景区的所有权归政府所有。在该模式下，企业集团能够根据市场的需求全面整合所能运用的资源，通过整合开发实现旅游景区的快速发展和带动旅游景区所在区域的经济发展。实施整合开发模式的旅游景区，如陕西华清池由陕西旅游集团公司开发经营，海南天涯海角由三亚市旅游投资有限公司经营等。

3. 自主开发模式

自主开发是指旅游景区由拥有所有权的主体进行开发和经营管理的模式，在该模式下，旅游景区实行的是非企业化管理，经营的主体为旅游景区主管部门或主管部门的派出机构。此时，旅游景区的所有权与经营权、开发权与保护权对外统一，对内则实现一定的分离。如旅游景区管理职能、经营职能、开发职能、保护职能等分别由不同的部门和机构来承担。这样的旅游景区如北京故宫和颐和园、江西龙虎山、山东蓬莱阁等。

第二节 旅游景区组织结构

组织结构是为了协调组织中不同成员的活动而形成的一个框架、机制，即部门的划分。组织结构在组织中的具体应用为组织的部门化，它是按照一定的方式将相关的工作活动加以细分和组合，形成若干个易于管理的组织单位，如部门、办公室等，部门的划分有多种方式，从而形成不同的组织结构。

一、组织结构设计

旅游景区组织结构的设计是一项系统工程，需综合考虑旅游景区的类型、内外部环境和旅游景区的战略目标进行设计。

（一）影响组织结构设计的因素

1. 战略因素

旅游景区管理及发展战略是组织设计的前提条件，组织结构必须服从旅游景区的总体战略。战略因素的影响反映在 3 个方面。

（1）旅游景区总体战略决定旅游景区的任务，而任务是旅游景区组织设计的基础。

（2）旅游景区总体战略必然影响到旅游景区技术、设施的采用和引进，影响到人力资源的选择、培训、引进，也影响到部门设计。

（3）总体战略在某种程度上是环境的产物，而环境又影响到旅游景区企业的组织结构。组织结构设计是否成功，关键在于它既要与外部环境相适应，又要与内部环境一致，三者协调，才能设计出合理的组织结构。

2. 环境因素

企业的组织结构必须适应环境变化，环境变化也可能给组织结构形成冲击。

（1）无变动。包括变动极小或根本没有变动两种情况。一般旅游景区旅游设施、市场等变动较小，即使变化，也是渐进的变化，我们可以进行预测，并可以事先做好计划。这种情况对组织结构影响不大。

（2）变动。国内外政策、政治经济形势、交通运输条件、竞争对手的出现等情况随时都可能会发生，这是旅游景区常常面临的环境变化。这就要求组织结构在设计上能够适应外部环境剧烈变化的需要。

（3）动荡。竞争对手快速推出新的旅游产品，客源市场出现大的变化，国家或客源国政策出现较大调整等，都可能对组织结构产生巨大冲击。

3. 技术因素

复杂的技术要求有高层次的组织结构配合，并且需要大量的监督与合作，需要较复杂的管理机构；而简单的技术对组织结构的要求较低。

4. 人的因素

人的因素是组织结构设计时的基础因素。旅游景区从业人员受教育的程度、文化水平、工作态度、经验、地位等都会在很大程度上影响组织结构设计。如果不考虑到这一点，就会造成人力资源的损失和浪费。

（二）组织结构设计的原则

1. 适应性原则

旅游景区组织结构设计和各岗位的设置，应与旅游景区经营规模相适应，保证旅游景区完成经营任务；旅游景区决策机构要适应管理能力和旅游景区市场环境变化的需要。旅游景区组织大小和范围，还要考虑完成旅游景区工作所必需员工数量的多少。

2. 权责一致原则

在旅游景区各部门、各岗位责权分配时，要做到责任、权利相统一，要求逐级授权，分层负责，权责分明，以提高工作效率，激发各部门和员工的积极性、主动性和创造性。

3. 统一指挥原则

上级对下级的领导要做到命令统一和协调，在工作中，要注意各级管理机构在业务行政上都必须实行领导人负责制。为了保持各级管理机构在自己的职权范围内有效地运转，避免出现多头指挥现象，在一般情况下，各级管理机构不应实行越级指挥。

4. 管理幅度原则

旅游景区管理幅度是指旅游景区上级领导所能直接领导和指挥下一级管理层次的人数。管理层次与管理幅度成反比，即旅游景区管理层次的多少取决于管理幅度。

(三) 组织结构设计的程序

1. 制订旅游景区组织目标

第一步就是要在综合分析旅游景区内外部环境、条件的基础上，合理制订旅游景区在一定时期要达到的总目标和各种具体目标。

2. 确定旅游景区业务内容

根据组织目标的要求，确定为实现组织目标所必须进行的业务管理工作项目，并按照业务性质适当分类，如旅游景区为了保证利润目标的实现，一般应有市场调研、经营决策、产品开发、质量管理、营销管理、财务管理、安全管理等业务活动。

3. 确定旅游景区组织结构

根据旅游景区的性质、上级主管部门、旅游景区规模、业务技术特点、业务工作量多少确定应采用的组织形式，将同类工作归并为一个部门，并在此基础上形成组织的层次化、部门化结构。

4. 配备人员

根据旅游景区各部门分管业务工作的性质、特点和对人员素质的要求，为各岗位挑选和配备称职的工作人员，并明确每个员工的工作内容。

5. 规定职责权限

根据组织目标的要求，明确规定旅游景区各部门及其负责人对管理业务工作应负的责任、评价工作成绩的标准，同时对各部门适当授权。

6. 形成旅游景区管理组织系统

通过职权关系和信息系统，将所划分的旅游景区部门纵横交错地按组织结构设计原则连在一起，形成一个能够协调运作，能有效地保证组织目标完成的管理组织系统。

二、组织结构类型

(一) 直线式组织结构

直线式组织结构是最早也是最为简单的组织形式，它的特点是旅游景区内各级管理部门从上到下实行垂直领导，下属部门只接受一个上级的指令，各级主管负责人对所属部门的一切问题负责。旅游景区的所有管理职能都由旅游景区负责人一人承担，是一种集权式的组织机构。

直线式组织结构的优点是结构比较简单，责任分明，命令统一。但是其缺点也十分明显，即它要求旅游景区的负责人具有非常强的管理能力和旺盛的精力。对于业务比较复杂同时规模又比较大的旅游景区，这种直线式的布局显然是不合适的，因此，一般情况下，直线式的组织结构适用于规模小、旅游景区产品和服务内容较为单一的旅游景区。

（二）职能式组织结构

职能式组织结构是指在旅游景区中除了负责人外，还相应地设立一些职能机构，如在旅游景区内设立市场推广部、质量监督管理部、人力资源部、财务部等，协助旅游景区负责人处理日常经营管理的各种事务。

这种组织结构能够将相应的管理职责和权力下放给相关的职能机构，这些职能机构再对其管辖下的部门和个人进行管理。职能式组织结构的优点是能够很好地处理大型旅游景区内多专业领域的管理问题，能充分发挥职能机构的专业管理作用，能有效减少管理人员的工作压力，同时，提升管理工作的效率，但是，职能式的组织结构较容易形成多头领导，并且，在职能机构责任制度不健全的情况下，还会引发抢功邀功、相互推卸责任的现象。

（三）直线职能式组织结构

直线职能式的特点是按组织职能来划分部门和设置机构，实行专业分工，并实行统一指挥，高度集权。

在这种组织结构中，各级直线主管人员都有相应的职能机构和人员作为参谋和助手，每个部门都由直线人员统一指挥，满足了组织需要统一指挥和实行严格的责任制度的要求。但这种组织结构的缺点是：下级部门的主动性和积极性受到限制；部门之间缺乏沟通；各参谋部门和直线指挥部门之间不统一，易产生矛盾，使上层主管的协调工作量大；难以从组织内部培养熟悉全面情况的管理者，整个组织的适应性较差，反应不灵敏。

（四）事业部制组织结构

事业部制的组织结构是一种高度集权下的分权管理体制，它适用于规模庞大、产品类型繁多的大型旅游景区或旅游集团，如华侨城、宋城集团等。在事业部制的组织形式下，旅游景区将按地区或产品类别分成若干个事业部，从产品的设计开发到营销推广都由该事业部独立营运完成。

在事业部制组织结构中，总部只保留对事业部内人事的决策、财务预算的控制和监督大权，并通过利润等指标对事业部进行控制。有的事业部制的组织结构则按区域来划分，如华东事业部、西南事业部等，这些事业部负责相应区域内旅游景区的产品开发和经营事宜。事业部制组织形式的优点是能发挥各事业部管理人员的工作积极性，更利于组织专业化生产和实现企业的内部协作。此外，由于各事业部之间形成了一定的比较和竞争，对于整个企业的发展较为有利。但是，事业部往往在职能机构上出现小而全的现象，形成管理人员和管理机构的重叠与浪费。因此，一般只有大型的旅游企业集团较为倾向于采用事业部制的组织结构。

三、旅游景区组织结构的优化

组织结构设计是一种动态的过程，随着旅游景区内外部条件的变化，旅游景区的组织结构必须不断进行调整和结构优化，使组织结构更有效地实现组织目标。

（一）有机式组织

有机式组织，又称适应性组织，是低复杂性、低正规化和分权化的组织，也是一种松散的、灵活的、具有高度适应性的组织形式，能根据需要迅速做出调整，具有非标准化、低集权化和能灵活选择设计方案的特点。

（二）权变的组织结构

组织“权变”的观点认为，世界上没有最好的组织结构，传统的组织结构并非一无是处，而现代的组织结构也不是绝对完美的。理想的组织结构设计，应该是同时运用现代的以及传统的组织设计原则与方法。所谓“最佳的”组织结构应该视具体情况而定，可以采取任何有效的组织结构形式。我国旅游景区政出多门，资源类型多样，旅游景区性质各异，因此应根据旅游景区的实际，采用相应的组织结构。

（三）业务流程重组

为了在市场上有效和高效率地参与竞争，近年来，许多组织正转向业务流程重组（Business Process Reengineering，BPR）。旅游景区流程重组中有些好的做法是将旅游景区的目标与战略相连，倾听顾客的声音，选择正确的流程，制订持续改进的计划等。因此，现代旅游景区组织必须有发起变革的能力，必须有能力将宝贵的知识资源从低效率移向高效率，释放能量和能源去追求新的更富有成效的目标。目前我国的旅游景区的管理体制和组织结构使得业务流程不能适应市场化的需要，特别是没有建立起面向游客的有效的业务流程。因此，面向知识经济、网络经济的新时代，我国的旅游景区迫切需要进行面向游客、面向公众的流程再造。

（四）学习型组织

学习型组织的概念是由彼德·M. 森格（Peter M. senge，1990）提出的。这种学习型组织视学习为一种循环方式，一直不断地学习，不断发展新技术、智慧和能力。彼德·M. 森格认为学习型组织需要 5 种技能：系统思考、个人控制、思维方式、建立共同愿景和团队学习。随着知识经济和网络技术的发展，以及经济全球化和市场化的发展趋势，旅游景区应不断改变思维方式，进行管理创新和制度创新，不断学习新的知识，才能迎接市场的挑战。

（五）虚拟组织

网络化时代改变了全球的商业环境，也改变了旅游景区管理的方式。虚拟组织结构是知识经济时代的组织结构形式，最大的特点是强调以专业而不是以集权进行管理，因而可适用于人员素质较高而且硬件设施较好的旅游景区，是未来能在旅游景区中广泛应用的一种组织形式。

采用虚拟组织结构，管理人员可以将组织的基本功能，如配送、服务、康乐、保安、绿化、工程租赁，承包给这些方面比自己更专业的社会外部力量，而旅游景区组织的核心是一个管理中心，负责直接督察旅游景区的内部运行，协调为旅游景区生产、配送和其他主要功能活动的各组织之间的关系。事实上，虚拟组织的主管人员主要是通过计算机网络的方式将大部分时间用于协调和控制外部关系上。

第三节　旅游景区主要部门的管理

旅游景区的管理部门的设置因各自实际情况不同而略有一定的差别，本节主要介绍大多数风景区所设置的部门的管理。

一、人事部门的管理

人事部门的管理主要是根据国家人事劳动政策对旅游景区的人事和劳动工作进行领导、组织、计划、控制和协调。它是旅游景区经营管理的重要组成部分。

（一）人事劳动管理的基本要求

旅游景区人事劳动管理工作是为调动干部及员工的积极性，提高劳动效率，降低劳动消耗，造就员工队伍而服务的。其基本要求如下。

1. 把提高员工动力和士气放在首位

人事劳动管理涉及的问题很多，综合性较强。管理过程中，在人事安排、劳动分工、劳动组织、人事劳动考核制度和劳动分配等各个方面，都要从企业各项工作需要出发，始终把提高职工的士气放在首位，才能提高劳动效率。

2. 为旅游景区的业务经营活动服务

旅游景区有的以自然风景为主，有的以人文风景为主，有的是山水风景，有的是海洋风景等，不管属于哪一种，它们都有一个共同的特点，即物质技术设备和操作、劳务活动融为一体，对劳动力素质要求较高。因此，人事劳动管理必须密切结合这一特点，采用科学的方法，坚持定性、定量管理相结合，注意员工培训，不断提高劳动者素质，充分调动员工积极性，自觉为旅游景区的经营活动服务。

3. 协调配合，调动各方面的积极性

人事劳动管理不仅是人事部门的事情，人事安排、劳动组织、劳动定额、人事劳动考核和劳动报酬分配，都需要各部门各环节的紧密配合。只有充分调动各方面的积极性，才能做好人事劳动管理工作。

（二）人事管理部门的主要职责

大体分为两大部分：一是人事管理。主要负责干部的录用、考核、任免、奖惩、调动、人事档案、干部培训、离职退休等。二是劳动管理。主要负责员工的招工录用、奖惩、调配、劳动计划、劳动组织、定额、定员、工资、考勤、劳动保护、劳动保险、生活福利等。其具体内容包括编制劳动计划，包括员工人数计划、劳动工资计划等，制定劳动定额和定员，要求根据工作量大小，以工作岗位为基础，结合各部门、各环节的具体情况，分别编制，然后汇总，形成总的定员及各部门的定员；制定和贯彻执行人事劳动管理制度，包括干部管理制度、招工考核及录用制度、人事考核制度、劳动分配制度及奖罚制度等；做好日常招工录用、人事安排、劳动保护及各项管理工作；开展长期分阶段员工培训，包括干部管理知识培训；员工业务技术和外语培训等，不断提高劳动力素质。

（三）人事劳动管理的作用

旅游景区经营管理是在人员、资金、设备、物资和市场五大领域中展开的，其中人员是决定各个领域管理好坏的关键。人事劳动管理的重要作用表现在以下两个方面。

1. 保持旅游景区生机和活力

旅游景区的生机和活力来源于广大员工的积极性、智慧和创造力。由于旅游景区以为客人提供服务为主，内部工种多，服务项目多，分工复杂，客人所需要的一切服务都需要人来完成，而服务质量又难以控制，因此，只有通过人事劳动管理，充分提高广大干部职工的动力和士气，充分发挥主人翁责任感，才能不断提高服务质量。

2. 提高员工素质，降低劳动消耗

在一定的物质技术条件下，员工素质越高，劳动组织越合理，劳动消耗就越低，经济效益就越好。这一切都离不开人事劳动管理。

二、销售部门的管理

（一）旅游景区销售的特点

旅游景区一般由若干旅游景区（自然的、人文的、综合的）或大型游乐园构成，以出售门票或出售娱乐票券形式取得经济收入，这是旅游景区销售业务的特点。票券是一种特殊的有价凭证，票券的流量即是销售业务量的具体体现。在实际工作中，票券销售形式、销售方式、销售渠道多种多样，贯穿于整个销售业务过程，从而促使企业经营活动的开展。票券销售要求旅游景区销售部门必须根据销售业务、行业特点、市场状况、客人类型、最可能销售时间等，对销售工作进行全过程的组织，加强管理，为经营活动创造条件。根据销售业务的特点，销售部门应做好市场调查、项目开发、客源预测、计划确定、票务组织、票券销售及票款管理、销售统计等各方面的管理工作。

（二）销售计划的制订

销售计划是对计划期内服务项目及娱乐设施的销售收入及管理工作所做的全面安排。销售计划要根据服务项目的多少、业务范围、接待能力、接待对象、客源市场等具体情况，在预测分析的基础上进行。如娱乐设施应以预测接待人次和票券平均价格为基础，饮食服务应以餐厅座位、预测接待人次、人均消费、餐位利用率为基础等。

旅游景区制订销售计划时，要充分考虑营销活动的波动性和服务项目的连带性，如饮食、商品、茶座、照相服务等项目，其销售额是受整体接待人次制约的。周末、节假日、旅游旺季客人较多，这些部门的收入将会连带提高；反之，则收入下降。因此，在进行指标分解时，必须充分考虑这些因素，以历史统计资料为基础，反映销售收入的波动性和连带性，只有使各月、各季计划指标合理，才能收到实际效果，保证销售计划的顺利完成。销售计划确定后，销售措施是计划完成的保证，应针对不同的服务项目拟定不同的销售措施，特别要充分发挥销售部人员的外出推销作用。

（三）销售方式

销售方式是指为组织客源、扩大销售而采取的各种形式。旅游景区的销售方式较为灵活，主要有4种类型。

1. 售票方式

售票是指在当地（或入口）建销售点，组织客源。具体方式有4种。

（1）门票方式。即持票者可以游览，但无法参加一些娱乐性项目。

（2）零票方式。客人根据自己的兴趣选择游览区或娱乐项目，票价随游览区及娱乐项目的不同而有所不同。

（3）套票方式。对游览区及娱乐项目作不同的组合分级，分别印制不同的票面，写明游览内容及项目供客人选择。

（4）全票方式。即客人可凭票随意游览所有旅游景区及参与所有娱乐项目，此方式可满足客人全方位的需求，但一般票面价格较高。

2. 团体销售方式

此方式以机关、旅行社、企事业单位为主要对象。销售部门设立长期或临时性的销售机构，采取电话联系、上门推销、委托旅行社或有关单位推销的形式进行销售。对机关团体和一次性购票较多者，给予一定的优惠。这种方式一旦成交，销售额较大，成本低，经济效益好。

3. 节日优惠方式

春节、元旦、儿童节、青年节、教师节等或寒暑假期间，为了扩大销售，增加客源，可实行优惠。

4. 流动销售方式

由旅游景区配备车辆，在城市主要街道和流动人口密集地区设固定的交通路线，在车上贴广告、招贴画以进行销售，专程将客人运送到旅游景区，以招揽顾客，扩大销售。这种方式方便客人，可以扩大旅游景区的影响。

三、公关或宣传部门管理

（一）宣传原则

宣传是市场营销中必不可少的一项业务。对于我国的旅游景区来说，对外宣传一般要遵循以下原则。

（1）弘扬特色的旅游产品。应当注意利用灿烂的中国文化、丰富的自然景观、多姿多彩的民族风情，对外宣传、推销具有中国特色的旅游产品，使旅游活动向着健康、积极的方向发展。

（2）突出民族特点。特别要突出本风景区旅游产品和服务的特点，突出旅游景区形象，对客人产生广泛的吸引力，以招徕更多的客源。

（3）赢利与维护消费者利益相结合。进行旅游宣传推销活动要有针对性，集中财力、物力，重点对目标市场展开宣传攻势，提高宣传效果。

（二）宣传内容及方法

凡是旅游者在旅游活动中的食、住、行、游、购、娱等普遍关心的问题，都是宣传的内容。宣传内容要随着旅游市场形势的变化，不断追求和开拓新的领域。

（1）本旅游景区独特而优质的服务。包括有关的历史及影响，规模及接待能力，旅游景区的各项设施及可提供的服务项目，游客特别是各界知名人士对本旅游景区的赞誉。

（2）旅游景区旅游资源的优势和影响。要对旅游景区内诸多旅游点进行全面介绍，同时，对主要的旅游点或新开辟的旅游点加以重点介绍，使旅游者产生“百闻不如一见”的强烈欲望。

（3）风土人情。既要包括各少数民族的奇风异俗，也要大量涉及南北各地、城乡之间普通人的日常生活习俗。

(4) 富有吸引力的旅游商品。做工考究、技艺精湛的传统手工艺品，如刺绣、牙雕、漆器、玉雕等，对旅游者很具吸引力。旅游者往往想知道将去或已到达的旅游景区有什么纪念品可买及有关的用料和制作工艺等。因此，有关这方面的信息也应包括在宣传内容之中。

(5) 独特的旅游活动。如哈尔滨的冰雕旅游、曲阜的祭孔旅游、大理三月街、迪庆香格里拉旅游等。旅游景区的宣传方法主要是通过报刊、广播、影视等大众传播媒介和其他的一些专门手段，如推销员的宣传、导游人员的宣传及公共关系宣传等。此外，还可通过举办旅游博览会，利用宣传手册及重要活动等渠道进行宣传。

四、康乐部门的管理

康乐部门的管理主要是以旅游景区的康乐设施、设备为凭借，对各种康乐服务项目的经营和运转所进行的协调、控制、组织和调度工作。

(一) 康乐部门管理的重要地位

(1) 根据旅游景区规模和接待对象的不同，配备各种康体娱乐设施，供客人前来游玩。它的特点是服务项目多，占地面积大，只有加强管理，才能提供优质服务。

(2) 对康乐项目进行管理，不仅能满足客人游览娱乐的需要，而且还可同时设立饮食部，带动饮食、商品、照相、茶座及其他服务行业。

(二) 管理流程

(1) 准备工作。根据服务任务，重点做好人员准备，设施设备检查与试运行，着装、仪表、票券、用具用品准备等，以保证客人到来就能按照接待程序、操作规程接待客人，保证各项服务工作和设备的正常运转。

(2) 调度指挥。以各种服务项目负责人为首，重点是做好票券销售、调度与组织、人员安排、任务分派等方面的工作。

(3) 服务过程的组织。重点是做好客人到达时的迎接、票券销售和票券检验、客人游乐服务和机械设备操作工作，同时做好现场指挥、场内巡视、质量检查等工作，使客人得到良好的精神享受，增强客人兴致。

(4) 接待管理制度。主要以接待程序、操作规程、质量标准等形式出现。此外，规定着装仪表、礼节礼貌、上岗服务、交接班、劳动考勤和考核等要求。

五、园务部门的管理

园务部门主要负责对旅游景区内的园林景观进行规划、建设、改造、美化绿化和清洁卫生等管理。园务管理的主要内容如下。

(一) 造园管理

旅游景区常常要用造园手法来改造、添置景观，增加景点，美化环境。其管理工作重点：重视总体规划，讲求园林布局；体现民族特点，突出园林风格；运用造园手法，讲求艺术效果。

（二）造景管理

造园通过造景来实现。新添景点、花坛、草坪、观赏植物、假山、水渠等都是造景。其管理工作重点：做好景点设计，形成不同风格；做好造景预算，降低成本消耗；合理组织施工，保证造景质量。

（三）叠山理水管理

其管理工作重点：以总体规划和园林布局为依据，合理选择地点，做好设计工作；尽量利用自然地形和多余土石方；山水结合，小树映衬；理水应聚分结合，与临水景观或水上娱乐设施相协调。

（四）观赏植物美化管理

其管理工作重点：大面积绿化；景点观赏植物处理；花坛草坪美化处理。

（五）园林保护管理

其管理工作重点：制定园林保护规则；分区建立责任制度；抓好日常保养。

（六）园林卫生制度

其管理工作重点：分区负责，落实责任；建立卫生制度，搞好日常清扫；加强游客爱园教育，处理卫生责任事故。

六、财务部门的管理

旅游景区的财务部门主要负责按照国家有关的方针、政策，根据资金运转的客观规律，对风景区经营活动中的资金进行组织、供应和回收，并监督和调节财务关系。

（一）旅游景区财务管理的任务

1. 保证旅游景区经营资金需求，提高资金利用效果

旅游景区经营管理过程就是资金的使用回收过程，财务管理要根据市场及旅游景区的实际情况，正确、及时组织各种资金来源，加强资金管理，努力以最少的消耗完成各项任务，取得最好的经济效益。

2. 降低成本，增加赢利

财务部门应通过与其他部门相互配合，节约费用支出，挖掘各方面的潜力，节约资金使用，降低成本，以提高企业赢利。

3. 组织销售收入，正确分配赢利

财务管理要加强市场预测，及时收回各种应收账款，加强资金周转，并按照国家规定按时足额地缴纳各种税款，正确分配企业赢利。

4. 实行财务监督，维护财经纪律

及时分析、检查财务计划的执行情况，及时纠正各种偏差，以保证经营活动的正常开展。

（二）旅游景区财务管理的主要内容

1. 资金管理

资金管理包括固定资金、流动资金、专项资金。固定资金管理主要是根据旅游景

区生产经营需要确定固定资金需要量，编制固定资产折旧计划，考核分析固定资产利用情况。流动资金管理主要是正确计算流动资金总额，编制流动资金计划，合理组织资金供应，考核分析流动资金利用效果。专项资金管理主要是编制专项资金计划，贯彻专款专用原则，提高其利用效果。

2. 成本管理

主要是编制成本计划，控制成本开支，考核、分析成本计划完成情况，努力使经营不断降低成本，扩大赢利。

3. 销售收入管理

主要是积极组织各项营业收入回收，及时纠正经营过程中出现的偏差，按照有关规定，按时、足额上缴各种税金。

4. 收支管理

编制财务收支计划，通过对资金运动的分析，搞好财务收支平衡调度工作，保证经营活动的顺利开展。

七、安全部门管理

安全管理工作是维护旅游景区的声誉，提高服务质量，保证风景区的接待服务活动正常开展的重要条件。旅游景区安全管理的工作包括旅游景区自然灾害的防治、旅游景区出入口的设计、游览线路、旅游景区布置及安全要求、重点部位设计、报警点设置、机动力量的配置。

（一）旅游景区安全保卫管理的原则

1. 安全第一，预防为主

旅游景区的安全管理工作最重要的是运用预防手段，采取各种保卫措施，积极做好各项防范工作，把事故隐患消灭在萌芽状态，防患于未然，特别要防止破坏和治安灾害事故的发生。

2. 确保重点，兼顾一般

即根据工作对象的主次和任务量的大小，妥善合理分配安全保卫力量。凡影响旅游景区全局的部门和工作环节，要花大力气保证万无一失。

3. 主管负责，专群结合

安全管理工作，最根本的是领导重视和支持，有专门的机构或人员，建立健全安全防范管理制度，积极推行安全保卫岗位责任制，把责任落实到人。同时，要充分发动和依靠广大员工共同做好安全保卫工作。

（二）旅游景区安全保卫部门的主要工作内容

（1）定期或不定期地检查火灾隐患，制定整改办法，监督各部门落实防火措施。要会同工程技术部门定期检查各种消防设施、器材，进行维护、保养及必要的调配、更换，确保防火设施灭火器材正常有效及适用。

（2）制订应急灭火方案，印刷紧急疏散图和防火标志，协助各部制定各项防火制度，并监督其落实；培训义务消防队，组织实施员工的消防演练，协助领导对全体职工做好防火意识和技能的宣传教育。对火灾事故及时报警，迅速疏散宾客，组织扑救，保护现场，协助公安机关查明原因，提出处理意见。

（3）对不适合从事安全保卫工作的人员及时提出调换工作岗位意见。

（4）巡逻检查旅游景区的各场地、部位、角落，保护要害部位，注意发现事故苗头及隐患。随同财务人员保障取送公款的安全。

（5）对重要宾客、各种大型集会及接待任务做好内部保卫工作，配合警务部门执行任务。

（6）参与新建、改建、扩建工程安全项目的审查和竣工后安全设施的验收，对工地防火实行监督。

（三）旅游景区游客安全的管理

1. 提高认识，加强领导

深刻认识做好旅游安全工作的重要性，克服麻痹松懈思想，加强组织领导，采取有效措施，进一步落实安全工作主体责任、领导责任、管理责任、行业监管责任和综合监管责任，认真部署旅游安全工作，积极开展对员工和游客的宣传教育，全面提高安全意识，有针对性地加强安全生产监督检查，努力减少和控制各类事故的发生。

2. 制度健全，措施落实

健全安全管理制度和消防安全制度，安全责任制、安全培训教育制度和具体措施落实到位。有专职保安队伍，每天定时巡视、值班，确保无重大治安案件发生。配备与旅游景区规模、特点相适应的消防器材、设施，并保持完好有效，不得挪作他用。禁火区域、地点、场所有明显标志，由专（兼）职消防保卫干部每月至少进行一次全面的消防安全检查，重点要害部位应每日进行检查，无火灾隐患。

3. 定期检查，消除隐患

在每年的旅游旺季到来之前，旅游景区要对各项基础设施进行全面的安全检查，及时发现隐患；客运索道、游艺机和游乐设施等启用须经有关部门检查验收合格，并按规定检修、维护，从业人员必须持证达标上岗。桥梁、涵洞、缆车、索道、游艺设施等重点部位，要组织专门技术人员定期检测，对存在隐患的设施要立即进行维修，消除隐患，一时不能维修的要坚决停止使用；对旅游景区内的各类车、船等交通工具、游乐设施，要认真进行检测，确保机件设备良好运行，安全应急装置完好有效。

4. 标志系统，警示全面

旅游景区要有地域界线标志，有安全提示警示牌。道路要设置明显的交通标志、标线。游人通道应有专用标志，严禁车辆通行。山路险段必须有明显的警示牌，设置牢固的防护栏，并有专人维护疏导。各旅游景区要想方设法保障游人的安全，要结合旅游景区的特点，有针对性地采取可靠的措施，在易遭受雷击的游览区域加设避雷装置和警示牌，加强检测，保障避雷装置的灵敏有效。利用有线广播、图形标志或文字向游人宣传在雷雨天气不得使用手机等通信工具的常识，给游客以明确的提示。如遇雷雨天气，利用广播或派出应急小组进行现场巡视，游客立即转移到安全地带躲避雷雨，同时加强对游客的疏导。做好山洪暴发的预防和现场处置工作。各旅游景区要加强与气象部门的联系，每日收听气象广播，如遇暴雨，应立即关闭旅游景区，并加强巡逻，对游客进行疏导和劝阻，防止洪涝灾害及泥石流、滑坡等带来的危害。对山体松动滑坡和易发生泥石流的旅游景区，要加强日常现场观测、监测，发现不安全因素要及时处理。在雷雨季节要控制游人数量，确保游人的安全。对旅游景区内行洪水道进行巡视，严禁游人在行洪水道内游玩，有水面的旅游景区要积极宣传水上游览的安全要求和注意事项，配备必要的救生设备和器具。对公众开放的游泳区域，要劝阻游客不要酒后游泳，禁止游客到未开放的游泳场所游泳，督促游客做好自我安全保护。

5. 做好大型活动的安全保卫工作

在旅游景区内举办大型群众性活动，要报请属地公安机关审批，按照“谁主办，谁负责”的原则，精心组织，周密部署。要成立专门的安全保卫机构，制定安全保卫方案，全面实行安全责任制，制定各项应急预案，并加强预案的演练，确保各项安全措施的落实。要根据场地的容量，严格控制参加活动的人数，严禁超员售票；对场地内的通道、阶梯、出入口等容易发生意外部位，要指定专人负责安全，组织疏导群众；要组织机动力量，防止和及时、妥善处置突发的事件。对不符合安全条件，可能危害群众安全的活动，要一律停办。各区县旅游、安监部门要依各自职责，切实加强对旅游景区安全工作的监督、检查。对违反安全规定或因组织管理不善造成重大事故的直接责任者，要依法严肃处理，同时要追究有关人员的行政、法律责任。

知识链接

《旅游景区（点）质量等级的划分与评定》（GB/T 17775—2003）中关于旅游安全的内容如下。

5.2.3 旅游安全

1. 认真执行公安、交通、劳动、质量监督、旅游等有关部门安全法规。建立完善的安全保卫制度，工作全面落实。

2. 消防、防盗、救护等设备齐全、完好、有效。交通、机电、游览、娱乐等设备完好，运行正常，无安全隐患。游乐园达到规定的安全和服务标准。危险地段标志明显，防护设施齐备、有效，高峰期有专人看守。

3. 建立紧急救援机制，设立医务室，并配备医务人员。设有突发事件处理预案，应急处理能力强，事故处理及时、妥当，档案记录准确、齐全。

思考与练习

1. 旅游景区管理制度的构成要素有哪些？
2. 旅游景区管理制度中存在的主要问题有哪些？
3. 旅游景区组织结构有哪些类型？各适合于什么情况？
4. 旅游景区各部门主要有哪些管理内容？

第七章　旅游景区的环境解说服务

本章摘要

环境解说服务起源于美国国家公园的服务中心，现在已成为旅游景区管理的重要组成部分。本章介绍了环境解说的概念、类型、方法，对比了各种不同环境解说方法的优势、劣势，最后给出了环境解说服务策划的基本程序。

学习目标

- 了解旅游景区环境解说服务的意义和目的
- 掌握旅游景区环境解说的方法及优缺点
- 理解旅游景区环境解说服务的类型
- 掌握旅游景区环境解说服务的具体策划

第一节　旅游景区环境解说概述

一、环境解说的概念

环境解说服务最早起源于美国国家公园服务中心（Visitor Center）的解说事业，到了第二次世界大战以后，发展成为在那些科学价值高的风景区或公园内的专门服务。美国国家公园管理局在每个公园内部规划设计了功能完备的国家公园解说和教育系统，每一个公园都要向旅游者提供良好的解说和服务设施。第二次世界大战后，环境解说服务在英国也得到普遍运用。英国提倡环境保护运动，让公众认识到乡村和工业遗迹的价值。于是，北美和英国都将环境解说纳入本国的环境教育运动中，并且渐渐地变成了旅游景区管理的重要内容之一。

环境解说服务的直接目的在于教育。通过这种教育活动，提高人们对自然界的认识，有助于人们合理地认识自然、保护自然。现在环境解说这个概念适用于整个旅游目的地，“旅游目的地环境解说就是运用某种媒体和表达方式，使特定信息传播并到达信息接受者中间，帮助信息接受者了解相关事物的性质和特点，并达到服务和教育的基本功能”。旅游景区构成了旅游目的地吸引旅游者前来旅游的重要因素，所以，旅游景区的环境解说是旅游目的地环境解说的重要组成部分。旅游景区的环境解说就是运用标牌、视听、书面材料等媒介，将旅游景点景区的信息视觉化和听觉化，以便强化和规范旅游者在旅游景区的行为活动，同时提高旅游景点景区的文化品位。旅游景区应通过有效的介绍让旅游者认识到景点旅游景区的重要性、意义、内容及主要特征。

我国旅游目的地解说服务十分薄弱，解说形式单调，旅游者的主要通道机场、车站、码头、景点等各种公共信息的使用很不符合国际规范，给游客造成很大的不便。旅游景区也缺乏规范的解说规划和设计，普遍存在信息内容不充分，主题不突出，文字错漏，语言呆板，设施缺乏艺术性，书写和语言不规范等问题。因此，加强旅游景区的环境解说系统，提高解说水平，就成为旅游景区管理的重要任务之一。

二、环境解说的目的

（一）提供基本信息和导向服务

旅游景区的环境解说可提高游客游览和观赏的效果，是旅游景区管理中的核心问题之一。为了帮助游客游览和观赏，旅游景区应设立导游指引牌和介绍牌等，但现在这却成了某些旅游景区的薄弱环节，多数旅游景区没有设立，或曾经设立过的也因残破而失去作用。

（二）提高旅游景区的经营管理水平

旅游景区是否有完善的解说服务，解说质量的高低，是衡量旅游景区管理水平的重要标志。每一个旅游景区，无论是以自然旅游资源为主的，还是以文化旅游资源为主的，都有自己独特的自然和文化价值、经营管理好的旅游景区，配有完备的文字、图片、人员解说等，甚至还设置了更为现代化的解说设施。

（三）促进旅游资源的保护

环境解说有助于文化古迹的保护，因为它是旅游资源和游客之间沟通的桥梁。旅游者通过环境解说服务提高对旅游景区景物价值的认识后，改变了对环境的态度，从而改变了旅游活动的态度和行为，遵循旅游指南提供的游览线路，不进入生态敏感地区，减少破坏资源与设施的事件，并自觉地支持旅游景区的各项政策与措施，主动配合旅游景区资源的保护。但是，许多旅游景区的管理人员常常忽视环境解说服务，看不到环境解说服务的作用，另一些人认识不到环境解说服务与旅游业的关系。随着旅游业发展的日趋成熟，越来越多的人加入旅游的行列中来，使旅游景区的游客构成变得十分复杂。利用环境解说服务，一方面可以提高旅游活动质量，另一方面也可减少旅游者对旅游景区的资源和社会造成的不良影响。因此，可以借鉴国外国家公园的经验和环境教育解说，建立适合本旅游景区的环境解说体系，尤其是有些旅游景区的管理从资源保护式的防御性管理变成满足旅游者的需求之后，环境解说服务就成了实现这个目标有力的管理工具，它可以培养旅游者亲近大自然和爱护环境之心，能使他们养成良好的旅游观光习惯，尽量减少对环境的破坏程度。

（四）促使旅游者获得更高的旅游价值

一般的旅游者在旅游景区看到的只是某名胜古迹的外在轮廓，这一视觉感知十分表面化，头脑中没有或缺乏相关文化积累的旅游者，只能是外行看热闹，不可能深入有关的文化内涵中去。环境解说服务使旅游者对旅游景区的线路、景观及整个环境更为熟悉和了解，帮助旅游者了解并欣赏旅游景区景点的资源价值，指导游客发现平时自己不太注意的东西，例如，南京珍珠泉公园内的珍珠泉，只有当人们拍手或叫喊时才会从湖底喷出串串似珍珠般的气泡，非常奇特，但许多人不知，因而漏赏这一奇观，甚为遗憾。环境解说能使游客在对景物更加细致、更加深入的了解中，得到充分的旅游经历和满足，提高旅游活动的质量。

（五）可以使游客在随机教育中获得新知识

良好的环境解说服务可采取各种方式，让一般的游客轻松地获得有关历史、考古、物、地质、民俗风情和生态等方面的知识，使旅游者对旅游景区旅游资源及其所具有的科学和艺术价值有较深刻的理解。旅游景区的有关知识有异于游客所在地，有异于游客本身所从事的事业，因而能满足旅游者对新事物的好奇心。例如，农业旅游景区的环境解说，可以让生活在城市中的游客了解有关农业生产的知识，了解农产品与自己的关系。

三、环境解说体系的类型

（一）从引导方式上看

从引导方式上看，环境解说有向导解说和自导解说两类。向导式解说亦称导游解说系统，以具备能动性的专门导游人员向旅游者进行能动的、动态的信息传导为主要表达方式。这种体系是一种双向式的沟通，可为旅游者提供个性化的服务，但可靠性与准确性很大程度上有赖于导游人员的素质。自导式解说，有书面材料，标准公共信息图形符号、语言等，向旅游者提供静态的、被动的信息服务。这种解说的形式主要有指示牌、解说手册、导游图、语音解说、录像带、幻灯片、光盘等。这种信息经过精心编排，旅游者可根据自己的需要取舍信息，游客依此在实地自行观赏，时间自由，所获体验受他人影响小。但自导式解说为单向沟通，游客有疑问无法立即得到解答，也不会出现向导式解说那样的戏剧性效果。

（二）从功能上看

从功能上看，环境解说有交通导引系统、景物解说系统和警示解说系统。交通解说系统旨在引导旅游者在旅游景区进行游览，主要有旅游线路图和在道路两侧路面设置的导示标识。旅游线路图可以运用在不同的解说媒体上，常见的有旅游地图，但也可以印制在入口和主要景点旁的指示牌上，甚至印在门票、明信片和有关旅游纪念品上，便于游客参照，如图7-1所示。景物解说系统对旅游景区内的景物进行介绍，给予游客关于景物的知识，指导游客欣赏景物，提高认识，如图7-2所示。警示类的解说主要提醒游客注意安全、保护资源和遵守旅游景区的公共秩序，如图7-3所示。

图7-1　指示牌

图7-2　景物解说

图7-3　警示解说

(三) 从位置上看

从位置上看，环境解说有园外解说和园内解说。园外解说在旅游景区的边界外设置宣传和说明，增加公众对旅游景点的了解。

(四) 从内容上分

从内容上分，环境解说有自然环境解说和文化遗产解说等。例如，美国国家公园的环境解说是介绍自然和自然资源知识。文化遗产解说是针对文化景观、历史建筑、人类活动遗址的介绍，目的在于进行历史文化教育。

第二节　环境解说服务的方法

环境解说方法很多，目前普遍采用的有人员解说、标牌、照片、地图、模型、标本、视听节目等。各种解说方法具有不同的特点，适合不同的解说内容，旅游景区应根据具体的内容灵活运用。

一、人员解说服务

人员解说服务是指在旅游景区的入口、接待中心、观赏点进行解说，也可沿途引导解说。在我国，大多数博物馆、纪念地类型的文化旅游景区设有专门的讲解员，一些含有众多文化古迹的旅游景区也设有自己的导游员，他们除沿途引导外，还负责旅游景区自然景观和文化古迹讲解。当然，有些旅游景区的讲解服务是旅行社的导游提供的。

专职讲解员必须对旅游景区的解说内容非常熟悉，达到一定的深度，这样才能满足不同游客的需要。俗语说“祖国山河美，不如导游一张嘴”，说明导游讲解在引导游客享受旅游景区文化内涵方面的重要作用。为此，有些旅游景区不惜在一些重要的观赏点配备解说员，例如，我国四大石窟之一的甘肃天水麦积山石窟，重要的石窟每窟一名讲解员。我国有些旅游景区，对讲解服务管理不善，对没有资格讲解的人员控制不严。一些未经培训的人员，自称能为游客提供沿途的引导讲解，但他们知识贫乏，除带领游客到达某景观，告诉这是什么地方外，无任何其他内容奉告，就算完成了讲解服务。这种做法不仅不能使游客获得知识，而且严重影响了旅游景区的形象。

二、视听节目

视听节目，主要是通过电影、录像、录音等设施，将旅游景区的有关内容传达给旅游者。近年来，我国著名旅游景区拍摄的电影、电视片越来越多，但大多数作为专题片在电视节目中播放，极少为旅游景区的环境解说服务。利用电影表现旅游景区的环境与风情者，当推我国著名风景名胜区庐山。在庐山有一家专门放映电影《庐山恋》的电影院，整个影院全天滚动放映《庐山恋》，虽然这部电影不属于正规的环境解说服务，但影片中庐山的大部分典型景观，甚至在特殊的天气情况下才会出现的气象景观（如瀑布云），一一展现在游客的眼前，达到了环境解说服务的效果。另外一些旅游景区概况（上海孙桥现代农业旅游区）以录像的方式向游客连续播放。近年来，旅游景区的光盘加入了试听解说行列，例如，反映广东肇庆旅游的“画山绣水肇庆游”光盘，对肇庆著名的国家风景名胜区“七星岩”和“鼎湖山”进行了详细的介绍，再如，海南三亚“天涯热带海洋动物园”光盘，汇集了动物馆动物的精彩表演。光盘解说画面效果好，游客乐于购买，以便日后回忆、玩味。

幻灯片是一种静态的具像化的展示。我国有些旅游景区拍摄了专门的幻灯片介绍自己的景观和环境，但一般是作为旅游商品向游客出售，以便留念和宣传。

录音设施是一种声讯解说服务，这种设施在我国较高级别的博物馆和纪念馆内设置（如上海博物馆），游客可以用手提耳机了解自己想要知道的信息。

三、展示与陈列

展示与陈列解说服务主要采用照片、图表、模型、标本等，向人们提供旅游景区的有关知识，一般分为室内和室外展示陈列两种。室内陈列是博物馆和纪念馆常用的方法。虽然博物馆属于特定类型的旅游景区，但在有些景区和国家公园内也设置了博物馆或陈列馆。例如，美国的国家公园往往在游客中心设置博物馆，使其成为国家公园的主要组成部分。路边的陈列展示主要是在景物附近设置标牌和图表言简意赅地向游人介绍和解释旅游景区的内容和活动特点。例如，哈尔滨太阳岛的日本园，在大门外侧树立标牌，介绍日本园的功能区及日本园林的特色，而在园林内的每处园林小品旁，树立别具一格的标牌，更加具体地介绍这种园林小品的用意和特点。富有创意的标牌制作，也是一种点缀，如庐山石门涧的石碑标牌、哈尔滨太阳岛日本园的木标牌、南京音乐台门前的乐谱符号型的标牌，都是旅游景区极富个性的设计。

四、出版物

出版物指旅游景区的简介、小册子、导游图、明信片、画册和书籍等读物，一般分赠阅和出售两类。旅游景区有着丰富多彩的人文景观和自然景观，由于游客在每一旅游景区的停留时间有限，在极短的时间里难以详尽领会，便有购买反映旅游景区的书籍或其他书面材料带回家加深了解的愿望。出版物可简可繁，简单的要算只有两三页的折叠式宣传品，内容主要有旅游景区的范围图，旅游景区内景点的分布、服务设施、旅游线路等，指导游客计划游程，选择自己喜欢的景点和活动项目，合理安排旅游活动。复杂的可以是专门介绍旅游景区的书籍或丛书。

1. 景点简介

景点简介的形式有单页单片式、单页折叠式和本册式等，内容主要有旅游景区的自然景观、人文景点、历史典故等，详细者还介绍旅游景区的地理位置、地貌特征、气候特征，距离所依托城市的路程，旅游景区内的各类服务设施包括交通集散地、饭店、娱乐设施、土特产品和饮食特色等。在国外，游客可在旅游景区获得免费的简介，我国并非每一个旅游景区都印制简介，而且出售的多，游客可免费获取的很少。

2. 旅游书籍

旅游书籍指专门介绍旅游景区的书籍和丛书。专门书籍涵盖的内容比简介详细，我国一些旅游景区印制了专门介绍本景点的书籍，例如，南京栖霞山的《栖霞山》，安徽彩县西递村的《中国明清民居博物馆西递》等。专门介绍旅游景区的丛书针对一些大型的风景区和旅游线路，按一定的类别专项介绍，如南京的钟山风采丛书，有《钟山风光》《钟山风雨》《钟山风物》和《钟山风韵》4 本。然而，我国开发的旅游出版物仍然十分缺乏，旅游景区除简介或旅游地图外，至多供应一些诗文、书画和宗教书籍，内容翔实的说明书很少，这一市场开发的潜力很大。

3. 旅游地图

旅游景区的旅游地图主要有旅游景区的导游图和旅游宣传图。导游图是为游客在旅游景区活动提供指导的一类旅游地图，如一个风景名胜区、一个公园、一处园林、一座寺庙等，这类地图主要表现旅游客体要素和媒体要素，即将旅游景区的类型、分布、特点都表现出来，并给予游客以食、住、行、游、购、娱的信息指导。导游图内容涉及旅游景区的风景点、旅游线路、购物点、摄影点、生活服务设施、休息点、公共厕所以及各类旅游服务设施等。旅游者可凭借导游图完成在旅游景区的游览活动，完备的信息会给游客的旅游活动带来更大的方便。旅游宣传图以宣传旅游景观或服务项目为主，同时附以旅游线路示意和风景点介绍等，这种图的导游价值较小，主要价值是广告宣传。常见的旅游图有这样几种：专门的地图、置于大门一侧的导游图、简介以及门票上的简图等。在旅游景区门前的游览图介绍旅游线路和旅游景区的概况，实际上就是导游图的放大，在门票上印制游览图，也能起到宣传的作用。

4. 图片

图片解说主要有明信片和画册。图片一般以具有特征的风景景观为主展示，适量地展示旅游服务设施、依托的城市、商业街区、特征标志、人们生活、土特产和交通情况等。图片常常与文字介绍配合使用，在图片之下需要附以简单的文字说明。

以小组为单位，选择所在地的一处旅游景区，深入调研，对其环境解说的类型和方法进行统计。

第三节　环境解说方法的比较和技巧

一、环境解说方法的比较

环境解说服务的关键，除明确向旅游者提供信息外，还要根据旅游者的习惯，选择何时何地安排何种解说服务，为此，必须了解各种解说方法的特点，提高解说服务的有效性。

旅游者的活动是一种心理和生理的体验，大致可以分为行动前、现场中、返回和回忆等几个过程。在哪一个过程运用哪一种解说方法，对于旅游者在该阶段产生的体验有很大的影响。例如，行动前的解说服务可以使旅游者带着一个有准备的头脑去旅游。那些“某某旅游必备”和“某某旅游指南”等类型的出版物，可使旅游者在出发前对旅游景区有初步的了解，引发他们的旅游兴趣。现场中的解说服务，能使旅游者触景生情，获得更高价值的享受。

各种解说方法有其自己的特点，各旅游景区应根据自己的实际情况合理选用。如解说牌是一种单向、静态的解说服务，成本较低，使用普遍，但旅游者不太感兴趣，易被忽略，尤其是那些毫无创意的设计，以及说教式的毫无生动性的语言风格的解说牌。解说员虽然是一种双向、动态的解说服务，但需增加人员培训，成本较高，较难管理。在建立环境解说体系时，要了解各种解说方法的优缺点，以便以较低的成本，达到较理想的效果。各类解说方法的优缺点比较如下表所示。

各类解说方法优缺点比较

解说方法		优点	缺点
人员解说		1. 人际间交流，具有亲切感； 2. 可根据游客的文化程度和兴趣调整讲解内容； 3. 现身说法，随即解说突发现象和游客提问，双方能交换意见； 4. 可利用群众反映，提高好奇心和兴趣	1. 招募和培训人员需要花费较高的成本； 2. 解说效果取决于解说人员的文化水平、思想水平和解说技巧； 3. 服务的人数有限，人数多则效果不好； 4. 讲解时间受限制
视听解说	影视	1. 效果高而持久，适合解说特定主体； 2. 可用于介绍生疏的题材和复杂的景物； 3. 便于携带，可在区内区外使用	1. 制作难度大，所需经费多； 2. 修改困难
	语音	1. 用语音播出，可增强效果； 2. 手提式耳机解说，可减少周围干扰； 3. 可借个人的声音、地方色彩和习俗等，使音响效果戏剧化	1. 音响的效果受设备影响； 2. 有时可能造成噪音
	幻灯片	1. 制作简单； 2. 突出重点，可同时欣赏摄影艺术； 3. 更换内容容易	1. 需以配音和文字介绍等方式增强效果，受拍摄、配音和文字水平的制约； 2. 不是动态的视觉效果，视觉上的真实感不如影视
展示与陈列	陈列室	1. 集中展示，参观方便； 2. 真品实物往往配以照片、图片、模型，容易理解； 3. 不受天气及蚊虫等外界因素干扰	1. 游客长时间参观易疲倦； 2. 陈列项目多而细，对游客的吸引力会递减
	指示牌	1. 对照性强，能产生触景生情的效果； 2. 耐久性、稳定性强，不懂的时候可反复阅读； 3. 不受时间限制，又可根据自己的时间和兴趣阅读	1. 无人看管，易被破坏； 2. 露天放置，易受天气、光线等因素影响而破坏； 3. 文字有限，信息量有限
出版物		1. 使用时间长，可用于旅游之前的初步了解、旅游中的引导和旅游后的回味； 2. 可对旅游景区进行全面、详细、深入的介绍，如旅游景区的历史文化、线路、设施等； 3. 可用多种语言撰写，适合国际旅游者需要； 4. 具有纪念价值	1. 旅游景区的出版物一般在旅游景区出售，许多人在旅游之前不易获得； 2. 要求游客有一定的文化水平，否则游客不大会购买出版物去阅读； 3. 需要考虑出版成本

美国黄石公园的环境解说

对游客进行关于公园的自然和文化特点的教育是为游客提供愉快的旅游经历的重要组成部分，因为采用这种方式能够使公园不被破坏，从而让子孙后代继续享用。在理想的情况下，讲解从游客进入公园之前就开始了，并且持续到游览结束之后，这样就能在实现资源保护的同时，给每个游客留下终生难忘的旅游经历。

黄石公园协会以及授权为游客讲解的工作人员都为这一学习过程做出了贡献。每年有数以千计的关于公园方面的书面咨询、电话问询、电传或电子邮件被转入黄石公园的全体员工手中。不过为加深游客经历及保护公园资源而进行讲解的任务主要是由黄石公园的讲解员完成的。这些讲解员由22 名正式雇员和大约60 名季节性的临时雇员构成。他们的任务就是通过各种各样的正式或非正式的私人交往、室内外展示、出版物、多媒体等方式来增进公众对公园价值和资源的理解和好评。1998 年，有近 19 万人参加了讲解项目，还有两倍于该数字的人访问了黄石公园的官方网站。还有一个讲解专家在网站上开展了对景点的“真实”游览、互动地图、详细介绍黄石公园等活动，这大大地提高了该网站的访问次数和受欢迎程度，而且这还将公园的服务范围向非传统的、各种类型的公众拓宽。

黄石公园当局对游客的宣传教育活动可以说是无时不在、无处不在。

（1）到达公园前：数以千计的游客在计划来公园游览之前就和公园或其网站接触，咨询关于地图、天气、食宿及景点方面的信息。每年黄石公园的工作人员都要回复超过 29000 个电话、邮件；此外，还要给有特殊要求的咨询者发出 9000 封信件。

（2）在公园入口：公园工作人员在每个入口处给游客分发报纸、地图和小册子。重要的安全问题和资源保护问题还被翻译成法语、德语、西班牙语和日语。

（3）在公园的主要景点：从每年的 5 月底到 10 月初，游客能够得到关于公园的特点、游园守则、游览项目、垂钓、划船及在偏远地区宿营等方面的信息。主要在以下地点获得这些信息：5 个主要的游览中心（猛犸象、峡谷乡村、垂钓桥、大乡村及老忠实泉）；4 个守护站（湖区、桥湾、堡垒汇合处以及南门）；3 个小的联系站（诺瑞斯间歇泉盆地、迈迪逊汇合处及西萨姆）。

（4）边走、边谈、边展示：1998 年，除了有 18.99 万名游客参与了由导游带领的边走、边谈、边展示的活动外，据估计，还有27 万多名游客通过在野生动物观赏区以及通过空中俯视黄石旅游景区而获得了美好的旅游经历。黄石公园在夏季还在 7 个主要的野营地播放各种题材的幻灯片。在旅游旺季，白天的活动项目包括在老忠实泉和猛犸象等主要景点的讲解等。长距离的徒步导游活动在诸如标本山脊、沃什伯恩山等地区进行。

讲解和教育的形式多样。

（1）多媒体陈述：用多媒体向游客陈述公园的地质演变、野生动物等是一个很有效的教育途径。目前公园内有 4 处游客中心播放电影和幻灯片，还有 2 部关于黄石公园地热资源的新影片正在制作过程之中。不过，在多媒体陈述方面，黄石公园在设备和资金等方面还需要加大投入力度。

(2) 室内展示：精彩的展示活动有助于游客了解公园并从中获得帮助。黄石公园有7处展示设施，用以展示公园的地质特征、野生动物和人类的变迁。不过，今后应当更多地利用现代化的技术把展示项目办得更加生动、丰富和有趣。

(3) 室外展示：设在公路及小道旁边的展示牌可以一天24小时为游客提供诸如安全事项及公园规章等方面的信息。公园内还在很受游客欢迎的景点设有12个自助游的展示点。大多数游客要么借助自助游的展示牌要么借助公园的出版物了解公园的许多特色景点。从1999年起，公园开始安装由陶瓷制成的新一代更加耐用的展示牌，有120个已经安装到位，还有100个已经获得了经费或正在安装过程中。

(4) 环境方面的教育：自1985年以来，有近10000名学生和他们的老师完成了对黄石公园的考察。在考察过程中，他们学到了关于公园的资源和环境方面的许多知识。1995年，公园开始向每一个学生收取少量的费用，用于该项活动中讲解人员及物资方面的开支。

(5) “初级守护者”活动：每年夏天，大约有13000名年龄从5岁到12岁的孩子通过一份专门设计的报纸——《黄石公园的自然资源》而学到许多关于黄石公园的资源和安全注意事项等方面的知识。每一个能够成功完成其中一系列活动的孩子将被授予“初级守护者”称号，并且这一称号在黄石公园游客中心以仪式的方式宣布。

公园的工作人员还走进校园开展教育活动，为教师开设与环境相关的课程，并且组织专门的活动。1999年，在西黄石公园开展的“向导”活动，为高校学生提供了在接受在职培训的同时协助“初级守护者”活动的机会。这项活动还有助于加强公园和周围社区之间的联系。

(6) 出版物：每年黄石公园针对来访游客和其他公众出版物大约60种，其中包括4种报纸，有850000份分发给驾车驶入公园的游客中；7种自助游的出版物，每年达750000份；《初级守护者》的报纸；关于滑雪、徒步旅游、划船、骑马等方面的小册子；《黄石公园科学》季刊。黄石公园协会，作为教育和讲解的主要合作伙伴，通过在公园的游客中心销售出版物，将获得的资金用于印制公园外文版地图，提供外文导游，出版法文、德文、西班牙文、日文报纸等。

(7) 采取主动和扩大范围：来自各部门的员工在公众会议上代表的是整个公园，他们既要对志趣相投者还要对有敌对情绪的人讲解，向他们提供信息，并解释公园在一些棘手问题上的困境。一般来说，每年讲解人员和资源专家会发表160次这样的陈述，听众达11000人次。1999年，讲解部开展了一项扩大范围的活动，该活动中，监督人员经常参加社区会议，这无疑在信息共享方面为当地居民和公园方面建立了沟通的平台。

(8) 广播和电视：当游客驾车驶入公园时，可将自己的收音机设置到调频1610频道，就可以收到关于公园的简短信息和注意事项。更新设备和加大员工投入后，广播已能够为游客提供更多的信息，包括道路封锁的情况、天气预报、野营和住宿的建议等。

二、环境解说服务的技巧

在解说工作中运用适当的语言技巧，可使解说工作更圆满、更理想。人员解说技巧通过解说人员的语言风格体现，例如，说话轻松幽默，灵活运用地方色彩的语言。此外，解说人员的表情、气质、音色、态度和仪表等都会影响到解说效果。非人员解说的技巧表现在文字和画面介绍的质量、编排和选材的高超方面。

（一）人员解说

一名合格的解说人员，仅有热情和信心是不够的，还需要有扎实的基本功、丰富的知识和良好的心理素质，同时适当地运用解说技巧，可以使游客更容易接受。解说时解说员居明显位置，声音清晰洪亮，以大多数人能听到为准，语速不快不慢，快则游客听不清楚，慢则容易使人注意力不集中。在语言的运用上，适当地运用抒情性的演讲方式，起伏、错落不平，幽默生动，使游客的情绪随艺术化的语言而波动，在解说过程中，必须集中游客的注意力，避免冷场。人员解说比较容易针对不同的解说对象安排解说内容，针对不同的游客作针对性的讲解。对一般的游客主要在于引导，使其对景物产生一定认识，对特殊的游客，要尽量满足要求，积极回答游客的提问。

讲解时，吸引游客的注意力可以从以下几点入手。

（1）解说主题力求变化。介绍了一个主题之后，最好能穿插一些与之有关的话题，一味地选择一种主题易显枯燥无味。例如，在讲解与人物有关的景观时，可插入一些与人物有关的故事，引起游客的共鸣。此外，旅游讲解是在人们处于休闲的状态下进行的，在讲解中不时地插入一些轻松的话题，能减少游客的紧张感。

（2）以提出疑问或提问的方式开始解说，造成一种悬念，引起游客的好奇心和怀疑，进而引起求知欲。在讲解过程中向游客提出一些问题，让游客参与回答，加深问题的印象，同时缩短了讲解人员与游客的距离。

（3）运用对比方法。讲解游客不太熟悉的内容时，可同其他内容进行对比说明，使游客有所鉴别，从而更好地理解景物。

（4）提供与游客切身利益有关的知识，例如，面对特殊情况时的紧急处置，碰到旅游景区顽猴挡路时该怎么办，遇到生病或跌伤时怎样急救等。

（5）注意游客反馈。人员解说区别于其他方法的最大优点是双向式沟通，解说人员应注意从游客的反馈中了解游客对解说主题的了解程度、兴趣程度及对旅游景区的意见，以便调整下一步的解说内容，并改进旅游景区的产品和管理。

（6）讲解内容的健康性。对自然风物和人文历史的解说要正确真实，向游客宣传美与善，那些胡乱攀扯、任意附会、哗众取宠、故弄玄虚、荒诞迷信及黄色下流的故事，不仅无法使游客增长见识、陶冶性情、愉悦身心，反而败人雅兴、倒人胃口。

（二）解说牌

解说牌上的解说词不仅要注意其历史和科学的准确性，同时还要注意其文学性。解说牌上的解说词要避免错字病句和其他不规范的现象。按照史籍志乘记载重新书写篆刻的作品，应尊重原作的完整性和正确性，切忌望文生义。警示类的解说牌应尽量避免游客反感。我国一些旅游景区通常会在需要保护的草地和林地前竖一木牌，上书

"禁止践踏草坪，违反者罚款""严禁摘花，折花者罚款××元""严禁乱扔果皮、纸屑杂物，违者罚款"等，还有的在文物古迹前竖立禁止照相的牌子，这类告示在许多旅游景区都有，虽然对绿地和文物古迹的保护能起到一定的作用，但这些生硬、冷淡、训诫式的言辞，常常会引起游客的反感，不尊重旅游者，忽视了旅游者的心理感受，不仅起不到保护作用，甚至大煞风景。警示类的解说牌，如果换一种说话方式，不仅能提醒游客注意，而且充满情趣，如图7-4和图7-5所示。

图7-4 警示类解说牌1

图7-5 警示类解说牌2

（三）书面材料

书面材料解说是旅游景区环境解说的重要组成部分，现在许多管理得较好的旅游景区印制了专门介绍自己的读物，常见的有简介的书籍，但要使这些读物更有吸引力，并适合旅游时阅读，读物的印制可以巧做安排，而不一定是标准规格的。例如，《庐山掌故》一书设计成9厘米×13厘米，厚200多页的袖珍读物，收录了庐山自然景观、名人韵事、神话传说等156条，游客揣之，游览时对照十分方便。再如，山东泰山风景名胜区将风景区内著名的名胜和石刻拍成一幅幅照片，每一幅照片附以文字解说，所有名胜和石刻编印成18厘米×8厘米的《泰山名胜介绍》和《泰山刻石选》，游客购之，可对照照片和文字，了解泰山风景名胜区的历史文化。

（四）门票

旅游景区的门票也是一种相当实用的解说媒体，可发布有关旅游景区的信息。在门票上印制解说内容，因面积有限，应突出重点，只将要强调的内容印在门票上。门票解说内容的安排一般是正面印主景照片，背面的印制有以下几种方法：印旅游景区包含的主要景点，如延安室塔山；印旅游景区中英文对照的简介，如甘肃鸣沙山月牙泉风景名胜区；印游览图和游客须知，如庐山风景名胜区；印旅游景区的简介和参观须知，如洛阳龙门石窟风旅游景区；印旅游景区游览图，如庐山三叠泉风旅游景区；印主要景观的介绍和区位图，如上海东方明珠塔；印旅游景区的平面图和简介，如淮安周恩来纪念馆。

（五）导游图

导游图是非常重要的自助式解说方法，是帮助游客进行参观游览的重要工具，而非专业人士看的地图，因此，游览图应从使用者的眼光编制，留意旅游者对导游图文的阅读和辨认能力。因此，导游图的设计应信息准确、通俗易懂、便于携带，否则可能产生误导或者使用不方便。导游图的编制需在符号、颜色和注记等方面巧做安排。符号是风景点和服务设施等在地图上的表示，讲究艺术性、通俗性、科学化和规范化，虽然我国许多旅游景区编制了旅游图，但却没有形成一套规范化、科学化的符号系统。颜色差别可以增强不同要素的视觉差别，便于区别不同要素和寻找同类要素，从而增强地图的易读性和表现力。导游图要素的颜色选择应视不同的主题、类型和用途而定，例如，蓝色表示水面，绿色表示原野，建筑物用棕色，风景点用红色等。符号颜色要尽量与实际景物色彩接近，符合人们的习惯。导游图上的注记，其字体、大小和颜色的差别可表示要素的类别与级别，同时对图面的表现效果、美感和阅读产生影响。导游图配置注记一般要求注记与被注记要素的关系要明确，不偏、不远、不散、不乱，使游客看上去不致产生错觉和疑问。对一些重要的界标加以三度空间的投射，更能引起旅游者的兴趣。注记应避开图中主要内容，合理布局，注记的字体、大小要与符号的等级系统相适应，注记的颜色一般与被注记符号的颜色相同。

第四节 环境解说服务策划的程序

环境解说服务是针对旅游者在旅游景区需要了解的内容，在旅游过程中向游客提供易于接受的环境解说服务。

环境解说服务程序由以下几个步骤组成：确定目标；调查；确定主题；选择媒介；确定解说内容；评估。

一、确定目标

策划环境解说服务开始于确定目标。解说目标分为一般目标和特别目标。一般目标比较浅显，例如，让游客带着愉快的心情离开旅游景区。特别目标比较深刻，例如，让旅游者认识旅游景区的自然和社会生态。

环境解说目标在解说服务设计中非常重要，是策划环境解说服务首要考虑的问题。目标是策划工作的指导，也是检验环境解说服务设计成功与否的标准。

二、环境调查

1. 对资源进行调查和分类

对于旅游景区内所有的自然景观、古迹及其他旅游设施，应详细调查和分类，仔细地研究有用的信息，明确应该重点解说的内容，以便确定解说工作的中心主题。除调查本旅游景区之外，对周围的旅游景区也要进行调查，找出本旅游景区与周围景点旅游景区的差别与特色。

2. 收集相关资料

中心主题确定后，便可着手收集相关资料。相关资料主要指与景点和旅游景区有关的风土民俗、名人轶事、特产等，因为这部分资料也是游客较感兴趣的内容。

3. 筛选信息

应对收集的信息进行筛选，放弃任何违背主题的信息，包含许多主题的解说是失败的解说，因为主题过多容易混淆信息，针对性也不强。

三、对象分析

旅游者的受教育程度、职业、年龄等不同，对解说服务的要求也不同。教育程度高的接受能力强，感兴趣的领域比较广泛，教育程度低的则感兴趣的领域比较窄；游客职业与旅游景区关系密切的，对解说内容的深度要求较高。要是同一种方法满足不同游客的需要非常困难，那么旅游景区可以针对主要的目标市场提供合适的解说服务，即旅游者人数占比例较高的那部分旅游市场。因此，设计环境解说服务，只有分析旅游景区环境解说的对象，了解解说对象对解说方法和内容的看法，才能设计出游客乐于接受的旅游景区的解说服务。

四、选择媒体

选择媒体包括选择最适合主题、资源和旅游者的传播介质。媒体的种类很多，不仅有人们熟悉的指示牌、旅游指南和游客中心等，而且有各种视频、音频以及计算机驱动的媒体。环境解说媒介还可以分成人员的和非人员的解说服务。

人员解说服务有问讯服务、指导活动、团体讲解、现场解说。非人员解说服务有视听装置、书面读物、自助导游、室内陈列展览、游客中心。

选择媒体时要注意媒体本身的性质，资源本身是选择媒体的因素，不同的媒体适合不同的内容，有些解说媒介可能会对环境产生影响。例如，有碍观瞻的指示牌、旅游景区高音喇叭传出的声音等。每个媒体都有自己的优缺点，例如，导游员引领是一种双向的沟通，但游客易受导游员的蛊惑；自助导游便宜，但缺乏人际间的接触。

选择媒体时要注意利用各种解说媒体的互补性。例如，对旅游景区重点景物的解说可多种媒体配合使用，除讲解员或导游讲解外，还可将讲解的内容印制成书面材料，出售或赠予游客，加强解说的力度。

成本和耐久性也是选择媒体时需考虑的因素。成本过高，影响经营效益。耐久性差则一方面影响解说效果，另一方面过多的更换也会使成本升高。

从需求的角度来看，媒体的选择要考虑对象，即必须考虑旅游者。应考虑目标对象，例如，解说对象可能是盲人或者小孩，媒体应能让旅游者接触到，例如，指示牌设在游客经过处或旅游景区以外更大的范围。

五、准备环境解说的内容

环境解说必须要有丰富的内容。由于旅游者的旅游活动是一种休闲、放松的活动，再加上旅游者的文化层次和知识结构差异，环境解说内容一要具有准确性和权威性，二要生动有趣，能激发旅游者对旅游景区的兴趣。旅游环境解说的文字材料不同于学术研究文章，必须深入浅出、通俗易懂。因此，准备环境解说服务时，应做好充分的准备。这一阶段最重要的是创造性，而不是循规蹈矩，否则很难达到环境解说的最好效果，甚至误导游客。

六、环境解说服务的评估和调控

环境解说评估是解说服务策划的最后一步，根据解说目标对环境解说进行检查，检查解说的有效性，评价解说设计效果与目标的差距，以便进行调整。解说评估有正式的和非正式的两种方法。非正式的方法，例如，让旅游景区的员工观察旅游者的行为；正式的方法可以通过问卷进行。

技能训练

以小组为单位，选择所在地的一个旅游景区，按照旅游景区环境解说服务策划的程序，对该旅游景区的环境解说服务进行调研，并制订自己的环境解说方案。

思考与练习

1. 旅游景区环境解说的目的和意义是什么？
2. 旅游景区环境解说的方法都有什么？
3. 人员解说的优缺点是什么？有什么解说技巧？
4. 解说牌的优缺点是什么？有什么解说技巧？
5. 环境解说服务体系的设计要领是什么？

第八章　旅游景区的营销管理

本章摘要

营销是通过创造和交换产品、价值，从而使个人或者群体满足欲望和需要的社会管理过程。本章对旅游景区营销的基本理论进行了阐述，介绍了旅游景区的市场调查和预测，旅游景区的市场细分、目标市场的选择和旅游景区的市场定位，即STP营销。

学习目标

- 了解旅游景区营销管理的实质
- 了解游客旅游行为特征和决策行为
- 掌握旅游景区的STP营销
- 掌握旅游景区营销组合的运用

第一节　旅游景区营销管理概述

一、市场与旅游市场

（一）市场

市场的概念随经济发展而有不同的含义。市场最早是指买主和卖主聚集在一起进行交换的场所，它体现商品买卖双方和中间商之间的关系。市场不体现为影响、促进商品交换的一切机构、部门与商品买卖双方的关系，即某一特定产品的供求关系。经济学家用“市场”一词泛指一特定产品或某类产品进行交易的卖主和买主的集合。著名市场学家菲利普·科特勒（Philip Kotler）从买方角度定义市场，认为“一个市场由那些具有特定的需要和欲望，而且愿意并能够通过交换来满足这种需要或欲望的全部潜在顾客所构成”。

（二）旅游市场

旅游市场有广义和狭义之分。广义的旅游市场是旅游经营者和旅游者围绕旅游产品的交换所产生的各种经济现象和经济关系的总和。广义旅游市场的构成要素包括市场主体——旅游消费者和旅游经营者（旅游供给者）、旅游客体——旅游产品。广义旅游市场的功能包括旅游产品的交换功能（衔接旅游需求与旅游供给）、旅游资源的配置功能（促进食、住、行、游、购、娱六大要素按比例发展）、旅游信息的传递功能和旅游经济的调节功能（通过价格、竞争、供求等市场机制调节旅游供给和需求）。狭义的旅游市场是指一定时期某一地区的旅游产品的现实购买者和潜在购买者。狭义的旅游市场一般又称为“旅游需求市场”或者“旅游客源市场”。它由不同地域、国家、阶层、年龄、职业的游客构成。

二、市场营销

市场营销指与市场有关的人类活动，也就是以满足人类各种需要和欲望为目的，通过市场变潜在交换为现实交换的活动。“市场营销”的概念具体归纳为下列几点：①市场营销的最终目标是“满足组织或个人的需求”；②“交换”是核心。没有交换过程，就无法满足组织或个人的需求。交换是主动、积极地寻找机会。

旅游景区营销概念与一般市场营销概念的本质相同，旅游景区营销可以定义为旅游景区景点经营者为满足旅游者的需要并实现自身经营目标而通过旅游市场所进行的变潜在交换为现实交换的一系列有计划、有组织的活动。

三、旅游景区市场营销的特点

在旅游业中，旅游景区作为游览场所经营部门，它的经营管理与其他旅游部门（如住宿接待部门、一系列交通运输部门以及旅行业务组织部门等）存在很大差异，因而旅游景区营销带有自身的独特性，主要表现如下。

（一）功能的综合性

旅游景区的空间范围往往较大，产品和服务内容繁多，具体表现在导游服务、食宿服务、购物服务、其他服务（娱乐休闲服务、停车服务、安全服务及区内交通服务等）方面。

（二）外向性

旅游景区完全靠客源生存，在旅游景点数目不断增加，经营旅游景区难度日益加大的情况下，营销工作相当重要，旅游景区的经营者在竞争加剧的环境中，必须随时关注外部市场竞争状况的发展，始终瞄准市场，熟悉并了解旅游者口味，在旅游景区营销的方式、手段、观念乃至组织形式上必须灵活、科学，旅游景区营销负责人应具备全面的知识。

（三）超前性

经营者要充分了解市场需求的动向，及时更新旅游景区的服务项目，紧跟市场，快速调整经营方向。旅游者需求层次的不断提高，要求更高质量的旅游景区，营销具有超前意识，才能有效满足旅游者观赏品位上升的需求。

四、旅游景区市场营销管理的任务

旅游景区所面临的客源市场的需求状况不一，可能存在没有需求、很小需求、很大需求或超量需求几种情况，营销管理就是针对这些不同的需求提出不同的任务。营销管理实质上就是需求管理；营销管理的任务是以帮助企业达到自己目标的方式来影响需求的水平、时机和构成。科特勒将市场需求归结为 8 种不同状态，每种需求状态下有不同的营销管理任务。

（一）开导需求

旅游者可能对旅游景区提供的服务项目或活动丝毫不感兴趣甚至回避，针对这种负需求，旅游景区的营销工作就是开导需求。营销者的任务是分析旅游者对旅游景区不感兴趣的原因，考虑能否通过旅游景区重新设计、降低门票价格和加强推销等营销方案来改变旅游者的信念和态度。

（二）创造需求

当市场处于无需求状态时，旅游景区营销的主要工作是进行刺激性营销，以创造需求。旅游景区新推出几项娱乐项目、增设服务功能或联票优惠措施，许多游客因不了解这些而处于无需求状态。产生无需求的原因很多，很可能是旅游景区游玩内容陈旧或与其他旅游景区内容雷同、交通不便，或是辅助设施缺乏等。分析这些原因，制订适当的营销策略，设法使旅游者产生需求是十分重要的。

（三）开发需求

市场潜在游客对所提供的旅游景区内容，虽然具有心理上的需求，但没有真正购买，这种情况便是潜在需求。游客对门票价格适中、交通便利、经营项目灵活多样，内容富有特色、新鲜又奇特的旅游景区有强烈的潜在需求。营销人员应努力开发潜在游客的需求，并开发潜在游客的游览兴趣，以满足潜在游客的需要。

（四）再创造需求

当游客对旅游景区不像过去那样抱有强烈的兴趣时，若不及时采取一定措施，需求便会持续下降，这种需求状态便是下降性需求。需求下降的原因可能是旅游景区产品内容处于生命周期的衰退阶段、旅游者需求发生变化、经营同类旅游景区的竞争者增多、某些不可控因素（如地震、洪灾、政治动乱和经济危机等）。面对下降需求状态，营销人员应采取再营销策略来扭转此趋势。如我国许多人造旅游景区内容雷同，这类景点的需求下降，主要是由重复建设致使竞争加剧引起的。针对这种情况，可以通过降价、开拓新市场、旅游景区内容更新等措施应对竞争对手，从而创造良好的需求水平。

（五）平衡需求

旅游者对旅游景区的需求会随时间、季节的不同而发生变化，这种时间性和季节性造成了旅游市场的不规则需求。不规则需求会引致一系列经营管理及经济、社会问题，不利于旅游企业开展正常经营活动。对此，营销人员的工作是平衡需求，即通过灵活定价、淡季促销等措施来平稳需求，使旅游景区的供求达到相对平衡，避免经济损失。

（六）维持需求

当旅游景区经营者对其业务量感到满意时，即达到了充分需求。这时旅游景区的客流量与旅游景区的供给能力持平，经营处于最佳状态，这种需求状态又称饱和性需求。营销人员应采取维持性营销来维持这一最佳需求状态。

（七）降低需求

市场需求过于强烈，超过供给能力，则处于超饱和需求状态。在这种状态下，旅游景区如果超量接待游客，一方面人满为患会带来旅游景区的环境污染、空气污染和噪音污染，另一方面也会使旅游资源遭受一定程度的破坏，结果是游览者游兴大减。旅游者的需求因此往往不能很好地满足，从而影响旅游景区未来的经营。这种状况下的旅游景区经营者应采取低营销策略，可以通过提高价格、减少广告宣传投入、削减销售渠道等措施来减少顾客的需求。

（八）破坏需求

有些产品的市场需求，从消费者、供应者的立场来看，对于社会有不良影响，这种需求称作有害需求或不健康需求。对这种需求，必须采取反营销措施，来降低甚至消除这种需求。如旅游景区内不准提供宣传迷信的旅游项目，以免毒害旅游者。这种措施可以称作反营销，目的在于破坏此类不健康需求。

不同需求状态下的营销管理任务如表 8－1 所示。

表 8－1　　不同需求状态下的营销管理任务

需求状态	营销管理任务	专门名词
负需求	开导需求	扭转性营销
无需求	创造需求	刺激性营销
潜在需求	开发需求	开发性营销
下降需求	再创造需求	再营销
不规则需求	平衡需求	同步营销
充分需求	维持需求	维持性营销
超饱和需求	降低需求	低营销
不健康需求	破坏需求	反营销

五、旅游景区营销程序

旅游景区营销是一项长期而又复杂的工作。营销管理程序具有连贯性、整体性和程序性。旅游业经营管理的实践中，营销有一系列的策略和方法，这些策略和方法在营销管理程序之中得到具体体现。一般说来，旅游景区营销管理程序如下。

（1）分析市场机会（营销信息调研、营销环境分析、旅游者行为动机分析）。

（2）研究和选择目标客源市场（预测需求量、市场细分、目标市场选择）。

（3）设计营销战略（旅游景区开发构思、旅游景区定位、旅游景区生命周期战略）。

（4）企划营销方案（旅游景区服务项目、门票方案、分销渠道、促销方案等）。

（5）营销活动的组织、执行与控制（营销组织部门设置、营销规划、营销政策等）。

第二节　旅游者行为分析及营销调研

一、旅游者活动行为的层次

旅游者活动行为层次从低到高可依次分为基本层次、提高层次、专门层次和最高层次 4 个层次。每个层次均有不同的行为特点，了解不同层次的行为特点，对于制订旅游景区营销策略十分重要。

（一）基本层次

这一层次的行为特点为观光游览或景观游览。这类行为层次内容包括自然旅游景点和人造（或人文）旅游景点，能使人增长见识、丰富阅历、陶冶情操，旅游者可以获得美的享受。

（二）提高层次

其行为特点为娱乐、休闲和购物。旅游者出于调整精神、放松心情或转移注意力等目的而参加户外旅游活动（划船、游泳、爬山、滑冰、垂钓等）和室内活动（舞会、音乐会、影剧院、棋牌室、茶室、咖啡厅、酒吧、保龄球馆等活动场所），这一行为层次的活动内容能丰富、提高旅游者的精神生活。同样，旅游者在旅游景区购买、欣赏有浓郁地方特色的民族风格的旅游纪念品、工艺品和日用品，也能满足精神需求。

（三）专门层次

其行为特点体现在满足个人兴趣，完成团体或组织任务方面，主要有差旅型旅游者和家庭及个人事务型旅游者两类，活动内容包括度假旅游、疗养旅游、会议旅游、考古旅游、宗教朝拜、商务旅游、教育旅游等特殊旅游活动。专门层次行为具有对旅游目的地较强的选择性、需要特殊服务、旅游花费大等特征。

（四）最高层次

旅游者通过丰富多彩的旅游活动，使其从悦目、悦身、悦心达到悦志的高境界，这也就是超脱意识境界的旅游。

二、旅游者活动行为的动力

旅游者活动行为的动力由内动力、外动力和中间条件 3 部分构成。内动力即旅游动机，是指促使一个人有意于旅游以及到何处去、作何种旅游的内在驱动力。一个人的行为动机总是为满足自己的某种需要而产生的。那么旅游动机的产生是为了满足什么需要呢？实际上，根据大众旅游的发展实践，人们出游的动机主要有探新求异的需要和逃避紧张现实的需要这两类，而从本质上讲，这两类需要都属于人的精神需要。满足精神上的需要是指旅游者活动行为的内动力。外动力即旅游景区与客源地的空间相互作用。自然旅游景点和人文旅游景区都具有明显的地域差异，于是在旅游景区与旅游者之间形成地域间的一种梯度力，那些具有“内动力”的旅游者，就会从客源地流向他们需要去的旅游景区，同时伴随着物质和货币的空间转移，客源市场与旅游目的地之间空间的相互作用构成。中间条件即决定个人旅游需求的一些客观因素，如足够的可随意支配的收入、足够的闲暇时间以及其他社会经济因素和个人因素等。中间条件也是促发旅游者旅游行为的必不可少的条件。

三、旅游者的决策行为与决策过程

（一）旅游决策行为

将旅游者视为决策者有利于我们理解旅游者的消费行为。旅游者的决策行为是一种复杂的行为，它不仅涉及一系列心理活动过程，还与众多的社会因素相关。了解旅游者决策行为类型和过程对旅游景点、旅游景区经营者研究如何吸引和招徕旅游者有重要帮助。

个体旅游者往往按3种方式做出旅游决定，即规范性决策、重大性决策和瞬时性决策。一般来说，人们的旅游决定常出现在规范性决策和重大性决策之间。

规范性决策指旅游者常依据自己已有的知识和经验进行旅游决定。对企图影响他做出旅游决定的信息无动于衷。这种决定是不假思索迅速做出的，似乎已成为一种习惯和常规。旅游景区总希望通过影响旅游者使其对旅游服务做出规范性的选择。在人们做出这种决定以前，旅游景区营销人员只有向他们提供足够的旅游景区信息，才能有效地影响他们做出的决定。花费相当多的时间和精力去收集有关旅游信息资料和考虑各种备选方案，属于重大型旅游决策，这时旅游信息资料如果易被旅游者获取就会引起他的高度重视。瞬时性决策是指事先并未经过认真考虑就立即做出的决定，它常由新鲜的广告和奇特的刺激物诱发。为有效地诱发人们做出瞬时性旅游决策，旅游景区营销人员应在人群密集的商业区、街道、交通场所及各种媒介广为散布旅游信息，采用多种方式向人们宣传新奇的旅游方式和活动项目。

规范性决策和重大性决策的连续、统一关系如表8－2所示。

表8－2　　两种决策的连续统一关系

两种决策	对供选决策方案的认知程度	对决策信息的需求	决策所需时间
规范性决策	深	低	短
重大性决策	浅	高	长

（二）旅游决策过程

旅游决策过程是一个包含许多行动要素的系统。该系统中，生活与旅游环境是旅游消费行为的第一位、具有决定作用的要素，旅游需要从人与旅游环境的相互作用中产生，是环境作用于人的产物。环境产生需要，需要继而产生出以一定的利益、意图、愿望、兴趣和目的等形式体现出的个人意识的特点，意识引发动机，动机引出决定。动机之后便是具体的旅游消费行动，行动会带着满足旅游需要的目的而指向旅游吸引物，如此周而复始。上述行为要素系统中，含有5个心理步骤：识别需要，寻找信息，最终决定，购买旅游产品和服务，购买后的感受。旅游者决策过程的每一步都有不同的决策行为。

四、旅游景区市场调查与预测

与一般的商品不同的是，旅游景区旅游产品的开发及销售一般情况下只能在吸引物所在地进行，必须依靠旅游者自行前来购买（即游览景观、参与活动、享受服务、购买纪念品等旅游活动）才能实现旅游经济的运转，所以旅游景区开发离不开对市场的研究。市场营销调查是指运用科学的方法系统地、客观地辨别、收集、分析和传递有关市场营销活动的各方面的信息，为旅游景区企业营销管理者制定有效的市场营销决策提供依据的活动。

（一）旅游景区市场调查的内容

1. 外部环境调查

外部环境调查包括政治法律环境、人口环境、经济环境、文化环境、自然环境、科技环境等。

2. 外部市场调查

外部市场调查包括市场需求和变化趋势、市场总体竞争、顾客消费动机等。其中各旅游景区的市场竞争调查比较频繁，主要以各旅游景区的特点，它们的市场占有率、客流量，以及各旅游景区不同的营销策略和营销文化等内容为重点。通过外部调查才能深刻了解自身，寻找自身条件与外部环境的最佳契合点，制订既符合市场发展方向，又能发挥自身优势的营销经营计划。

（1）旅游景区的基本情况，包括旅游景区的经营战略、旅游景区的形象、旅游景区的文化、旅游景区规模与接待能力、旅游景区的主要客源地或顾客群、旅游景区的硬件、员工数量与人员比例、旅游景区的服务规格和档次等。

（2）旅游景区的经营方式和营销策略，包括旅游景区的体制、组织机构、机构运行方式及其定位，旅游景区的产品策略、价格及其弹性、销售渠道、促销手段等。

（3）旅游景区的财务状况，包括总资产、流动资产、固定资产、生产成本、利润、现金流量。

（4）旅游景区员工情况，包括员工的敬业精神、协作态度、主人翁意识、沟通情况等。

（二）市场调查的类型

根据研究的问题、目的、性质和形式的不同，市场营销调查一般分为如下 3 种类型。

1. 探测性调查

探测性调查用于探询企业所要研究的问题的一般性质。研究者在研究之初对所要研究的问题或范围还不很清楚，不能确定到底要研究些什么问题。例如，某旅游景区在正常月份游客数量下降，这时就需要应用探测性研究去发现问题、形成假设。

2. 描述性调查

描述性调查是通过详细的调查和分析，对市场营销活动的某个方面进行客观的描述。例如，市场潜力和市场占有率、产品的消费群结构、竞争企业的状况描述。与探测性调查相比，描述性调查的目的更加明确，研究的问题更加具体。

3. 因果关系调查

因果关系调查的目的是找出关联现象或变量之间的因果关系。描述性调查可以说明某些现象或变量之间相互关联，但要说明某个变量是否引起或决定着其他变量的变化，就用到了因果关系调查。例如，降低门票价格是否可以增加游客数？增加娱乐项目能否吸引更多的客源？因果关系调查的目的就是寻找足够的证据来验证这一假设。

（三）市场营销调查的步骤

根据调查活动中各项工作的自然顺序和逻辑关系，市场营销调查可分为以下 4 个阶段。

1. 准备阶段

营销调查的准备阶段的主要任务就是确定研究主题，选择研究目标，形成研究假设并确定需要获得的信息，给正式调查工作打下基础。准备工作主要包括以下三步骤。

（1）初步情况分析

调查人员根据现有资料以及自己的观察和经验，进行初步分析，探索管理和营销中存在的问题，估计问题产生的原因，进行假定推断及提出可能的解决办法。比如，分析旅游景区的各种营业记录、财务报表、顾客来信或留言、历史数据等内部资料，以及政府公布的统计资料、对手资料、各种传媒信息等外部资料，从而推测存在的问题及产生问题的原因。

（2）非正式调查

非正式调查也被称为试探调查，根据初步情况的分析所提出的问题以及各种假设，探究其是否成立，或淘汰旧的假设，发现新的假设，以继续探求问题真正原因所在。

（3）确定调查主题

通过初步情况分析和非正式调查，划定问题的范围，使问题更加集中，以便确定正式调查的主题，拟订调查计划和范围。

2. 实施阶段

（1）拟订调查计划

调查计划是指导调查工作顺利进行的详细蓝图，是市场调查的总纲领，也称调查方案或调查设计。主要内容包括调查的问题与目的，调查的内容、方法、步骤，参加调查的人员及分工，调查的时间分配与进度要求，调查的费用预算等。

（2）执行调查计划

在研究设计完成之后，执行阶段就是把调查计划付诸实施，这是调查工作的主要阶段。实施计划的主要工作包括培训调查人员、确定询问项目和设计问卷、收集材料和实地调查以及进行其他计划安排的工作。

3. 分析阶段

资料整理与分析研究。调查得到的大量信息往往是庞杂而分散的，调查人员要对这些材料进行鉴别、筛选、分类、整理，对数据进行统计，然后根据整理出来的材料进行系统、全面、深入、客观的分析，从而得出正确的调查结论。

4. 总结阶段

编写调查报告，汇报调查成果。市场营销调查的最终结果就是完成调查预告。调查报告应明确回答调查之初提出的问题，按照调查报告的一般格式规范地撰写，以向经营者提供翔实的材料、明确的结论和有价值的建议，用于指导实际管理工作，或为旅游景区营销决策、旅游景区发展预测提供依据。下图是问卷调查的一般程序。

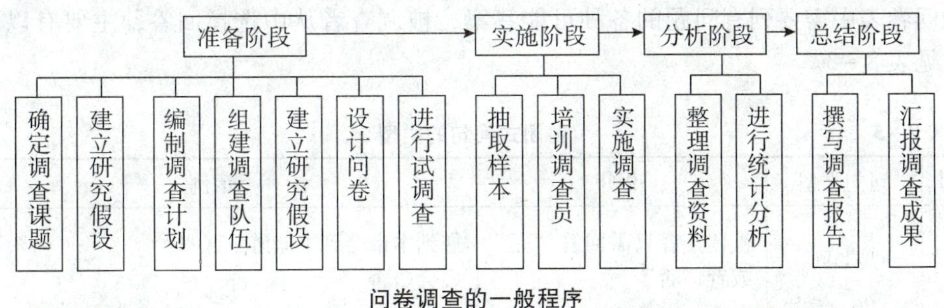

问卷调查的一般程序

（四）调查的方法与问卷技术

1. 调查的方法

编写和实施营销调查计划时，要注意根据调查的目的和具体的研究目标，采用适当的调查方法，以获取完整可靠的信息。

（1）文案调查法

它是通过收集旅游景区内部和外部各种现有信息数据，从中择取与此次市场调查主题有关的内容，进行分析研究的一种调查方法。

（2）实地调查法

实地调查法又称直接调查法，是在周密的调查设计和组织下，由调查人员直接向被调查者收集原始资料（第一手资料）的一种调查方法，主要有询问法、观察法和实验法。询问法是把研究人员事先拟订的调查项目或问题以某种方式向被调查者提出，请求给予答复，由此获取被调查者或消费者的动机、意向、态度等方面的信息的调查方法。观察法是由调查人员直接或通过仪器在现场观察调查对象的行为动态并加以记录而获取信息的一种方法。观察记录的内容主要是消费者数量、消费者类型及其活动类型，活动发生的时间、地点、频度和持续时间等。实验法来源于自然科学研究的实证法，是指把实验对象置于特定的控制环境下，通过控制外来变量并测量变量变化对实验结果的影响，来发现变量间的因果关系，以获取特定信息。

2. 问卷技术

询问法是收集第一手资料的主要方法之一，而问卷是询问调查最常用的工具，了解并掌握问卷的制作是市场调查人员的基本功，也是市场营销人员的一项重要技能。

（1）问卷的基本结构

①问卷的标题，如“旅游景区游客满意度调查”。

②问卷说明，说明调查的目的意义、填表的方法和要求等。

③被调查者的基本情况，如性别、年龄、民族、文化程度、职业、收入等主要特征。

④问题，问卷的主体和核心部分。

⑤编码，以便分类整理和统计分析。

（2）问句的基本类型

问句的编写关系到调查所获得的信息的数量和质量，主要包括开放式问句和封闭式问句两种类型。开放式问句不需要事先拟订答案，让被调查者自由回答，充分发表意见，又称为自由回答式问句，如“你对××旅游景区有什么看法或意见”。封闭式问句的问卷表中需要列有问题的各种可能答案，被调查者从中选择回答，主要有以下方式，见表8－3。

表8－3　　封闭式问句的类型

序号	问句类型	说明	示例
1	是非问	被调查者只需回答“是”或者“否”	您到本市会到本旅游景区吗？ ○会○否

续 表

序号	问句类型	说明	示例
2	多项选择问	对一个问题列出若干个答案，被调查者从中选择一个	您认为我们旅游景区在哪些方面具备优势？ ○设施齐全○服务优良○位置方便 ○价格便宜○旅游景区形象突出○开发有特色 ○其他
3	顺序问	由被调查者根据自己的认识程度及爱好程度对所列出的答案定出先后次序	本旅游景区最能满足您的需要的项目有哪些？ ○漂流○沙滩游泳○乘快艇○森林爬山 ○探险○垂钓○骑马○棋牌○烧烤○露营○历史寻踪○其他
4	量度问	由调查者把提出的问题分不同程度列出答案，由被调查者选择	您对旅游景区服务： ○满意○较满意○一般 ○不太满意○不满意

3. 提问的方法

要想得到较高的回答率，需要有良好的提问技巧。

（1）所提问题必须简短，以免造成对方的混乱，如“您认为在旅游市场竞争日益激烈的今天，旅游企业不计成本，以零团费或负团费去吸引游客，通过导游在旅游过程中诱导游客购物来取得旅行社利润，由此引起游客的不满，投诉增多，影响了旅游行业诚信，从而阻碍了旅游行业可持续发展的做法是不是应该受到批评”这样的长句式提问，就很难得到满意的回答。

（2）直接提问与间接提问相结合，如“你认为我公司旅游产品的广告有效吗”这样的直接提问，很可能得到的是虚假的答案。如果改为间接提问“您认为市场上的旅游产品的广告哪一个给您的印象最深”，得到的答案显然更可信。

（3）不要直接提及商品的牌子，如“清新温泉度假村是市场上最好的温泉度假村吗”的提问方式，最好换成“您认为市场上现有的温泉度假村，哪个品牌最好”。

（4）回答问题不需要太多的专业知识，如“你认为未来十年中国度假旅游产品方面会取得哪些进步”“你记得观光旅游产品在广州市场的销售额是多少吗”“昨天你在电视上看了几则旅游产品的广告”这样的提问，一般人难以回答。

（5）问题不能有争议性或多重解释，如“南湖国旅好还是广之旅好”“观光旅游产品好还是度假旅游产品好”，让人很难做出回答。

（6）不要涉及别人的隐私，如在确定对方是否是本公司产品的购买者时，如果提出“您的月收入是多少”这样的问题，一般不易得到真实的回答。

（7）个人问题放在最后，如回答者的姓名、性别、年龄、教育程度等，以免在一开始就让对方觉得难以接受，从而影响答案的准确性。

4. 问卷形式的选择方法

问卷的表现形式如何，对调查的成功与否有很大影响。在邮寄问卷调查时，问卷的形式直接关系到回收率的高低。较好的问卷形式应注意以下几点。

（1）问卷纸张大小。如果问卷设计需用一张 8 开的纸张，最好采用两张 16 开的纸张来代替。纸张太大会给对方造成心理压力。

（2）第一印象。问卷表面设计应明快、简洁、庄重，纸张较高级，像是一份正式文件，不要粗制滥造。

（3）单面印刷。问题只印刷在问卷的单面，每个问题都必须给对方留下足够的空间用于回答。如果第一条问题的留空就太紧张，则对方将不会继续回答下去。

（4）条理清楚。所有问题的列出必须一目了然，以方便阅读和回答。

（5）亲自设计。必须由市场销售和调查人员亲自设计有针对性的专用问卷，不要请其他人员代劳，也不要照抄别人的调查问卷。

（6）统一编号。每张问卷都在右上方印上统一编号，以便查阅和管理，同时也让对方感觉到调查的严肃性，以收到更好的效果。

广州越野旅行社开发了一项野外拓展训练的旅游产品，主要为了满足企事业单位人力资源部门进行组织文化建设和员工培养方面的需求，为了调查该项目的市场接受程度，旅行社设计了如下问卷，以获得所需要了解的市场信息。

越野旅行服务的市场调查问卷

请您先读下面这段话，然后仔细回答下面的问题。

广州越野旅行社有限公司是一家为广东企事业单位组织开展野外拓展训练和旅游服务的旅游企业，它提供的越野旅行与企业自己组织的风光旅游完全不同，是一种新颖的锻炼企业职工意志的独特活动。这项活动由专业人员带领，适合 10 ~ 15 人的小组。主要旅行活动有爬山、涉水、徒步旅行、野营等。让员工参与这项活动预计能为企事业单位带来以下好处：发展员工内在和外在的职业联系和领导才能；培养员工之间的合作精神和解决冲突的能力；使员工受到体质和精神上的磨炼，并留下难忘的经历。

现在，请您回答以下问题。

1. 请问：在收到本问卷之前，您是否知道有为企业组织的越野旅行活动？

○是○否

2. 您的企业派员工参加过下面哪种旅行活动？

○观光旅行○越野旅行

3. 就您所知，这种旅行的参加者对下面几个方面的满意程度如何？

数字 1 ~5 表示满意的程度，1 表示不满意，5 表示非常满意

	○不满意				○非常满意
食物	1	2	3	4	5
住宿	1	2	3	4	5
导游	1	2	3	4	5

活动类型　　1　2　3　4　5

总的感觉　　1　2　3　4　5

4. 您的企业对参加越野旅行感兴趣吗?

数字1~5表示感兴趣的程度,1表示不感兴趣,5表示很感兴趣

○不感兴趣　○很感兴趣

1　2　3　4　5

如果不感兴趣,为什么?

---

5. 以下几个方面对您企业文化建设的重要程度如何?

数字1~5表示满意的程度,1表示不重要,5表示非常重要

	○不重要　○非常重要
(1) 建立职业关系	
企业内部	1　2　3　4　5
企业外部	1　2　3　4　5
(2) 解决冲突	1　2　3　4　5
(3) 在员工中培养领导才能	1　2　3　4　5
(4) 观察员工的领导才能	1　2　3　4　5
(5) 使员工身体健壮	1　2　3　4　5
(6) 使员工在精神上坚强	1　2　3　4　5
(7) 奖励员工	1　2　3　4　5

6. 您认为访问卷面描述的越野旅行活动对实现下述各个方面是否有帮助呢?

(1) 建立职业关系	○是	○否
(2) 解决冲突	○是	○否
(3) 在员工中培养领导才能	○是	○否
(4) 观察员工的领导才能	○是	○否
(5) 使员工身体健壮	○是	○否
(6) 使员工在精神上坚强	○是	○否
(7) 奖励职工	○是	○否

7. 如果可能,您的企业最可能在什么季节派员工参加这种越野旅行活动?

○冬季○春季○夏季○秋季

8. 如果可能,一年中您的企业将准备几次资助员工参加这种越野旅行活动?

○一次○两次○三次○三次以上

9. 如有可能,估计每次派多少人参加?

○3~7人○8~12人○12人以上

10. 估计每次参加越野旅行的平均时间是多少?

○1~3天○4~7天○7天以上

下面的问题跟越野旅行的具体内容有关。

11. 您的员工是否自己准备食物?

○是○否

12. 您认为越野旅行的强度应是

数字 1～5 表示艰苦的程度，1 表示紧张、艰苦，5 表示不紧张、艰苦

○紧张、艰苦　○不紧张、艰苦

1　2　3　4　5

13. 您认为越野旅行应包括什么活动？

○爬山○钓鱼○徒步行走○野营○游乐○其他

14. 您认为下面的活动危险程度有多大？

数字 1～5 表示危险的程度，1 表示程度低，5 表示程度高

	○程度低				○程度高
爬山	1	2	3	4	5
徒步行走	1	2	3	4	5
游泳	1	2	3	4	5
钓鱼	1	2	3	4	5
野营	1	2	3	4	5

15. 贵企业哪些方面的员工可能被选择参加这样的活动？

○上层管理人员○财务○营销○人事○生产○研究○其他（请注明）________

16. 您是否会把不同职能部门的员工放在同一旅行团体里？

○是○否

17. 您是否认为员工的家属可以参加这样的越野旅行？

○是○否

18. 您认为贵企业参加这种越野旅行的可能性有多大？

数字 1～5 表示可能的程度，1 表示不可能，5 表示很可能

○不可能　　○很可能

1　2　3　4　5

您的企业的主要产品类型是什么？________

您的企业员工人数：________

请问您的企业在哪个城市？________

请问您的企业常为员工组织些什么类型的户外活动？

____

请问您目前的职务：________

请您自由地发表一点看法：________

技能训练

市场调查问卷的设计：海燕旅行社要开发适合大学生市场的旅游产品，请利用问卷调查法设计一份问卷，针对大学生市场做一个调查，了解大学生对何种旅游吸引物感兴趣，喜欢哪种形式的旅游，旅游可以承受的费用，旅游的时间等信息。

五、旅游景区市场预测

旅游景区市场预测就是在旅游景区市场调查获取大量信息的基础上，运用科学分

析方法和预测技术，对旅游景区市场未来一段时间内的发展趋势做出分析与判断。旅游市场预测是旅游市场调查的延续，是开展旅游景区市场调查的重要目的。旅游景区市场预测的内容，步骤和方法如下：

（一）旅游景区市场预测的内容

旅游景区市场预测的对象是影响旅游景区经营的各种因素，这些因素中的宏观政治、经济等因素是大多数市场预测的宏观背景，是各种预测的基本要素。一般说来，旅游景区市场预测的主要内容是直接影响旅游景区经营的以下各方面因素。

1. 市场环境

市场环境主要包括市场需求、客源变化、消费结构变化等。

2. 市场竞争

市场竞争主要包括市场规模容量、市场占有率、市场价格、竞争对手等。

3. 旅游景区经营

旅游景区经营主要包括接待能力、接待量变化、经营成本、经营效益等。

（二）旅游景区市场预测的步骤

1. 确定预测目标，拟订预测计划

首先，要明确此次预测要达到什么目的，解决什么问题，确定预测的目标、对象；其次，拟订预测计划，并在其中对预测的时间、范围、组织机构、人员分工、实施步骤、预测方法等做出具体安排。

2. 收集和整理资料

首先，通过各种渠道，收集与预测目标有关的资料，即进行广泛而有针对性的市场调查；其次，辨析信息的真实性、准确度，剔除虚假的、不可靠的资料；最后，分类整理，使之便于检索利用。

3. 分析资料间的关系，进行分析预测

通过适当的分析方法，对材料进行定性或定量的分析，从各因素相互影响的关系和历史趋势中，推测未来市场变化的规律和可能。在进行定量预测时，往往通过建立数学模型更直观和精确地进行分析预测。

4. 得出预测结论，提交预测报告

在完成研究预测过程，得出预测结论后，应提交预测报告。预测报告是整个预测工作主要的实物结果，是研究成果信息传递的主要工具。将预测报告提交到领导决策层作为决策依据后，整个预测工作才算完成，当预测结果最终应用于旅游景区经营计划或规划时，预测工作才算发挥了应有的作用。

（三）旅游景区市场预测的基本方法

国内外实际运用的市场预测方法已达50多种，但基本上都可归于定性分析和定量分析两种方法。

1. 定性预测

定性预测就是预测者凭借自己的知识、经验、分析能力，通过对有关资料的分析，对预测对象的未来发展趋势做出性质和程度上的估计、判断和推测的一种预测方法，也称为经验预测或主观预测。

2. 定量预测

定量预测是以掌握的大量数据资料为基础，运用统计方法和数学模型来分析数量变化的规律和数量之间的结构关系，对市场未来变化趋势做出数量测算的方法。最常用的是时间序列预测法和回归预测法。定量预测可以完全避免定性预测中的主观片面性，其预测结果往往能十分确切地表明未来的发展水平，可信程度较高。

第三节　旅游景区的 STP 营销

任何一个旅游景区向旅游市场提供的单项旅游产品都不可能满足所有需要，旅游景区的经营者有必要根据旅游者不同的消费特点区分出不同的旅游消费市场，将整体旅游市场划分为不同特点的细分市场，如度假、观光、会议、商务、探亲访友、文化交流、宗教、考古、体育等旅游市场。在对市场进行细分后，旅游景区便可以从中选择自己的目标市场，再根据目标市场的需要，确定营销组合，以便有效地为目标市场服务。这就是所谓的“STP”营销。

一、旅游景区的市场细分

市场可以分为“同质市场”和“异质市场”两类。同质市场即消费者对商品的需求和对企业的经营策略的反应有一定的一致性，它是由需求基本相同的顾客组成的市场。企业经营者面对此类市场提供统一的标准化产品就能满足顾客需要，只需采用整体性市场策略而不必细分市场。然而，旅游景区所面临的市场却并非简单的同质市场，因为旅游者的需要和偏好千差万别，这些具有不同需要和要求的游客所组成的是异质市场。旅游景区市场细分就是将错综复杂的异质市场划分为若干个具有相同需求的亚市场，从而使旅游景区有效地组织分配有限的资源，开展各种营销活动。在现代旅游市场竞争激烈的情况下，一个旅游景区要占领一定市场份额并得到发展，必须善于分析市场，从中寻找市场机会，在发现有利于本旅游景区发展的细分市场上积极有效地调配各种资源，科学营销，以获得满意的经营效果。

（一）旅游景区市场细分的作用

旅游景区市场细分的实质就是选择属于不同类型的顾客，通过识别具有不同需求的顾客群，将整体市场划分为不同类型的市场。这种细分的意义在于发现市场机会，开发占领对旅游景区具有价值的市场。旅游景区市场细分在旅游景区营销活动中具有以下几个方面的作用。

1. 有利于发现新的市场机会

通过市场细分，旅游景区可以对每个细分市场需求状况进行了解，掌握不同顾客群体的需求满足程度，了解哪些顾客群体的需求得到了满足，哪些顾客群体的需求尚未得到满足或未完全得到满足；还可以分析比较不同细分市场中竞争者的营销状况，着眼于未满足的需求或者竞争对手较弱的细分市场，寻找有利时机，开拓新市场。

2. 有利于旅游景区的市场定位

市场供求状况和旅游景区的实力有限，一个旅游景区难以在整体市场或者较大市场上建立自己的竞争优势。特别是中小旅游景区，通过市场细分，可以根据自身的实际情况，寻找并集中服务于某一细分市场的顾客，推出相应的营销策略，避免与大旅游景区进行直接竞争，使中小旅游景区同样在市场上占据一席之地。

3. 有利于提高营销策略的针对性

通过市场细分，各个目标市场的特征明确，旅游景区可以更加清楚地了解目标市场顾客的需求和欲望，有针对性地收集细分市场的信息，使旅游景区能迅速调整市场策略；同时，市场细分还能使旅游景区比较容易地了解目标市场的顾客对营销策略的反应，营销人员可以有针对性地选择促销媒介和技巧，进行准确的定位。

4. 有利于提高营销效率

通过市场细分，旅游景区可根据目标市场的特点集中使用人力、物力和财力等各种资源来满足顾客需求，提高经济效益；同时，旅游景区还可以根据市场需求的变化准确调整产品和服务的结构，使旅游景区的产品和服务适销对路，扩大销售，提高资金使用率。

（二）旅游景区市场细分的原则

市场细分的重要性决定了进行市场细分时应特别慎重，对旅游景区进行市场细分，既不能过于粗略，忽视顾客需求的差异，又不能过于琐碎，使细分市场失去经济意义。市场细分要有实用价值，必须坚持以下原则。

1. 可衡量性原则

有效地市场细分必须使各个子市场之间界限明确、特征各异，可相互区别，即细分市场具有明显的需求差异，并且这些差异可以用具体的指标加以衡量。

2. 有效性原则性

细分出来的市场必须足够大，在市场容量上达到一定的规模，并且有较好的发展前景，才保证旅游景区有利可图。这就要求旅游景区对于市场既要采用市场细分来寻找机会，又不能分得太细、太小。

3. 可进入性原则

通过市场细分所形成的子市场应该是可以进入或能够占领的，旅游景区选择一个不能进入的市场是毫无意义的。

4. 稳定性原则

细分出来的市场能在一个较长的时间内保持较好的稳定性。旅游景区的投资建设以及回收的周期往往很长，如果旅游景区还处在建设期间，细分市场就已经发生了变化，这对于旅游景区来说将是致命的打击。所以，旅游景区应该尽量选择那些具有长期、稳定购买力的市场。

5. 竞争优势原则

旅游景区进行市场细分，要选择目标市场并进入该市场，而有的细分市场已经有了一些竞争对手进入，如果本旅游景区没有任何优势，就难以在该细分市场生存，所以，旅游景区市场细分后所选择的目标市场，应该是能够形成旅游景区独特优势的细分市场。

（三）旅游景区市场细分的方法

旅游市场细分的方法与一般市场细分无本质差异，都以消费者需求的差异性为基础。这种差异性表现在消费者的生理特征、社会经济地位和心理性格等方面。因此，旅游景区营销者可以使用许多标准进行市场细分，常见的方法有消费者人口统计细分法、地理细分法、心理细分法和购买行为细分法。

1. 地理因素细分

地理因素细分，是一种传统的也是最受重视的细分方法。地理细分因素包括地区、气候、人口稠密度、城市规模等。消费者不同的地理分布特征与旅游景区的旅游需求之间有重要的关联性，了解一国或地区的人口地理分布，了解各地区的自然环境对人们形成的影响，了解城市与农村生活环境的区别，对旅游景区营销有重要作用。

2. 人口统计细分

旅游者人口统计因素一般包括性别、年龄、职业、收入、家庭结构、社会阶层、受教育程度等，游客的需求、爱好往往同这些因素密切相关。

不同年龄阶段的人在旅游内容、时间、方式、价格观念上存在很大差异。

家庭是社会的细胞，是旅游活动的重要消费单位。一般来说，无子女的家庭和有子女的家庭的游乐方式不尽相同。新婚不久的无子夫妇由于购买力高、闲暇多，对度假型旅游景区兴趣较大，并且旅游时间较长；有子女的家庭，是邻近娱乐型景点的重要细分市场。老年夫妇则多倾心于游玩节奏较慢、与其生活阅历相关的观光型旅游景区。

旅游属一种精神消费活动，客观上要求消费者有较高的层次，具有一定的社会地位、经济和文化条件。社会阶层及文化程度不同，出游的目的不同，从而对旅游景区的选择也不同。例如，观光型旅游景区的主要客源市场多为具有中等社会地位和中等教育的旅游者，而科教型景点的市场潜力则来自学生旅游市场。

3. 心理行为细分

心理行为属消费者主观意识所导致的行为，比较复杂。从心理行为进行细分，主要是从旅游者的个性特征、生活方式等方面去分析。按照生活方式细分市场，主要根据人们的消费倾向、行为习惯、对周围事物所持的价值观念等细分。不同生活方式的旅游消费者中，按自我意图行事者比需求促使者和按外界标准行事者更有可能旅游，因为他们富有创造性，较易冲动，喜欢时尚，爱好户外活动，追求内心发展。因此，不同类型的旅游景区对不同心理特征的旅游者具有不同的吸引力。充满冒险性、富有刺激性的旅游活动对渴望在旅游中获得新感受的冒险者来说吸引力强；但对于追求舒适者，有吸引力的旅游景区则是观光娱乐型的。从心理需求角度进行细分，对旅游景区营销人员也有很大指导意义。

4. 消费行为细分

消费行为细分，这种细分方法需考虑的细分因素，包括消费动机、频率、服务及价格的敏感程度、广告的敏感程度等。旅游景区根据自身提供的旅游产品的具体情况，必须有选择地按不同因素来细分客源。自然旅游景区适宜吸引以度假、休闲或会议为目的的旅游市场客源，而人文旅游景区适合吸引以文化交流、科技、教育等为目的的旅游者。以娱乐为主要内容的旅游景区根据游客出游时间、结伴方式等来划分市场是有效的方法。对旅游景区营销管理者来说，熟悉、了解一年中、一季度中、一个月或一周里的哪些时候客流量最多，以及通过何种购买方式，呈现什么规模结构等，对于有效地制订营销组合策略是十分必要的。

二、旅游景区目标市场的选择

（一）选择目标市场的依据

目标市场的选择，是旅游景区制订正确的营销策略和营销组合的前提条件，直接关系到旅游景区的兴衰成败和未来的发展。因此，必须对细分市场进行准确的评估，再根据竞争情况来进行选择。

1. 市场规模及其增长潜力

旅游景区准备开发的客源市场人数要足够多，消费能力要足够强，要具有适当规模。所谓“适当规模”是一个相对的概念，是与旅游景区的规模相对应的。大型旅游景区往往重视市场规模大的细分市场，中小旅游景区会避免进入过大的细分市场。市场增长潜力的大小，关系到旅游景区销售和利润的增长。有的目标市场尽管目前规模不是很大，但随着时间的推移和环境、政策的变化，会有较大的发展。

2. 长期获利率的高低

一个细分市场可能具有适当的规模和增长潜力，但从获利的观点看不一定具有吸引力。行业利润率的高低，取决于行业的 5 种竞争力量和它们竞争力的强弱，它们是现实的竞争者、潜在的竞争者、替代的竞争者、购买者和供应者。所以，旅游景区在选择目标市场时，要考虑竞争对手构成的威胁，应避免与主要的竞争对手选择相同的目标市场而发生冲突。

3. 本旅游景区的目标和资源

有些市场虽然规模适合，也具有吸引力，但在选择目标市场时仍需考虑：第一，进入该市场，是否符合旅游景区的长远发展目标，如果不符合，就必须放弃。不同的经营项目在旅游景区中的地位不同，为旅游景区创造的利润也不同，每个旅游景区会在某一个或几个方面树立自己的特色。第二，旅游景区是否具有进入该市场的资源和能力。如果不具备，也必须放弃。旅游景区要进入的目标市场，必须是旅游景区能够有效为之提供服务的目标市场。总之，旅游景区在选择目标市场时，要综合考虑多方面的因素，既要考虑自身实力，又要考虑顾客的特点；既要看到现实市场，又要预测潜在市场；既要服务于游客，又要体现旅游景区的经济效益。

（二）目标市场营销策略

旅游景区对不同细分市场做出评估后，就必须做出为多少细分市场提供旅游服务的决策，这就属于选择目标市场，旅游景区经营者可以采取不同的市场覆盖策略选择目标市场，包括无差异营销、差异营销和集中营销。

1. 无差异营销

无差异营销策略的旅游景区不重视各细分市场的差异性，以一套旅游产品或服务提供给整个旅游市场，把营销重点放在需求的共同处。旅游景区营销人员所开发的旅游项目和制订的营销方案都以吸引广大旅游者为目的，使用大量旅游分销渠道及大量广告。游客充足的旅游景区多采用这种策略，主要理由是节省成本，不必进行细致的市场研究和规划。

2. 差异营销

决定在两个或两个以上细分市场内经营，针对不同的细分市场分别进行差异营销的策略就是差异营销。旅游景区提供多种旅游项目和丰富的旅游内容，分别满足不同目标市场游客的需求。差异营销较适合下列情况：大型旅游风景区、度假地；市场竞争激烈；步入成熟阶段的旅游景点产品。

3. 集中营销

将旅游景区有限的人、财、物集中于几个细分市场，全力争取较高的市场份额，这是中小型旅游点旅游景区建立市场优势的有利选择。由于对某特定细分市场需求情况较易把握，同时也享有特别的声誉，故在其专门投入的旅游市场中能享受到较高的市场回报。

三、旅游景区的市场定位

（一）市场定位的概念

市场定位，并不是一个新的概念，早在多年前，美国著名的营销专家 A. 里斯和 J. 屈特就首次提出了定位概念，在以后的不断实践中，定位观念日趋成熟。“对未来的潜在顾客心灵所下的功夫，也就是把产品定位在你未来的顾客的心中”。在市场营销活动中，定位先于整体营销传播策划，指导所有的营销活动，各种传播媒体都要与定位相协调，从而使广告、公关等种种推广宣传工具整合成一体，发挥出更有实力的综合效果。对于旅游景区来说，市场定位是确定旅游景区在旅游者心目中位置的过程。

市场定位也叫产品定位，就是指旅游景区为了使自己的产品在市场和目标消费者心目中占据明确的、独特的、深受欢迎的地位而做出的各种决策和进行的各种活动。根据这一概念，消费者对市场上各种产品进行比较后，会形成对某一产品的各种属性的看法，消费者对某种产品的看法就是这一产品在市场中的地位。

1. 定位的依据来源于目标顾客的需求

定位的关键是要找出消费者心智上的坐标位置，旅游景区旅游产品要占领的是消费者的心理位置，是对消费者的心智下功夫，是“攻心之战”。将消费者的心智看成一个“靶心”，那么，定位就是将定位对象这支“箭”射向“靶心”，其命中率高低，完全取决于射手的技巧是否娴熟，经验是否丰富。对消费者的心灵掌控得越准，定位策略也就越有效。

2. 定位是对市场的发现

定位是为旅游景区在市场上树立一个明确的、有别于竞争对手的、符合消费者需求的形象，其是为了在潜在游客心目中寻求有价值的位置而做的形式上的改变。这样改变的目的是为旅游景区的生存和发展赢得更大的空间，是对适合自己的市场的发现。在定位过程中，旅游景区产品并没有实质性的改变，有的只是为了实现向消费者心智的靠近而做的修饰性变化。

（二）成功的市场定位的影响因素

1. 寻求概念与需求的结合

旅游景区的市场定位卖的就是“概念”，所以要保持概念的差异性，由此保证竞争中的有效性。定位并不是主观的意愿或好恶所能决定的，而是要综合研究竞争形势、市场环境、自身特征等因素，更重要的是目标市场对定位的认识和反应，然后结合自己的优势，体现出旅游景区与其他旅游景区之间的差别，当其体现的差异性与消费者的需要相吻合时，旅游景区的形象就能留驻于消费者心中。消费者的需要相吻合时，旅游景区的形象就能留驻于消费者心中。

旅游景区的定位要有一定的前瞻性和预见性。有时候消费者自己也不知道要什么样的东西，所以旅游景区定位不能仅满足于适应消费者的需求，而应积极地通过合理的、巧妙的、恰当的引导，在适当的时间、地点，以适当的方式去引导需求、创造需求。通过定位引导需求朝着预期的方向发展，开发出一片全新的市场。

2. 呼唤消费者的情感

现代心理学研究认为，情感因素是人们接受信息渠道的“阀门”，在缺乏必要的“丰富激情”的情况下，理智处于一种休眠状态，表现出对周围世界视而不见、听而不闻。只有情感能打开人们的心扉，引起消费者的注意。况且，旅游产品不像其他商品，它不能物质化和量化，其质量也不能用一个具体的指标来衡量，它只能根据消费者的内心感受来表现，而且不同的人购买同一旅游产品后的感觉也不会是相同的。所以渗透消费者的内心，让定位达到消费者情感的最深处，是旅游景区定位成功与否的关键。消费者的心理活动是多样的，而感情是其最为复杂又最为重要的一面。要通过对旅游景区产品各要素及营销过程注入感情呼唤消费者的情感，把原本没有生命的东西拟人化，赋予其感性色彩，从而唤起消费者心底里的共鸣。它可以通过多方面来实现，如可以通过对旅游景区的命名、设计及宣传、服务等多种手段体现出来。

3. 采用成功的表现方式

消费者的心智所能接受的信息是有限的。心理学研究显示，人脑能够同时处理的不同概念的信息单元小于或等于7个，消费者对接收入脑的不同概念的7个信息并非平等地进行处理，而是先进行阶梯排序，然后按照顺序进行处理。由于消费者记忆空间的有限性，市场定位要创造新的记忆点，不仅要挤入消费者头脑的前7位，还要力争第一，在消费者脑中树立领导者地位。定位的沟通和传播直接影响定位的效果乃至成败。因此，旅游景区在市场定位的同时，还要密切关注定位的沟通和传播的途径和方式，使定位达到事半功倍的效果。

4. 定位的变化和创新

今天的社会是不断变化的社会，旅游产品在变化，竞争在变化，消费者心理也在变化，变化是生活的一部分。在变化的环境中，曾经红红火火的旅游景区也可能在一夜之间变得门可罗雀。这便要求旅游景区在变化的环境中，抛弃过去传统的以静制动、以不变应万变的静态定位思想，对周围环境时刻保持高度的敏感，及时调整市场定位策略，提供新的服务来满足消费者的新需求，或是对原有的定位点偏移或扩大，以做到驾驭未来，而非经营过去。改变定位策略有时不只是争夺一个新市场或提高市场占有率的问题，甚至是关系到旅游景区生存的问题。在某些因素改变之后，旅游景区有时不得不放弃原有的定位。成功的经验告诉我们，在动态的市场环境中，每一个旅游景区都应当严密监视市场环境，随时审时度势，依据环境变化、竞争对手变化、消费者概念态度变化、政府宏观政策的改变，重新定位自己的产品、服务和形象，修正旅游景区的营销策略，以适应不断变化的新市场的需要。市场不是静止的，市场定位也不是静止的。

（三）旅游景区的形象定位策略

旅游者在选择旅游景区和做出旅行决策时，除了考虑距离、时间、交通方式和旅游成本等因素外，还非常重视旅游景区的感知印象这个吸引因素。事实上，那些在游客心中具有强烈而深刻印象的旅游点，往往吸引着远在千里的旅游者。定位理论的核心思想就是“去操纵已存在心中的东西，去重新结合已存在的联结关系”。旅游景区的形象似乎比一般商品的形象更鲜明而稳固。然而旅游景区的形象阶梯正随着旅游点的开发兴建热而膨胀。旅游景区类型越分越细，越细越多，各类旅游景区的个体数量也呈现规模增长，仅在我国国家级的风景名胜区已达119个，历史文化名城99座，文物保护单位近500个，近年来兴起的微缩主题公园也有20个以上，更不用说全世界会有多少历史名城、滨海沙滩、山地风光、温泉瀑布、建筑古迹、滑雪胜地、博物馆、动物园和植物园等了。旅游者身处一个被众多“旅游景区品牌”包裹的境地中，旧的形象阶梯已经很稳固，新的形象阶梯正在生长。这是在进行旅游景区个体形象定位时，所要把握的有关旅游形象阶梯的最基本特点。

1. 逆向定位

逆向定位强调并宣传的定位对象是消费者心中第一位形象的对立面和相反面，同时开辟了一个新的易于接受的心理形象阶梯。例如，美国的“七喜”饮料就宣称为“非可乐”，从而将所有的软饮料分为可乐和非可乐两类，“七喜”则自然成为非可乐饮料阶梯中的第一位了。野生动物园的形象定位也属逆向定位。它将人们心目中的动物园形象分为两类，一类是早已为人类熟识的普通笼式动物园，在中国这类动物园以北京动物园最知名，动物品种最丰富；另一类为开放式动物园，游客与动物的活动方式对调，人在“笼”（车）中，动物在“笼”外。

2. 空隙定位

比附定位和逆向定位都要与游客心中原有的旅游形象阶梯相关联，而空隙定位全然开辟了一个新的形象阶梯。与有形商品定位比较，旅游景区的形象定位更适于采用空隙定位。尽管旅游景区的数目也呈爆炸性增长，特别是同类人工旅游景区相互模仿，促使旅游景区数量剧增，但相对来说，仍然存在大量的形象空隙，旅游者仍然期待着个性鲜明、形象独特的新旅游景区的出现。空隙定位的核心是树立一个与众不同、从未有过的主题形象。以大型主题公园“世界之窗”为例，“世界之窗”的旅游形象也不是那一个个精雕细琢的世界著名“建筑”，而是黄昏和夜幕中尽情表演世界风情的各国演员。“世界之窗”的主体市场正如宣传口号“让中国了解世界”所表明的，是从未踏出国门的国内游客。在此之前，有多少人亲眼欣赏过美国的百老汇、印度的踩铃舞、俄罗斯的土风表演呢？事实上，“世界之窗”在报纸和电视的宣传广告，所突出展现并为人们永久记忆的还是那不同肤色和国别的“世界儿童”和热情奔放的异国导演。如今，北京、无锡、成都、广州各地纷纷出现类似景点，深圳的世界之窗通过进一步强化和宣传景点内部的吸引因素——外国演员和员工，树立一个全新的旅游形象，以空隙定位提高市场占有率和竞争力。

3. 重新定位

重新定位的成功之例是美国加州的重塑形象。加州的形象在旅游者心中早已浓缩、简化为空洞的概念：游泳池、沙滩、金门大桥、好莱坞。而且这些形象描述不断为其他旅游景区“借用”。加州需要重新定位。加州新形象紧紧围绕其在地理、气候、人种、文化等方面的“多样性”这个核心特点，而用复数地名“那些加利佛尼亚”为定位形象。这样，即使最不好奇的人也会询问有几个加州。“加州”一例固然包含绝妙的广告文字技巧，但它却提出了重新定位的意义。我国的主题公园或早或迟都会面临“重新定位”的问题。以深圳锦绣中华为例，当锦绣中华的发展处于游客人数下降的阶段时，为延长其生命周期，锦绣中华需要重新定位。如何重塑小人国的新形象呢？锦绣中华开始将客源市场定位于珠江三角洲区域的中小学生和各类企业青年员工，并宣传一个爱国主义教育和观摩基地的新形象，已取得了成功。

第四节　旅游景区的营销策略

旅游景区营销者在进行 STP 营销分析后，必须从目标市场中寻找自己的营销目标，将营销总设计转化为营销方案，这就要求在营销费用、营销组合和营销资源分配上做出基本决策。本节讨论有关营销组合的问题。营销组合就是用来从目标市场中寻求其营销目标的一套营销工具。营销组合的要素很多，但一般概括为 4 类，即“4P ”：产品（Product）、价格（Price）、渠道（Place）和促销（Promotion）。

一、产品策略

旅游景区在确定市场营销组合策略时，面临的首要问题是向游客提供什么样的产品或服务，以满足他们的需要。正确的产品决策，是旅游景区生存和发展的关键。

（一）旅游景区产品的概念、构成

旅游景区产品以提供游览娱乐活动为主要内容，但旅游景区不仅提供游览娱乐活动，而且需要同时提供饮食、住宿甚至交通及旅游信息服务等。

旅游景区产品有 3 个组成部分。核心部分，与活动项目、旅游吸引物、娱乐设施、旅游基础设施相结合的旅游服务；外形部分，旅游景区的服务质量、特色、设计风格、地理位置、声誉及组合方式等；辅助部分，给游客提供的便利、优惠、推销方式等。

旅游景区经营者在进行营销时，应注重产品的核心部分，并在外形部分和辅助部分上有创造性地形成自身产品的差异性，以赢得产品的部分优势。特色、风格和质量是旅游景区差异化的关键，许多旅游景区往往不惜花大力气营造自身的风格和特色，以吸引更多的游客。改进旅游景区产品的辅助部分，也是增加旅游景区吸引力的重要方面，例如，文化欣赏性和教育功能较强的旅游景区为游客提供的文字图片说明、导游服务。不同类型的旅游景区为游览者提供的辅助部分，其内容也不一样。一般来说，在自然旅游景区和娱乐型旅游景区旅游的旅游者自助能力强，客观上只需向游客提供完备的辅助设施，而对于以文教为主要旅游内容的旅游景区，就要求配备导游解说或提供必要的内容介绍。

（二）旅游景区的生命周期策略

每一种产品都是为满足消费者需求而提供的，但一种产品在时间的序列上难以永远满足需求，这是因为人们的需求包括旅游需求都处在变化之中，因此产品就有一个

由兴至衰的过程，旅游景区也是如此。一般来说，旅游景区的生命周期通常以旅游者人次和时间来衡量，分为4个阶段：市场进入期、成长期、成熟期、衰退（再生）期。在旅游景区不同生命周期阶段，营销者所采用的策略也不同。

1. 市场进入期

又称为导入期或投入期，指旅游景区按预先方案规划、开发、完成施工建设，到正式向旅游者开放的一段时期。在这一阶段，刚进入市场的旅游景区尚未被顾客了解并接受，旅游者接待人次增长缓慢；为打开市场，经营者投入较大，所以单位成本较高。这一时期营销者应致力于加大投入，创造知名度，培育市场形象，通过广告、宣传向目标市场传递信息，以刺激市场增长。市场上一般没有或较少同行竞争。

2. 成长期

当旅游景区基本被市场接受时，就进入了成长期。这时来访游客的数量稳步增长，经营者渐渐回收投资，利润上升速度快，而用于广告宣传的费用相对减少，销售成本大幅下降。在这一阶段营销者要及时抓住有利的市场机会，迅速扩大接待能力。同时努力维持产品质量，挖掘市场潜力，为防止竞争者仿效抄袭，必须着手构思新产品的开发。

3. 成熟期

在产品的成熟期，潜在顾客很少，市场需求量趋于饱和，游客总量达到最高点。此时市场上不断出现仿效者和替代产品。旅游景区利润率开始下降，用于对付竞争对手和保持市场份额的费用增加。处于成熟期的旅游景区，其营销重点应放在保护市场占有面和开拓新需求上，依靠产品价格的差异化吸引客源，开发新产品和服务项目，稳定质量创造回头客；加大促销力度，改进销售渠道。

4. 衰退（再生）期

经历成熟期后，产品便渐渐或很快失去吸引力，市场上出现新的旅游景区，市场被严重分割。这时旅游景区的游客流量明显下滑，旅游者的需求和兴趣转向新的产品，与之相伴的是经营收入迅速下降。另一种可能是旅游景区经营者预先采取产品改进方案，使旅游景区重获生命力，生命周期再次循环，产生再生期。由成熟期转入衰退期的旅游景区，经营者面临两种选择，要么采取行动退出市场，要么改进现有产品，无论何种选择，营销人员都必须对具体情况进行认真的分析研究，找出原因，以便决定采取新的营销策略。

（三）旅游景区产品组合

旅游者在旅游景区购买的旅游产品，往往包括食、住、行、游、购、娱等在内的多种产品或服务，此外，旅游景区经营者还必须联合其他旅游企业，按旅游者的需要对各旅游景区的产品进行组合，以满足各种不同的旅游需要。前者属旅游景区内部的产品组合，后者属旅游点、区之间的产品组合，为此将它们分别称为内组合和外组合。

1. 内组合

任何一个旅游景区都存在绝对意义上的内组合，只要该景点或旅游景区提供单纯游览内容以外的其他服务功能。设在一旅游点入口处的摄影服务站所提供的留影服务和景点提供的纯游览服务便构成了一种简单的内组合。景点内部及周边向游客提供的服务种类越多，这种内组合便越丰富。可以说，内组合的目的在于提供游客所需的若干服务，直至满足食、住、行、游、购、娱等多种需要。内组合的丰富程度，要视旅游景区的具体情况而定。

2. 外组合

外组合是指旅游经营部门为满足旅游者多种旅游经历而将旅游景区串联组合在一起的行为。外组合实质上是旅游经历中多个旅游景点、旅游景区的集合体。对旅游景区进行组合时，一旅游景区并不负责点、区之间的旅游服务，而单纯将旅游景区提供给游客，其他服务功能由旅行社或旅游公司去完成。在进行外组合时应注意以下问题：①与旅游线路的设计特色相匹配，如以突出水上旅游特色为目的的旅游线路中的旅游景区必须邻近水域或在水上；②进入组合的旅游景区之间必须有层次地加以组织安排；③旅游线路中组合起来的旅游景区要冷热兼顾。

我国旅游资源十分丰富，为使各旅游景区发挥最大效益，各旅游景区经营者应该时刻关注旅游市场的需求变化，加强市场调研，密切彼此之间的协作，组合出内容丰富的旅游产品，以顺应旅游业发展的趋势。

（四）旅游景区的新产品开发

随着人们旅游需求的不断变化，旅游市场上传统的观光旅游产品难以满足现代旅游者的需要。旅游景区经营者必须不断开发新的旅游产品，才能很好地生存发展。旅游景区大多依靠增加服务项目、模仿竞争者的旅游项目、改进产品质量等方式进行新产品开发，只要是旅游景区中任一构成部分的创新或改革，都属于新产品之列。旅游景区新产品，大致可分为 4 种。

1. 全新产品

为满足旅游者新的需求而创新的景点，这种景点是旅游市场上以前未出现的。全新产品往往耗时较长，投资巨大且风险性高。

2. 换代产品

这是指对现有旅游景区的旅游内容进行较大改革后形成的产品。过去许多山地旅游景区没有索道，游客只能靠步行、登爬、沿途游览。有了索道，旅游者可以在缆车内欣赏沿途旅游景区风光。

3. 改进产品

对旅游景区产品进行局部的改变便是改进产品。如有的旅游景区增设体育用品出租服务，为在旅游景区内进行体育运动的游客提供体育器材。推出改进新产品是旅游景区经营者吸引游客的一种有效手段。

4. 仿制产品

仿制是一种重要的竞争策略。旅游景区模仿市场上已经存在的产品，享有其他企业的部分推销效果，能较快获得增长的客源，故多被采用。

旅游需求日益朝着文化、保健、参与、新奇、环保、增强体验效果的方向发展，正因为如此，旅游景区经营者在开发新产品时必须对新产品进行风险性分析，并密切注意旅游产品的发展动态，以避免新产品缺乏吸引力。

二、门票价格策略

门票价格是旅游景区营销策略中的重要内容，也是旅游者较为敏感的因素，制定适当的门票价格，是旅游景区有效的竞争手段之一。

（一）影响门票价格的因素

像其他商品价格一样，门票价格受到多种因素的影响，这些因素主要如下。

1. 成本

成本是价格的重要决定因素。旅游景区产品的成本可分成固定成本、可变成本、总成本、边际成本和机会成本等。一般来说，在人造旅游景区（如主题公园）的成本中固定成本比重较大，而自然旅游景区可变成本则较大，前者的总成本大大超过后者。

2. 市场条件与环境

在完全竞争的市场条件下，价格完全由产品的供求关系决定。旅游产品的供给在某种程度上有不易变动的特点，而独一无二的某些旅游景区的门票价格体现一定的垄断性。

3. 市场需求

旅游者对某些旅游景区的旅游需求的大小与门票价格成正向变动，不同的需求情况反映到价格上就是地区差价、季节差价、批零差价。

（二）门票定价目标

旅游景区的总体目标可分解为营销目标、财务目标及其他目标。前两者直接决定定价目标。因此，我们把旅游门票价格目标具体分为利润目标、营销目标和竞争目标。

1. 利润目标

不同的利润目标直接影响旅游景区门票价格的高低。在市场竞争中处于绝对优势地位的旅游景区可以利润最大化为目标进行门票定价；在实际运营中的旅游景区难以达到理论上的最大利润，在经营者允许的基础上可以以满意利润目标来定价；追求不同投资收益率的旅游景区经营者，在定价时以理想的投资收益率为目标。

2. 营销目标

要有效地吸引和保持来访游客，意味着销售量在现有程度上必须继续扩大，门票价格就有必要进行调整。从长计议的旅游景区，扩大市场份额比提高销售量更重要，前者既有利于后者，又有利于提高收益率。具有较大市场力量的旅游景区，其营销策略的制订和实施的主动性更大。专业化的销售分工有利于产品分销效率的提高，节省企业的营销费用。调动旅游分销商销售产品的积极性，必须与旅游中间商维持良好的长期合作关系，制定能为他们带来利润的价格措施。

3. 竞争目标

把维持生存作为运营首要目标的旅游景区，必须通过制定适合顾客要求的价格来扩大需求，生存价格以不低于成本为下限。稳定价格可以树立良好形象，在旅游业中占举足轻重地位的旅游景区常以此为目标。在不同的竞争状况下，大多数旅游景区应付竞争对手时选择有利于竞争的价格调整。

（三）门票定价策略

门票价格策略是旅游景区制定价格时依循的总体指导思路，为营销人员提供解决定价中所遇问题的基本原则，它包括新产品定价策略、心理定价策略和促销定价策略

3 种。

1. 新产品定价策略

新产品定价具有较大灵活性，可以考虑弥补旅游景区开发成本或限制竞争等因素，它分为市场撇脂定价和市场渗透定价两种。

（1）撇脂定价是指旅游景区的新产品或新旅游景区投放市场时可以指定大大高于产品成品的定价，这是因为新产品较早进入市场，很少有竞争性的替代产品，需求的价格弹性小。制定高价有利于旅游景区在初级市场中培育独特的、高价值形象，使企业迅速回收投资，为市场成熟期制定价格留有余地，但若产品易被仿效和被竞争者跟随，就不宜采用此策略。

（2）渗透定价以低价位投放市场，可以迅速占领市场取得较高市场份额，达到有效排挤竞争者的目的。这种策略适宜于价格敏感型的客源市场。

2. 心理定价策略

这要求营销人员在制定门票价格时，考虑到游客情绪上对价格的反应。这种策略更适合为传统型旅游景区使用。心理定价策略主要有声望定价、习惯定价。客源较固定的旅游景区往往接受习惯定价，不宜随便改动调整，原因在于长期游览此类景点的顾客已习惯于这种价格。声望定价策略多为著名旅游景区采用，由于这类旅游景区享有行业中极高的声望，旅游者信任它而愿意支付较高的门票价格。

3. 促销定价策略

门票价格的制定应考虑到与促销活动的相互协调。促销定价策略有差别定价和特定时间定价。在旅游景区促销时，通常制定多层次有差别的价格，以此刺激游客数量的上升。许多旅游景区（博物馆、科技展览馆、风景名胜区）通常暂时或长期对学生收取较低的门票费。在特定的季节或节假日、纪念日时，利用特别事件定价来吸引更多的旅游者，从而达到促销的预计效果。

三、销售渠道策略

（一）销售渠道概念

销售渠道的概念内涵较宽，除旅游景区在其生产现场直接向来访游客出售其产品和服务的传统销售方法外，还包括旅游景区借助旅游中间商向顾客出售其产品的间接销售途径和依靠自身的力量在其生产地点以外的其他地方向旅游大众出售其产品的直接销售方式。因此，旅游景区销售渠道是指旅游景区经营者通过各种直接和间接的方式，将其旅游产品转移到旅游者手中的整个流通结构。

（二）销售渠道的类型

旅游景区产品的销售渠道可归纳为两类：直接销售渠道与间接销售渠道。直接销售渠道是指不经任何中间媒介，将旅游景区这一旅游产品直接销售给顾客的途径；间接销售渠道则意味着产品经由旅游中间商转移到顾客手中的途径。

1. 直接销售渠道

从世界各地旅游景区的销售实践来看，这类渠道多限于一种模式，即旅游景区向登门来访的游客直接出售门票的传统销售方式。在这种传统模式中，旅游景区在其坐落地扮演着零售商的角色。旅游景区基本仍以这种销售门票方法为主。直接销售最明显的优点在于节省付给中间商的费用。另一种有选择地采用的直销方法是旅游景区营销人员直接组织客源，这对一些旅游景区来说也不失为一种有效的销售方式。

2. 间接销售渠道

经由旅游中间商进行间接销售，主要是指通过旅行社、旅游公司、旅游代理商、旅游批发商、旅游协会等机构来组织吸引客源。有的旅游景区选用多种组织与旅游中间商来销售自己的旅游产品。

（三）销售渠道的选择与设计

旅游景区在选择、设计销售渠道时，必须统筹兼顾多方面的情况。一般来说，选用销售渠道的主要评判标准如下。

1. 目标市场

旅游景区目标市场的远近及其客源类型，决定着是直接销售还是间接销售以及选择哪类旅游中间商。

2. 坐落地点

旅游景区所处的地点对吸引游客有很大影响，区位较好的旅游景区更适合直接销售。

3. 旅游中间商的经营规模

其规模大小意味着其销售网点的多寡，一般情况下应优先考虑选择经营规模较大的中间商。

4. 旅游中间商的信誉及营销能力

信誉好、营销能力强的中间商更易被旅游景区经营者所选择并建立合作关系。以间接销售为主要手段的旅游景区，应在选择销售成员时形成合理的组织结构，兼顾各类旅游中间商，以免遗漏有效的销售空间。

设计销售渠道，往往与总体营销计划相互结合进行，其设计步骤大致为，分析目标市场客源的具体特征—确定销售目标—选择销售策略—确定合适的销售成员。

四、促销策略

现代营销者不仅要求将有吸引力的旅游产品和价格推向旅游市场，以易于使旅游者获知并接受，还必须与目标顾客进行沟通，担负起信息传播者和促销者的角色。研究旅游景区促销策略，对于有效地诱发旅游者购买动机、拓宽客源、提高销售量以及树立品牌形象都具有重要的作用。

（一）促销的概念及其作用

旅游景区促销是指营销人员为提高游客来访量，促发目标顾客购买动机，通过向市场传递自身旅游信息而采取的综合行动。促销策略与其他 3 种策略一样，在旅游景区的营销活动中占有重要地位，特别是服务产品产销一致性的特点使促销的重要性显得更加突出。通过促销所树立的旅游景区形象，会影响产品、价格和销售的策略实施，而促销实际操作又必须以 3P 为基础。促销在旅游景区经营活动中主要起 3 个作用。

1. 信息作用

让消费者知道有关旅游景区的信息（坐落地点、服务项目、特色、风格等），能有效克服旅游景区不可转移性的特点，缩短经营者与旅游消费者之间的距离。在如今旅游市场范围快速扩张的现代社会生活中，人们渴望方便低廉地获得更加丰富的旅游信息，这对旅游景区采用多种手段传递旅游信息提出了更高的要求。旅游景区促销活动的核心就在于与旅游大众沟通信息，引起目标群体的注意，从而帮助旅游景区接待更多的来访者。

2. 诱发作用

在激烈的旅游市场中旅游景区通过促销自己的特色和差异，能有效地诱发消费者来访的欲望。促销的关键就在于突出旅游景区自身与竞争者之间的差异，让人们感知到其能带来的独特利益，从而激发人们对游览地区有所了解，产生好感，继而形成出游的动机和需求。如何有效诱发人们的出游动机，是旅游景区营销活动促销工作中的重要一环。

3. 树立形象

树立旅游景区在一地或国际市场上的形象，是旅游促销的重要使命。许多研究表明，旅游地的良好形象不仅能积极推动旅游者购买的热潮，而且对于挖掘旅游市场潜力有重要意义，不可低估。通过促销树立形象是一项系统工程，需要各旅游景区以及旅游管理部门的长期努力和通力合作。

（二）旅游景区促销常用的工具与策略

在旅游景区的营销活动中，促销工具往往结合其他营销手段，共同实现预期的营销效果。根据旅游景区信息传播的不同方式，促销所采用的工具有广告、销售促进、公共关系和直接营销，每一种工具对应不同的策略方法。

1. 广告

旅游景区广告是指通过购买宣传媒介的空间或时间，向特定的公众或旅游消费市场传播旅游景区信息的营销工具。根据所选择的媒介，旅游景区广告可分为下列形式：大众传媒广告，这包括报纸杂志广告、电视广告、广播广告；户外广告，户外牌、广告画、交通工具广告、空中广告；印刷品广告，旅游画册、招贴画、旅游手册、宣传小册、明信片、挂历、清单等；电子广告，录像带、VCD盘片、电影等。

旅游景区广告一方面可以帮助旅游景区树立长期形象，另一方面也能在短期内促进销售。由于使用媒介的不同，不同广告形式之间的预算差别可能非常大。由于旅游产品与其他产品有不同的特点，在进行广告宣传时，旅游景区自身单独做广告的同时，往往依托当地的环境与其他旅游景区或饭店企业联合做广告，或由旅游管理部门承担部分营销工作，以吸引境外游客。

不同类型的旅游景区往往采用不同的广告形式。客源型旅游景区多在地方大众媒体花费较多的代价，集中力量进行广告宣传，电视台、电台及当地报纸是重要的宣传阵地，同时还使用印刷品广告，在人群密集地带如商业中心、车站、机场等地向游人广为散发。资金实力雄厚的新景点还会采用户外广告形式，营造气氛，刺激旅游需求。对于大型的以观光游览为主题的传统旅游景区，在联合对外促销时，常采用印刷品广告和电子广告的形式宣传旅游景区群。另外，旅游景区处于不同的生命周期阶段，选择的广告目标也有不同的技巧。广告的目的可分为通知型、说服型和提醒型3类。通知型广告主要用于旅游景区的市场开拓阶段；说服型广告适合旅游景区的市场宣传，任何生命周期阶段都可以采用；成熟期采用提醒型广告，有意想不到的效果。有一幅夕阳中的科罗拉多大峡谷的旅游广告画，画面无一字，仅一幅照片，照片中宁静而壮美的意境对于去过或没去过大峡谷的游客，都能产生强大的感染力。

2. 销售促进

这是一种鼓励人们来访的短期刺激活动，促销的对象主要有3种：旅游者、旅游中间商、推销人员。针对旅游者进行的促销手段通常是赠送纪念品、宣传品、实物礼品或赠送折价券，以及减价和进行抽奖。为达到使游客留下印象、向他人推荐或鼓励重游的目的，旅游景区可以向旅游者赠送旅游地风情画册、特产、纪念品，也可以让游客享受购物优惠。针对中间商的销售促进活动，目的在于扩大和增加旅游景区同顾客之间联系的渠道，向中间商提供不同层次的优惠折扣，对于提高游客接待量有重要意义。这种销售促进除可采用以价格为中心的手段外，还可以采用展览的方式进行。针对销售人员的销售促进也是旅游景区加强促销的常用方法，目的在于调动推销人员的积极性。

3. 公共关系与宣传

根据菲利普·科特勒的观点，公关活动中的公共宣传和促销的关系很密切。他认为公共宣传就是："以不付费的方式从所有媒介获得编辑报道版面，供公司的顾客或潜在顾客阅读、看到、听到，以帮助达到特定销售目的的活动。"旅游景区的公共关系与宣传活动主要针对新闻界和社会公众来进行。正像科特勒所说的那样，与新闻界关系的目标，是将有新闻价值的旅游景区信息通过新闻媒体的传播来引起人们对旅游项目或服务的注意。旅游景区一般都比较强调针对游客的公关活动。据统计，旅游业中有50%以上的顾客是通过朋友、熟人介绍来的。把每一位客人都看作公关的对象，其效果并不比利用新闻界差。旅游景区要与新闻界和社会公众建立关系，应慎重选择公共宣传的内容，这就必须去寻找和创造有宣传价值的新闻。旅游景区营销人员要具有新闻敏感性，寻找旅游者关心的焦点问题，如奇特的风土人情、重大庆典活动及体育比赛、旅游地趣事。创造新闻需要高度的技巧，如举办展览、艺术表演、舞会及比赛、演唱会、请知名人士光临等。创造出来的新闻一定要有特殊的价值，否则就会趋于平淡。

4. 直接营销

直接营销是一种不使用中介环节，浓缩促销活动的行为。近年来，由于社会、经济和科技的进步和发展，旅游业中直接营销逐渐被采用并且趋于多样化，包括门市销售、邮购、电台和电视台直播、电子销售等形式。这些促销形式的共同特点是直接刺激顾客加深对某旅游景区的游览欲望。这里着重讨论两种适于旅游景区采用的直接营销方式：一为组织购买，二为电子销售，对于传统的门市销售不做叙述。

第一种方式是旅游景区通过推销人员直接向组织寻求购买反应来增加游客数量。使用这种方法的推销人员结合门票价格的优惠措施或其他活动，与目标顾客或组织建立良好的关系。对存在特定客源市场的旅游景区来说，采用向组织推销的直接营销方式往往能获得数量可观的顾客，而且客源稳定。如上海浦东孙桥现代农业开发区作为一新型农业科技教育基地，在成为旅游吸引物后获得了一个重要客源市场——学生市场。每年前来参观的学生及其他团体络绎不绝，这无疑得益于其旅游接待部有关人员向教育组织进行的推销活动。我国各地的博物馆也同样可以采取这种方法提高游客接待量，以拥有稳定可观的客源。

第二种方式是电子销售。这种方式在我国仍属一种新式的销售促进方法，这包括视频信息系统和网上信息系统。目前在我国部分旅游景区已采用这两类信息系统，但为数不多。用于旅游景区的视频信息系统为游客提供旅游信息咨询服务，是一种计算机信息库的单向装置，游客可以通过视频查询到自己感兴趣的旅游信息。该类装置多摆放在繁华商业区、旅游信息咨询中心、大型旅行社门市、高星级饭店内或旅游景区周围等旅游者较密集的地方。视频信息装置能提供给游客包括声音、图像、指示图和文字说明等体现旅游内容的综合信息，寓宣传于服务之中，促销效果显著。网上信息系统作为信息宣传手段的出现，是在视频信息系统之后的事情。旅游景区将地区的旅游节目制作成声情并茂、丰富多样、形式灵活的网页，供网上访客查询，是高效、低成本、无障碍宣传促销的最佳手段，是真正实现旅游信息提供的现代化。借助现代数码摄影技术和特殊软件的支持，游客访问旅游景区的网站可以享受到身临其境的动静相结合的绝佳感受。正因为网上信息系统带来的独特宣传促销效果，这种销售方式已经成为各类旅游企业的重要营销手段之一。

电子销售这种直接营销方式为旅游者提供了方便、有趣、快速这一系列好处的同时，也给旅游景区营销者提供了更广泛的潜在市场。

迪士尼：体验式的商品营销

迪士尼公司是世界大型娱乐性企业集团，成立于1955年，自创建以来，该公司一直致力于娱乐业的发展。公司的主要业务有5项：媒体网络、影视娱乐、主题公园和游乐场、相关产品、互联网和直销。影视娱乐业务包括生产制作和购买各种电影电视节目及动画片，并将其产品向影院、家庭录像和电视市场销售。主题乐园和游乐场业务包括各类迪士尼主题乐园及旅游设施的建设与管理。消费品业务包括迪士尼动画形象专有权的使用与出让、品牌产品的生产和销售、相关书刊和音乐作品的出版发行等。互联网与直销业务包括在线的各种活动。

由于迪士尼作品中的卡通形象的巨大影响力，对于其形象的相关产品的制造和销售也是迪士尼的主要经营领域之一。迪士尼的成功对我们具有重要的启迪和借鉴作用。

迪士尼商品的营销策略如下。

一、产品策略：销售娱乐文化

随着精神享受、娱乐休闲方面需求的日益增大，企业已经开始注重开辟娱乐市场和文化市场，而领导潮流者，当属美国的迪士尼。如今，销售欢乐的迪士尼已建立起全球最大的娱乐帝国。可以说，现在人们一提起迪士尼便会想到家庭娱乐、想到“米老鼠”。靠着“在娱乐之中学习知识”的诀窍，迪士尼成了名留青史的企业巨头，开创并主宰了一个全新的卡通世界。迪士尼的产品策略就在于在“产品”上不断求变，不断给予产品娱乐文化内涵。迪士尼不以创作卡通为限，而是朝着全方位的家庭娱乐组合发展，包括电影电视、主题公园、都市规划以及多种多样的消费品。

1. 以卡通形象带动商品销售

迪士尼的创始人即世界动画片泰斗华特·迪士尼，他创作出来的米老鼠、唐老鸭、白雪公主、匹诺曹等童话动画形象日复一日、年复一年地牢牢地占领着数不清的各国儿童的心。他以创造“米老鼠”卡通片起家，他创作的米老鼠形象自1928年在《威利汽船》一剧中问世以来，名噪全球，几乎代替了山姆大叔而成为美国的象征，同时也迷倒了整个世界。1933年米老鼠手表开发问世，仅两个月就售出了200万只。此后，诸如米老鼠图案的糊墙纸、麦片包装盒、米老鼠造型的电影机等米奇系列产品相继问世，深受消费者的青睐。

2. 以电影引领消费时尚

迪士尼之所以能在全球产生经久不衰的影响力，还必须看到它在技术、艺术和商业上的成功。每年迪士尼都推出一部动画片电影，为了保证动画片在市场上取得成功，迪士尼旗下的广播、电视、报纸、杂志、录音和录像制品、纪念品、影院、广告以及主题公园都会同时启动，共同进行市场推广。

比如，当某一部电影开机时，迪士尼所有相关公司就着手规划相关产品的销售，广告公司开始铺天盖地地造势，书籍开始进行设计和印刷，玩具和纪念品着手制造，电视广播进行宣传，因此，整个公司围绕此产品形成集团化生产，各尽其职。

真正等到播出时，所有附属产品都已推向市场，这种多元化、立体化的市场宣传形成了强大的营销攻势，营造出时尚的消费潮流，自然为产品的成功奠定了良好的基础。

以1993年发行的《阿拉丁》为例，这部电影在当年就创造了4.4亿美元的票房，而在录像带市场，也有2400万盘以上的惊人销售成绩。迪士尼王国并不以此为满足，在迪士尼乐园中，阿拉丁在舞台上、花车游行中出现，各种阿拉丁的文具用品、服饰、电动玩具、电影原声带都在占领各个市场。迪士尼之所以能够让从电影院走出来的观众一再心甘情愿地掏出钱来购买这些“副产品”，往往是因为电影的精彩。这种以电影为中心的营销模式，塑造出一个强而有力的参照标准。

3. 以主题公园强化产品形象

走进迪士尼乐园，每一位游客都会从每一处深深地体会到迪士尼所从事的行业和取得的成就，公园中不管是娱乐项目，还是商业产品、布景、装饰、音乐等，无不取材于其电影、电视作品。在多数情况下，只有成功的作品才有机会进入主题公园的娱乐项目。因此，主题公园成为了一个检验影片是否成功的场所。比如，迪士尼把《狮子王》的动画角色制作成游戏设施，并在迪士尼商店中出售《狮子王》玩具，受到了人们的喜爱。因为迪士尼的内容不断更新，而且带给观众的又是精品，所以它们吸引了一代又一代人。当游客走出迪士尼时，会感觉到受到了一次回味无穷的艺术熏陶和传媒企业产业运作的教育。这也许是与游一次中国主题公园后最大的区别。

4. 结合视觉图画和数字科技开发新产品

在数字化的今天，迪士尼公司积极倡导利用视觉图画和数字科技的结合开发新产品。1995年迪士尼公司与苹果电脑动画公司合作的三维动画片《玩具总动员》、迪士尼后来推出的《虫虫特工队》、1999年的《玩具总动员2》以及2001年的《怪物公司》，都是对数字技术的运用。

5. 从目标群体的不满中发现兴奋点

迪士尼注重收集消费者对产品的意见和建议，了解顾客的消费感受，从而不断挖掘和获取新的灵感，以改进和丰富自己的产品。比如，1992年，迪士尼生产的14种以小熊维尼命名的儿童录像带，在欧美的好几个国家和地区出售。他们把这个组合称为“沃尔特·迪士尼迷你经典”和“小熊维尼新历险记”。为了配合销售，他们把小熊维尼的故事编辑成短片，在ABC广播网的多家下属媒体播放，以吸引儿童们产生购买欲望。但是事与愿违，一大通的操作并没有产生多大的效果，相反销售量日渐低下。经过消费者调查研究之后，营销团队发现了令人振奋的情况，孩子的妈妈们依旧还热爱着小熊维尼。

通过对妈妈们的研究进一步发现，她们依然记得她们在儿时深爱的故事书里读到的小熊维尼的可爱形象，并且她们现在还将这些故事讲给自己的孩子们听。她们热爱小熊维尼和它的朋友们所具有的温和、宽大、真诚和关心的品质，并希望自己的孩子也能够具有这些好的品质。根据这些发现，迪士尼调整了小熊维尼系列产品，将包装改成了3种不同的款式，命名分别改成了“小熊维尼故事书经典”“小熊维尼学知识”和“小熊维尼游戏时间”。在媒体的配合下，新的定位策略取得了前所未有的效果，小熊维尼销势异常火爆。

二、销售渠道策略：多样化渠道、全方位占领市场

1. 主题乐园和游乐场

迪士尼乐园除了公园外，周边环境的规划和建设也极具特色。商业广场、酒店、高尔夫球场等各种配套设施一应俱全。商业广场一般都设置在入口之前，或者多个公园的连接处，因此，它是进出园的必经之地。当游客辛苦一天迈出公园时，一定会意识到应该在这些商业广场歇歇脚，或用餐，或购物。总之，商业广场的主要目的就是要游客掏出口袋里的最后一分钱，所以各商店的设置非常讲究品位，独具匠心，经营种类繁多的以迪士尼人物为主题的迪士尼乐园纪念品及礼品，如米老鼠卡通城的古怪礼品、迪士尼乐园帽子、各种装饰品、玩具、洋娃娃、纪念品、男女服装以及为儿童设计的迪士尼卡通人物服装等。大多数游客在关园后都会聚集在这里进行最后的消费活动。

2. 迪士尼专卖店

此外，迪士尼还以“迪士尼专卖店”向市场直接推出与迪士尼有关的产品。截至1999年9月30日，专卖店的总数已达728家。在专卖店中，消费者可以买到以下产品：迪士尼的各种图书和报纸杂志，如《趣味家庭》《迪士尼历险》和科普杂志《发现》等；公司下属的软件商迪士尼互动公司开发和营销的家庭和学校使用的计算机教育与娱乐以及游戏软件；迪士尼生产的教育用的视听产品和音像制品，其中包括录影带和电影、招贴画和其他教具；与迪士尼主题有关的各种商品和纪念品。

3. 互联网

在进入互联网产业之前，迪士尼的销售工作主要是以传统的方式为主，近年开始积极开拓通过互联网进行网上直销。如前文所述，迪士尼有许多互联网网址，人们可以进入互联网获取迪士尼公司提供的信息、娱乐和消费品并在线购买迪士尼的各种商品。

比如，Disney. com，是迪士尼公司于1996年2月建立的面向儿童用户和家庭用户的站点，到目前已经成为互联网上最受儿童欢迎的站点之一。

另外，迪士尼互联网络集团公司与eBay公司联合建成了迪士尼拍卖网站。该网站提供的各种拍卖品都是货真价实的、稀有罕见的和独一无二的迪士尼娱乐产业遗留物品，包括它生产的动画片和纪录片、系列电视节目、主题公园招贴画、书籍、标志商品、米老鼠穿着的夹克和鞋帽、录音带以及同时代的其他收藏品等。

4. 邮购

迪士尼通过直邮营销与迪士尼相关的商品。“沃尔特家庭礼品目录”的广告每周要寄出280万份，迪士尼乐园绝大多数的商店都有邮购服务。

5. 品牌授权

2000年，迪士尼品牌授权的收入就达10亿美元，全球有4000多家品牌加盟商，商品从电视、杂志到动画、网络，从几美分的普通橡皮到2万美元的高级手表，应有尽有。

迪士尼通过建立多种销售渠道，编织了一个庞大的分销网络，为全方位占领市场、确立市场优势打下了良好的基础。

三、促销策略：定位于“销售文化”

现代促销的最重要的战略选择就是“销售文化”，它是一个企业保持长久生命力的源泉。

文化是精神层面的因素，精神相对物质而言，更具有历史的持久性。迪士尼文化是以迪士尼卡通为核心的一种童话世界的文化，这种文化的目的在于给大众以梦想，唤起人们心底固有的童趣与纯真，通过征服观众形成稳定永久的卖方市场，尤其是通过形成一种影响美国以至世界的文化，来永久地占领迪士尼的观众。

1. 注重广告调查

迪士尼在每次进行大额广告投资之前都做好广告调查与小规模的广告试点。一旦确定效果不错，必将不吝投资，进行电视、广播、报纸、橱窗等全方位的广告轰炸。

2. 利用联合广告宣传

除了宣传自己的商业文化外，迪士尼更善于利用其他商家的文化来进行广告宣传。例如，与已有自己文化影响的麦当劳和可口可乐联合宣传。迪士尼以在麦当劳餐馆处挂画有卡通人物杰希卡和罗杰招牌的代价，使麦当劳答应投入1500万美元为迪士尼做广告。在这一交易中迪士尼既得到一笔广告费，又利用了麦当劳文化扩大了迪士尼卡通文化的影响。迪士尼又以为可口可乐做广告的条件，获得2000万美元赞助，但在可口可乐广告中，迪士尼文化同样得到宣传。

3. 融合当代时尚文化

迪士尼很会使迪士尼文化和当代时尚文化嫁接融合，使其具有生机。例如，制作了新版的《米老鼠俱乐部》，与以前只会吱吱叫的前任不同，迪士尼要求以电子合成乐器伴奏的快节奏歌曲、疯狂的舞蹈和性感的少女构成新卡通的主要特色。在广告宣传上也以青春时尚劲歌热舞来吸引年轻人。结果新版节目相对于旧版，增加了20%的观众。

4. 聚合网络力量，成功实施商品策划

迪士尼产品的成功销售，在于它拥有强大的网络力量以及成功地把某个主题在多个领域实施了系列化商品策划。例如，迪士尼在1994年耗资5000万美元制作了《狮子王》，最终其收益达到20亿美元。其中，电影票房收入7.7亿美元，而把《狮子王》的内容应用于其他领域所获取的收益比电影本身要大得多。

在电影降下帷幕后，迪士尼把《狮子王》电影的内容通过旗下的Homo Video事业部录制成音像产品，并通过旗下的Hollywood Music把电影音乐录制成OST唱片出售，两项收入均达到数亿美元。迪士尼还通过旗下的迪士尼主题公园，把《狮子王》的动画角色制作成游戏设施，并在迪士尼商店中出售《狮子王》玩具，受到了人们的喜爱。另外，迪士尼还把《狮子王》改编成音乐剧在百老汇公演，获得1998年的最高票房。

迪士尼几十年来的文化经营已经在大众心里产生了深厚的文化积淀，迪士尼合理地将有形广告效果和促销手段与迪士尼无形的文化传统融合在一起，制订了行之有效的“销售文化”的促销战略，实现了以卡通文化创造出无限商机的目标。

思考与练习

1. 旅游景区市场营销管理的本质是需求管理，请问有哪些需求状态？面对不同需求状态旅游景区的营销任务是什么？
2. 列出旅游景区市场调研的方法和步骤。
3. 旅游景区旅游市场细分的原则是什么？
4. 旅游景区目标市场选择的策略是什么？适用于什么样的旅游景区？
5. 旅游景区如何进行市场定位？

第九章　旅游景区的价格管理

本章摘要

价格是影响旅游景区管理的重要方面，价格是否合理，事关旅游景区的经济效益和发展规模。价格在调节旅游景区的客源、维护旅游景区的形象等方面具有一定的作用。本章主要内容涉及旅游景区收费价格的形成及其结构、价格制定的原则及价格在旅游景区管理中的作用。

学习目标

- 了解旅游景区价格的主要构成
- 掌握旅游景区价格的影响因素及旅游景区门票价格制定的依据
- 理解旅游景区价格制定的目标和战略
- 掌握应对竞争者价格变化的方法
- 了解旅游景区价格管理中的问题及解决方法

第一节　旅游景区价格的构成和确定

一、旅游景区的价格构成

旅游景区的价格包括进入旅游景区的入门收费价格、使用旅游景区建设和场地的收费以及享受旅游景区各种服务的价格。例如，我国的旅游景区除门票外，向游客直接收取的费用还有提供导游服务费、在旅游景区内的娱乐活动项目费、旅游景区内交通费、森林防火费、保险费、摄影服务费等。

旅游景区的收费除直接来自旅游者外，还有一部分来自使用旅游景区环境和设施的经营者。下表载明了旅游景区的各种收费项目，当然，并不是每个旅游景区所有的收费项目都相同，包括什么收费项目视旅游景区的性质和规模而定。

旅游景区各种收费项目

入门费	准许进入旅游景区的门票
设施设备和服务收费	游客中心、停车场、导游服务、游船、营地等的收费
场租费	向那些经营餐饮、住宿、交通，提供导游服务，销售纪念品及其他为游客服务的项目个人和企业收取的费用
特许经营收费	向那些在旅游景区出售旅游指南、明信片、文化衫、纪念品、书、胶卷和照片者收取的费用

续 表

入门费	准许进入旅游景区的门票
执照和许可证费	向旅游景区的旅游经营商、导游、研究人员、标本采集者、登山者等收取的费用
捐赠	以现金和礼品为形式的捐赠

第一，收费体系必须明确什么人应该付费，付多少费用，这一点是不能含糊的。第二，收费应能反映支付能力并能得到相应的利益。有效的收费价格要与管理成本成比例。第三，收费的手段不损害经济效益，例如，对旅游商品及其他服务收取很高的税就会影响其经济利益。在选择各项收费手段时要考虑各项收费的管理成本。

二、旅游景区门票价格的确定

门票价格是旅游景区价格中最主要的价格。门票价格不仅在一定程度上表明了旅游景区本身的价值，而且反映了该旅游景区的性质和国家对它的政策。旅游景区价格的确定要考虑旅游景区的性质、游客的承受能力、旅游业的特点等诸多因素，再加上旅游资源的价值很难量化，门票的价格较难确定。

价格是价值的货币表现。旅游景区的资产，除有形的人工建造的房屋、游览步道、亭台楼阁和人工绿化外，还有自然景观、人文景观和人造景观。人工建造物和人造景观可以用物化劳动消耗和活化劳动消耗来衡量。但是，自然景观是天然形成的，人文景观是有历史文化意义的古建筑、遗址等，是前人遗留下来的。人造景观是应商业性目的而建造的景观。自然景观是自然形成的，人文景观依特定的历史文化现象而形成，都是非经营目的的，因此，它们没有经济意义上的价值，然而却有着一定的科学价值、文化价值和观赏价值，能满足人们特定的精神需要。因此，旅游景区的价值需用不同的方法来判定。

旅游景区的设施有基础设施和景观设施。前者是指为方便观景而投资的设施，如桥梁、道路和护栏等，后者是为配合原有自然景观建造的一些亭台楼阁等，它们构成了旅游景区整体景观的一部分，属于景观设施。这二者可以用一般价值评估法进行价值评估。

对于没有消耗现代人类劳动的自然景观和人文古迹，可以参照西方经济学的效用价值论确定其价值。西方经济学认为，价值是人们对事物的认识、态度、观念和信仰，是人们的主观思想对客观事物认识的结果。人们可以用“支付意愿”表达对事物的爱好，支付意愿是指人们为获得一种商品、一种效用或一种享受而自愿支付的货币资金。由于自然景观和人文古迹能使现代人获得精神享受，例如，山林可以观赏，可以登临，补充人体需要的氧气，使人获得愉快的心情，人们愿意为获得这种享受支付一定的费用，所以，可以依据游客的支付意愿来确定进入自然旅游景区的价格。国家公园、生态保护区和其他自然吸引物因其存在和能够利用而具有价值，人们愿意支付多少货币参观访问这样的旅游景区，依人们对其收入使用的分配而定。支付意愿视人们的收入水平、教育水平、职业、人口学特征和心理特征不同而不同。此外，支付意愿也因旅游景区的性质或质量不同而不同，即吸引力大小和设备设施的完善程度不同人们的支付意愿也不同。具有独特吸引力的地方，游客的支付意愿要高于那些普通地方。旅游景区的地面交通、膳食住宿、导游服务和基础设施等，也影响着人们的支付意愿。因此，旅游景区的门票可依据旅游景区人工设施耗用、对旅游景区的管理及满足游客需求程度的大小几方面而定。

三、影响旅游景区门票价格的因素

旅游景区门票价格制定的方法，是旅游景区管理人员应努力思考的问题。英国一些研究人员采用在旅游景区入口处发放问卷进行调查的方式，研究英国旅游景区的价格决策。在价格制定中，许多变量如旅游景区的类型、客流规模、旅游景区的所属权以及国家对旅游景区价格的管理政策等，都是影响定价的重要因素。

1. 旅游景区的类型

旅游景区的类型不同，定价也不同。根据旅游景区内资源的性质、特点和开发使用状况的不同，可以形成不同的类型，如风景名胜区、公园和园林、宗教寺庙、历史遗迹和遗址、民俗风情、游乐园、模拟景园等，类型不同，定价不同。文物古迹区和主题公园的价格不同。对教育和发展型的旅游景区，如城市公园、革命历史博物馆、普通动植物园等具有科普性质的旅游景区，是青少年和人民群众的教育园地，具有较强的社会价值，可适当低价；文物保护单位，适当高价；利用贷款建设的主题公园和游乐园性质的旅游景区，商业性较强，以赢利为目的而建，为尽快收回成本，门票价格一般很高。

2. 旅游景区的所属权

旅游景区的所属权不同，定价也不同。旅游景区有国家所属的，也有企业和个人投资建设的。国家所属的如风景名胜区、森林公园、自然保护区和文物保护单位等。国家所属的旅游景区，大多数为科学研究、环境保护以及对国民进行爱国主义教育和科学文化教育而设，收费较低。例如，风景资源是一项国家资源，是国务院规定的十项国家环境资源之一，分别由国家有关部门主管。风景名胜区必须是国家批准的，国家重点风景名胜区要经国务院审定公布，省级风景名胜区必须经省、自治区、直辖市人民政府审定公布。我国的风景名胜区，是社会主义精神文明和物质文明的重要方面，是为保护祖国珍贵的自然和文化遗产，改善自然环境，满足人们物质、文化生活水平提高需要发展起来的，门票价格过高，则会将大众拒之门外，无法达到提高人们物质文化水平的目标。在国外，国家所属的旅游景区的进入费通常低于游客愿意和能够支付的水平，而且低于公园所需的财务预算。公民进入国家公园是受政府补贴的。一些国家所属的国家公园和博物馆甚至是不收门票的，例如，美国的黄石国家公园、日本的自然公园和英国的博物馆等，均不收大门票。在英国，国家公园的门票很低，以便绝大多数人不被拒之门外，入园后，个别的服务和设施根据其供给成本定价。这样做表面看比较合适，但也有缺点，因为在同一旅游景区内不同项目分别收费，会增加管理成本。

3. 客流规模

旅游景区的价格，还受客流规模的影响，旅游景区门票价格的高低，可决定这个地方吸引游客数量的多寡，一般来说，较低的价格吸引的游客较多，较高的价格吸引的游客较少，因此，旅游景区可根据合理的流量目标确定合适的门票价格水平。

4. 政府对价格的管理政策

旅游景区门票价格还要受到政府对价格的管理政策的影响。由于地区经济水平发展不平衡，一些国家在发展旅游业时采取国内旅游价格和国际旅游价格相互有别的管理原则，旅游景区也曾采取对国际游客、国内游客和当地居民制定不同的价格的方法。门票价格双轨制的理由是，我国是一个发展中国家，新中国成立以来一直实行低收入、低消费和政府给予一定补贴的政策，旅游景区对国内游客的价格相对低一些，而国际游客绝大多数来自经济发达的国家，这些国家实行高收入、高工资和高消费的政策，外国人的工资水平同我国有相当的差距，而且外国人在我国的游览消费也不应当享受我国政府给予国民的补贴，所以，旅游景区对外国人的价格要高于国内人民的。我国从1984年起，国家对少数文物及游览价值高的特殊游览参观点实行甲、乙两种票价，旅游景区旅游对外国人收甲种门票，对国内居民收乙种门票，按照优质优价的原则，对购买甲种门票的游客，提供更多的参观内容、较好的导游讲解服务、休息场所或馈赠纪念品等。但这种价格政策在执行时没有注意服务质量的差别，而只是按人定价，这种做法易引起不良反应，被认为是价格歧视，目前许多旅游景区改变了这种制度。

四、制定旅游景区门票价格的依据

旅游景区门票价格构成分为基本要素和弹性要素两大类。基本要素在旅游景区门票价格确定中起基本的和主体的作用，主要由资源品位、成本投入、环境因素等构成；弹性要素在旅游景区门票价格确定中主要起价格修正和微调的作用，其构成要素主要是淡、旺季价格浮动和市场物价浮动等。

（一）基本因素

1. 资源品位

旅游景区门票定价首先要考虑旅游资源的品位问题。一个世界级的自然与文化遗产相对于一个普通的风景名胜区，在门票价格上肯定有所差异，这是旅游资源的价值特性在价格上的一种体现。对旅游资源的评价，主要考虑以下几个方面。

（1）观赏审美价值，即风景区提供给旅游者的美感的种类及强度，包括形态美、色彩美、声音美、嗅味美、质感美、动态美、形式美、朦胧美等。

（2）历史文化价值，即旅游景区的历史文化地位和品位，或历史悠久，或体现历史重大事件，或与历史人物有关，如毛泽东故居韶山等。

（3）科学价值，即景点能使人们开展科学研究活动，帮助人们了解自然和社会的发展等。

（4）珍稀奇特程度，即旅游景区的品质珍贵稀有的罕见程度和表现出来的神奇独特性。

（5）组合程度，指同一旅游景区内旅游资源的分布及配置情况，如一个旅游地旅游资源多，并且分布密集，则对旅游者吸引力越大，反之则少。

（6）资源完整度，指旅游资源的缺损和破坏程度。

2. 成本投入

制定旅游景区门票价格还要计算成本的投入。旅游景区成本主要包含旅游景区内各种项目在每个阶段的建设总投资及运营后旅游景区内的各项管理费用，如管理人员工资、生态环境及文物保护费用等，成本投入不一样，价格也应有所区别。例如，2005 年 9 月开园的香港迪士尼乐园前期总投资 141 亿港元，其中特区政府注资 57 亿港元，借款 61 亿港元，还要投资 136 亿港元进行基建工程，迪士尼公司负责 23 亿港元商业贷款；迪士尼还实行“三三制”，即每年都要淘汰 1/3 的硬件设备，新建 1/3 的新概念项目，补充更新娱乐项目和设施。迪士尼乐园还需要大量的管理和服务人员，这些服务人员负责乐园开幕后的设备运行、安全保障和餐饮服务。迪士尼乐园的建设投入、经营管理、运行维护的费用高，因此，其门票价格相对于国内各大知名旅游景区和各类型的主题公园显得偏高。

3. 环境因素

环境因素包括环境容量、可进入性、环境质量和适游期等。

（1）环境容量，指旅游景区在一定时间内对旅游者的容纳量。例如，黄龙洞每天最佳接待量为 8000 人，如果超过这一容量，其游览的环境价值就要降低，甚至造成对旅游资源的破坏。

（2）可进入性，即进入旅游景区的交通条件。

（3）环境质量，包括诸多因素，如气候、地形、植被、水质、空气、噪音的污染程度以及游客安全程度、卫生条件、接待设施等。

（4）适游期，即每年适宜于游览的天数。

（二）弹性因素

1. 淡旺季因素

淡旺季因素由自然原因形成或节假日形成。淡旺季客流相差很大，旺季人满为患，超出旅游景区环境容量而破坏旅游资源的可持续利用，淡季旅游产品闲置低效，发生亏本经营，因此要实施淡旺季价格浮动策略，或切实控制客流，保护资源，或使资源不致闲置、减少、亏损。

2. 市场物价浮动因素

在市场经济条件下，随着供求关系的变化，物价始终处于相对变化之中，物价的变化微妙地影响人们的消费心理。旅游景区门票价格应与人们消费的其他商品价格走势基本相符。但由于旅游景区每天出售门票，其价格也不宜频繁变动。构成旅游景区门票价格的弹性因素是因地而异的，且与国家或地方的政策有一定关联，难以进行量化分析。各地可根据实际制订切实可行的价格浮动方案。

五、旅游景区门票价格的结构

旅游景区的门票可以是多级的，可针对不同的市场制定不同等级的门票价格。公园和园林对儿童、学生、退休老人和残疾人员都有一定的价格折扣，尤其是会对当地居民给予很高的优惠。例如，浙江千岛湖风景区全票 80 元/人，1.0～1.3 米的儿童和全日制在校学生可享受半价 40 元/人。多数旅游景区对团体和散客的价格也不同。如果当地居民的支付意愿比游客低，那么采用多级价格结构要比单独使用高价或低价能获得更多的收入。旅游景区的管理人员若想尽可能多地获得收入，可选择对具有不同支付意愿的游客制定不同等级价格的门票结构。这种做法可能不仅是收入的问题，还会涉及社会公平的问题。

旅游景区实行门票价格等级制度有时对支付能力的考虑是模糊的。例如，对学生减价是基于学生收入低的假设，但有些学生出生于相当富裕的家庭。再比如说，富裕国家当地居民的收入水平要比外来游客的高。等级价格政策并不是完美无缺的，表现在对游客的划分的基础不十分真实上，例如，外国旅游者是富裕的，学生和退休老人是穷的。当然，划分等级的标准不光考虑财力，还有政治、法律和文化方面的因素。所以，实行等级价格的目的不仅仅在于获得收入方面。

一些旅游景区的门票会随时间的变化而调整，门票价格可以按季节、月，按每周的每一天，甚至一天中的不同时间来分。当然，大多数旅游景区做得没有那么详细，最常见的做法是按季节的不同实行不同的价格。

旅游景区若有接受过价格培训的人才，则其可能会有意识地运用灵活的价格制度。不使用灵活价格的旅游景区，主要是认为价格对游客缺乏弹性，或者游客对价格变化比较反感，而多种价格对于旅游景区的经营管理并没有多大好处。

旅游景区门票价格的变化，相对于旅游业其他组成部分（如旅馆业）来说是比较小的。不同类型旅游景区价格调整的频率也不同。除因季节和市场因素等需要调整价格外，在发生了通货膨胀时也需要调价，调整的幅度应接近通货膨胀率。

选择所在地一处旅游景区，分析该旅游景区门票的价格结构。

第二节 旅游景区价格战略的策划

一、旅游景区价格战略的含义

价格对于旅游者来说是最直观的变量，在旅游景区的经营管理中，价格在整体经营战略中起重要作用，从市场营销的观点来看，价格与产品一起是营销战略的关键部分，甚至在某种意义上是市场营销组合中最重要的组成部分。价格政策和价格结构必须反映价格在市场战略中的战略作用，且应具有足够的灵活性，以适应不断变化的外部条件。

旅游景区价格战略包含这样几层意思：帮助旅游景区在一定的范围内进行价格定位；确定旅游景区的价格在市场组合中是积极主动的还是被动的；建立通过价格实现的战略目标；帮助建立指导价格决策的政策和结构。

二、旅游景区定价的目标

旅游景区的价格制定是一件比较复杂的事情，因为旅游景区具有多种定价的目标、不同的游客类型、各式各样的活动项目和不同的收费手段，更重要的是，旅游景区的定价还有道义和法律上的争议。有些国家，进入自然区域被认为是每个人的权利，这就使旅游景区的定价问题更加复杂。

旅游景区的价格目标应该与本地区的旅游形象相一致。旅游景区不是孤立存在的，旅游者购买的也是整体的旅游产品。从地区来看，应考虑本地区各旅游景区价格可能出现的矛盾，根据本地区吸引的目标市场，确定协调的价格目标。

三、旅游景区制定价格的策略

旅游景区价格策略制定的出发点是定价目标和游客的支付意愿。人们的需求发生了变化，或者管理者需要通过价格达到不同的目的时，旅游景区的价格策略也要随之发生变化。

从旅游景区的价格目标来看，有象征性的价格，这种价格通常是在自然型的旅游景区增加游览价值时使用；有为获得一定收入的价格，收取的费用作为预算的补充；有弥补成本的价格目标，这种定价是为了弥补部分或全部的经营成本；为了管理的价格目标，例如，根据季节和旅游景区的不同类型制定不同的价格。为获得一定利润的价格目标，在旅游景区内适当投入或更新设备设施，获得一定的利润。

一般产品价格制定的策略有成本指向型、竞争指向型、需求指向型等，每种策略适合不同类型的产品。旅游景区定价策略与一般产品既有联系又有区别。

旅游景区的价格策略有以下几种。

（一）象征性价格

象征性价格低于供给成本，因此，对于获得收益意义不大。但是，建立这种收费体系有利于旅游景区收集信息，以便分析游客的数量和季节性差异，加强客流量的控制和管理。

（二）现率计价

在西方国家，这种价格是根据旅游景区的质量、旅行成本、游客的收入和其他需求因素来调节的。这是一种市场指向型的价格策略，但在旅游景区具有很强的垄断性时难以实现。市场指向型的定价策略在公共部门的旅游景区没有广泛应用，在这种旅游景区现率价格不遵从游客供给和需求的规律。私人经营的自然型的旅游景区，即便是比公共部门的收费标准高，也要接受赠予和其他外部的资金支持。

（三）按成本计算价格

按成本计算的价格通常比象征性价格和现率价格要高。虽然有许多指导收集和分析成本的手册，但完整的成本会计很难建立。实际中，那些生态影响成本等由于太难量化而无法计算。经营和维持成本也很难完全精确地确定和估测。因此，自然型的旅游景区按成本计算价格就十分困难。

四、旅游景区价格的调整

价格结构是指旅游景区根据季节、销售对象等的不同制定不同价格的制度。旅游景区一般设有正规的进入门票，但可以根据市场和季节的不同，制定灵活的门票价格。

旅游景区价格水平的确定受许多互相联系的因素影响，例如，季节因素和竞争因素等，在制定价格策略时要视具体情况的不同而不同。价格决策可遵循一定的指导方针，存在明显季节性的旅游景区要比那些全年适合旅游的旅游景区价格高。由于全年旅游需求的不平衡，旅游景区在旺季采取高价、淡季采取低价的策略是比较普遍的。

此外，价格水平的高低还要受竞争因素的影响，如果某旅游景区的供给与主要竞争对手差不多，则其价格水平也要与竞争对手差不多。如果旅游景区的供给非常有特色，独特性强，则定价时可考虑高于竞争者的价格。当然，季节和竞争因素对价格决策的影响无法用数量表示，不同影响变量之间的相互影响更难确定，从而增加了价格决策的难度。

旅游景区价格制定后，需要根据客观环境的变化或竞争对手价格的变动进行调整，前者出于主动，后者出于被动。

(一) 主动调价

主动调价是在旅游景区供给或季节因素等情况发生变化时采取的调价策略。例如，旅游景区因新添娱乐设施或在旅游景区举办某种活动而使成本增加时，就应相应地提高门票价格。但提价时要做一定的广告宣传，实事求是地向游客说明提价的原因，尽量避免因提价而产生的问题。

(二) 被动调价

被动调价是指由于竞争对手调整价格，自己不得不进行调价的情况。在这种情况下，先要分析竞争对手调价的原因和产生的影响。因此，在做决策时要研究这样几个问题：竞争对手调价的原因是什么？竞争对手的调价是临时性的还是长期性的？如果对竞争对手的调价不理睬会有何影响？若自己做出反应，竞争对手和其他旅游景区将会怎样？

旅游景区的价格对旅游需求的影响不是唯一的，游客在选择旅游景区时还受其他市场组合因素的影响。例如，游客喜欢去可进入性好而且质量高的旅游景区，而不大愿意去交通不方便的旅游景区，知名度高的旅游景区要比那些没有知名度的地方有更大的吸引力。因此，在制定价格策略时应注重市场组合中的各因素，而不是将所有的注意力都集中在价格上。

五、游客对旅游景区价格的看法

制定价格策略需要了解价格对游客的真正意义。旅游消费与一般商品不同，对游客来说不是唯一的成本。旅游消费，除了实际支付的货币成本以外，游客还要面对精力成本、时间成本和心理成本。一名潜在的游客光顾旅游景区可能基于以下几个原因：该旅游景区的实际价格；时间成本和路途远近的问题；不确定性的因素，例如，游客不了解该旅游景区及其活动项目。

旅游消费者还会把价格看成质量的标志，当各旅游景区的价格差异不大时，价格就不会成为游客选择光顾的基础。然而，游客在做旅游决策时常常会依赖价格，尤其是当他们决策过程中缺乏自信时。游客常常会把价格和质量联系起来。游客可能选择同类旅游景区中价格高的那个，价格低会使游客对质量产生怀疑，认为价格越高，越能提供良好的旅游环境和设施。因此，旅游景区在制订价格政策时要考虑价格和质量的关系问题。

自然形成的旅游景区，门票价格存在的主要问题是是否应该收费，或仅仅是名义上的价格，因为许多人认为进入公共的自然地区是每一个人的权利。如果使用公共土地是每一个人的权利，那么是否允许没有交费的人进入这类地区？发达国家对自然型的旅游景区的价格制度在发展中国家并不一定适用。富裕国家对自然区域保护的经费很多，例如，美国国家公园服务所收的费用只相当于该服务机构经费的5%～6%。

针对游客对门票付费的抵制态度，管理人员可采取一些消解措施。

（1）当游客知道他们的花费用于何处时，很少有人不愿意付费。如果告诉游客他们支付的费用是用于旅游景区的管理时，他们便会高兴付费。因此，要使游客认识到如果不付费，他们就不会获得所需要的服务。

（2）要使游客感到旅游景区价格的增加是质量改进的结果。游客对旅游景区的厕所、道路、地图、标牌和其他基础设施十分敏感，若这些方面有所改善，那么增加收费游客不会反感。

（3）游客不太会反对弥补成本的收费，而反感控制进入的收费政策，因此，对收费的表述能改变游客的态度。

（4）游客对价格增幅大的抵触情绪比增幅小的大，即使在原先的价格相对比较低的情况下也是如此。

（5）游客个人收入的增加会削弱其对门票价格增加的敏感度，但这只是部分影响，更重要的是游客过去在某地旅游活动的价格水平。

第三节　旅游景区的价格管理

一、旅游景区价格管理存在的问题

由于缺乏价格理论方面的知识，不会运用价格杠杆制定灵活的价格，旅游景区经营管理中存在着价格结构不够合理、随意调价和不合理收费等问题。

（一）价格水平高低问题

旅游景区价格水平的高低可从供、需两方面分析。从供给方面来看，我国的旅游景区具有双重性，既是科学文化事业，又是经济事业，既有公益性质，又有商品性质。过去强调公益性质，所有旅游景区不加区别地实行低票价政策，影响了旅游景区的发展。从需求方面来看，旅游景区的价格与游客的支付意愿相当，游客就会感到满意。游客对价格水平的评价主要取决于游客的收入水平和对旅游景区的偏好。我国的旅游景区曾一度实行过低门票政策，旅游景区收入少，不利于旅游景区的管理。随着我国人民收入水平的提高，人们对门票价格的承受能力提高，旅游景区逐步提高了价格，增加了旅游景区的收入，减少了财政补贴。增加的收入不仅用于补偿经常性开支，甚至用于基础设施的建设。但另一方面，有些旅游景区价格提高的幅度过大，尤其是一些粗制滥造的人造旅游景区定价过高，价质不符，损害了旅游消费者的利益。一个旅游景区并不是对所有类型的游客都具有吸引力，所以游客对旅游景区价格的看法也不同。有些旅游景区价格对来自收入水平低的地方的游客来说偏高，但对于来自收入水平高的地方的游客来说并不显得高。因此，那些确定了目标市场的旅游景区，应考虑所吸引的客源市场的收入水平及其对旅游景区价格的承受能力。

（二）随意调价

价格调整一般是在淡季、旺季、团体优惠、环境改善和增加了特殊展览或其他活动项目时进行。但是，有的旅游景区忽视物价管理原则，价格核定之后，没有提供更多的服务，也没有环境方面的改善，价格却随意上浮，甚至不执行对外公布的价格。旅游景区和旅行社、旅行社和外国游客产生价格纠纷的情况时有发生，影响国家声誉。

旅游景区门票上涨的是与非

对于门票价格该不该涨，该涨多少的问题，社会各界进行了激烈的争论，并形成了泾渭分明的两派观点。

一、支持旅游景区门票价格上涨的理由

1. 控制游客数量

从现状来看，不少景点正面临人满为患的压力，这确实在一定程度上影响了旅游景区的正常维护工作，而通过价格杠杆控制游客数量也确实具有相应的效果。但维持旅游景区的正常运转在客观上要求有一定的资金支持，而门票是旅游景区的重要收入来源。西方国家的常见做法是进行限量售票，这样既能控制游客数量，又没有加重游客经济负担，并能充分体现世界遗产和国家级风景区的历史和文化内涵，而对于限量售票导致的收入减少的问题，由政府有关部门给予相应的财政补偿。但在我国，由于政府的财政状况比较紧张，对于旅游景区的资金支持力度有限，各地旅游景区只能转而提升门票价格，希望达到提高收入目的的同时减少游客数量。

2. 补充维护资金

就目前状况而言，包括世界遗产和国家级风景名胜区在内的各景点的专项维护基金都相对不足。我国177个国家级风景名胜区，国家每年只拨款1000万元，平摊下来每个风景区分到的专项维修费用非常有限，于是就产生了通过提高门票价格以补充维护基金的说法和做法。

3. 体现资源价值

很多旅游景区尤其是世界遗产具有很高的学术、历史、文化、科学研究、生态等多种价值，只有制定较高的门票价格，才能体现出其资源品质和价值。

二、反对旅游景区门票价格上涨的理由

1. 剥夺部分旅游者旅游权利，违背公平原则

旅游景区门票价格上涨无形当中提高了门槛，将中低端收入者挡在了门外，不但剥夺了部分旅游者旅游的权利，违背公平原则，而且使资源价值无法得以实现。所以，从更深层次上看，“门票涨价”只会弱化资源的社会公益性。在国内一些世界遗产地景

点竞相刮起“涨价风”的今天，如何保护弱势群体对中华自然、文化瑰宝这类公共资源的参观权，是旅游景区门票纷纷涨价留给人们的思考。

2. 门票涨价影响到竞争力，在旅游线路竞争上处于劣势

根据经济学的成本领先原则，过高的门票价格直接导致地接社价格过高，旅游成本增加，使旅游目的地在旅游线路竞争时处于劣势。按照市场逐利原则，许多旅行社往往以变换线路、诱导游客等方式回避这些薄利的线路。

3. 客源流失，重游率降低

客源流失主要体现在两个方面：一是客源分流，根据效用原理，理性消费者偏好效用高的旅游景区，高门票的旅游景区在市场竞争中失去明显优势，客源被其他有竞争力的旅游景区分流；二是高门票使中低端客源流失，过高的价格不仅使部分游客望而却步，出游率大打折扣，而且导致中低端游客流失。目前多数旅游景区的定价都以消费能力较高的游客作为预期消费者。不可否认，涨价可以提高旅游景区的单位效益，然而不断上涨的门票价格，抬高旅游景区门槛，挡住了游客游览的脚步，实在是得不偿失。

4. 旅游消费的交叉效应

依据经济学“需求交叉弹性”原理，在消费总额固定的前提下，一种消费高了，消费者必然会减少其他消费，所以旅游景区门票涨价可能会减少旅游者的其他消费。旅游景区若采取相反的做法——门票降价，从经济学上看也能带来附加值消费的增多，从而弥补门票方面的损失。而从更深层次上看，门票价格上涨所带来的消费交叉效应显然不利于当地经济的协调发展。

（三）旅游景区内活动项目收费不合理现象

许多旅游景区允许周围农民和个体户开展一些经营活动，但却疏于管理，游客因为一些服务项目收费不合理而怨声载道。例如，许多旅游景区的个体户设置一些道具如服装、布景、车马等供游客拍摄不同于日常生活的照片，由于没有统一的价格管理，收费标准随心所欲，引起游客不满。我国许多旅游景区的管理经营涉及几个部门，各部门之间各自为政，互相牵扯，使许多问题没有统一起来，造成某些旅游景区层层设卡，处处收费，甚至强占好的风景角度，提供劣质的摄影服务和道具却强行收费，干扰游客正常的旅游活动。

二、旅游景区价格管理的必要性

（一）保护旅游者的利益

旅游景区的价格关系到游客在旅游景区的花费，价格偏高就会增加游客的花费，甚至损害消费者的利益。旅游景区的价格合理，游客的花费合理，就可以保护游客的经济利益。价格不合理，不仅不能满足我国国内人民的物质文化需要，而且会影响我国在国际市场上的形象。

（二）促进旅游业健康发展

旅游景区的价格是旅游产品价格的重要组成部分，其价格是否合理，对客源市场有重要影响作用。应有意识地运用价格杠杆调节市场，开展竞争，提高设备设施

的利用率。不正确、不合理的价格会影响游客对旅游目的地的选择，减少客源，从而影响整个地区旅游业的发展。价格不仅对客源有影响，而且影响收入，所以只专注于用游客数量这个标准来衡量经营好坏是不够的，合理价格有利于发展高质量的旅游，缺乏利用价格作为竞争手段的经验，就不会意识到价格对收入的潜在影响。

(三) 旅游景区的价格关系到旅游景区自身所在旅游目的地的整体形象

制定和执行合理的价格非常重要，合理的价格能使游客得到质价相符的产品，使其物质和精神上的需要得到满足，从而提高旅游景区的声誉，增加回头客人。有些旅游资源优越的国家，在旅游事业兴起的阶段，实行“杀鸡取卵”的高价政策，扼杀了本国旅游业的发展。

(四) 有利于旅游景区的合理布局

利用价格对游客的调节作用，引导游客流量和流向，减轻重点旅游景区的压力，疏导游客流向新的旅游景区，使旅游目的地客源分布相对均衡。

三、旅游景区收费的管理

(一) 旅游景区门票价格管理对策

1. 调整我国旅游景区经营目标：由经济效益向社会效益提升

旅游景区的公益性决定了旅游景区不仅是经济资源，更是保护性资源、社会公共事业单位。处理好旅游景区的经济与社会效益的关系、公益性与经营性的关系是确定旅游景区门票价格的前提条件。一方面，各大旅游景区应本着通过展示大好河山，弘扬中华文明、提高国民素质、增强民族自豪感、加深中外友谊等社会效益的目的，适当下调旅游门票价格，降低旅游者入区门槛；通过低价位、多种优惠等形式，拉动国民参加旅游活动，丰富人们业余生活。另一方面，以旅游景区的可持续发展及资源的永续利用为原则，在旅游景区日常经营管理中体现“绿色经营、生态管理”理念。例如，在旅游景区管理规划建设中，实行生活污水处理、环境监测、客流量动态反映等，实现旅游景区从经济效益向社会效益的转化，最终达到经济效益与社会效益的协调统一。

2. 开拓多种旅游景区资金筹集渠道：由单一渠道向多元渠道发展

(1) 转变旅游景区经营方式

①丰富旅游产品，提升旅游服务质量，从单一的观光旅游向度假、生态、探险等旅游产品转化，实现旅游与商贸、文化等相关业务的互动发展。②延长旅游产业链，通过介入旅行社、酒店、房地产及旅游交通的投资，将那些本属于上游或下游利润纳入旅游景区收入体系中，完善产品结构系列，降低旅游景区对门票收入的依存度。

(2) 主动寻求社会资助

①在国家财力有限的前提下，积极到各大企业中去“拉赞助”，通过打广告帮助对方树立良好的社会形象和提高企业的知名度，以获得捐赠基金和广告费用。②在获得少量的国家拨款的基础上，设计并发行专门的旅游景区保护彩票与债券，培养国民对

人类文化历史遗产的热爱，鼓励人们购买旅游景区彩票和债券，引导人们为保护人类共有的旅游景区献一份爱心，以吸取小额社会资金，达到多方融资。

3. 改革旅游景区价格管理权限：由多头管理向统一管理转化

现有旅游景区管理制度中存在多头管理、定价权限不明等问题，因服务质量与价格不对称所引起的投诉较多。为此，应在组织人员充分调查旅游景区的基础上，划分景点类型，有针对性地采取灵活高效的管理办法，细化旅游景区及政府的定价权限，实现门票价格管理的科学化。为此，对于公益性景点，如城市公园、爱国基地，以及资源保护型旅游景区如世界自然文化遗产等，应实行政府定价，由政府解决运营和保护资金的筹集；对于国内外影响较大的旅游景区，如国家5A级风景区，实行省、市两级协调定价制度，明确规定经营收入中用于弥补旅游景区维护的资金比例，国家给予少量财政补贴；对于商业投资兴建的旅游景区，如杭州宋城、北京世界公园等，实行政府指导定价，采用以市场规律调节为主，自主经营、自负盈亏的经营管理模式。

4. 优化旅游景区资源保护方式：由单一价格调节向多元方式调节转变

（1）由旅游景区的垄断性可知，其价格刚性较强，提高价格并不能有效地控制旅游人数，更不能达到保护旅游景区的目的。我国旅游景区受季节性、知名度及闲暇时间集中度的影响，旺季热点旅游景区人满为患，淡季冷点旅游景区资源大量搁置。为此，可争取以下方式：加强区域合作，通过客源互推、资源共享等方式，在地域上分流客源；实行淡、平、旺季以及早晚不同价格措施，在时间上实现分流客流；引进带薪假期等灵活休假制度，以分散人们出游时间。

（2）鉴于我国旅游景区基本上未对客流量做出控制，应做到：①建立旅游景区预订系统及旅游容量监控系统，在旅游景区电子牌上动态公布旅游景区内人数，在网络上反映已提前销售门票数量，有效地将客流量控制在旅游景区承载量之内；②实行旅游景区内景点轮作制度，即在特定时期向游客开放旅游景区内一部分景点，然后关闭这部分景点以得到充分的养护并开放另一部分景点，如此循环往复，休养生息，使旅游景区能得到及时的恢复，达到真正意义上的旅游景区保护。

5. 完善旅游景区门票价格听证制度

由不合理化向民主科学化趋近，合理的听证会制度能反映消费者的心声，代表政府部门及相关专家的意见。鉴于我国现行听证会代表结构不明确，执行程序多流于形式，我们应确保旅游景区门票价格审核过程的民主化和公开化。

（1）明确听证会代表结构

应在确定“以外地游人为主的游览参观点”名录的基础上明确规定本地消费者、外地消费者、旅行社、政府官员、有关专家、行业协会等代表的合理比例及人数，以加强与社会各界人士的有效沟通，确保价格调整听证会的民主性，使会议决策代表广大人民的利益。

（2）加大社会监督力度

①在旅游景区门票价格审核的过程中，应诚邀各新闻媒介的参与，及时向公众传达听证会的审核过程、审核结果，让公众明白采取了哪些意见、没有采取哪些意见、原因何在；②各省市旅游局应当设立听证会网站，进行信息公布，实行听证会在线直

播、在线查询、在线疑问解答等，为公众提供一个公开、透明、方便的门票价格调整信息交流渠道。

（二）构建合理的门票制度

消费者对价格一向都很敏感，同样对旅游景区的门票价格也相当在意。旅游者通常对旅游景区实行入门收费并无异议，但对于同一旅游景区内外多重收费的做法在心理上感觉不舒服。多重门票收费意味着旅游者在同一旅游景区要不止一次向外掏钱，从心理学的角度，旅游者希望减少支付旅游费用的次数，每增加一次旅游支出，即便是支出费用很小，旅游者的游兴就会减少一分。因此，多重门票收费在一定程度上抑制了旅游者的游兴，影响回头客。

门票是旅游景区价格的直接反映，除价格水平高低外，不同的收取办法也会影响到游客对旅游景区价格的看法。旅游景区类型不同、规模不同，门票的收取办法也不尽相同。旅游景区门票收取办法主要有一票制、联票制、“园中园”等。各种办法皆有各自的优缺点，旅游景区应根据自己的实际情况选择适合自己的门票制度。

1. 一票制

一票制是指将几处门票收费合计并计入一次性门票收费中。游客进入旅游景区之后，可以参加任何游览和娱乐活动项目，也没有时间限制，不再第二次收费。这种收费办法十分方便，省去了每次活动需要付费的麻烦，活动项目多的那种旅游景区适合采取这种办法。例如，美国的迪士尼乐园，全园大约有70个项目，如果这70个项目都单独收费的话，游客会感到很麻烦。但一票制的直观价格比较高，有些项目游客并不是都能玩到或者喜欢玩。

2. 联票制

联票制或通票制指一票包含若干个旅游景区或项目，票价一般低于各旅游景区或项目单独付费的总和，但也有的旅游景区联票的价格等于各项票价的总和。例如，少林寺的门票是全周影院、科幻探险馆、少林寺、十方禅院、百鸟林5张门票的总和。联票制可以使游客在参与门票上规定的项目时无须另行付费，而且相对便宜，但是通票制的缺点是游客对旅游景区项目的选择权受到限制，不想看或玩的项目价格也含在总的门票中，若联票包含的旅游景区项目没有考虑活动时间问题，若游客很难在规定的时间内参观活动完，就会影响旅游质量，引起游客不满。为此，有些地方针对联票的出售方法制定管理办法，如《沈阳市游览参观点门票价格管理办法》中规定，游览参观点在首道门票可以出售联票，联票价格必须低于各参观点票价的总和。联票和首道门票必须一并公示同时出售，由游客自愿选购，不得强行出售，不得以联票代替普通门票。

3. “园中园”

“园中园”门票是指旅游者购买了进入旅游景区的门票价格后，到旅游景区中的个别景点或项目还须购买门票。在旅游景区内增加一些娱乐项目或节事活动以丰富旅游内容，由于发生了投资而收取费用，尚称合理。但是一些景观本来就是旅游景区整体的有机组成部分，在购买过大门票后，再额外购买门票，这种反复收钱的形式是游客最反感的，使游客有上当受骗的感受。对此，一些地方对旅游景区通过法制加强管理。例如，浙江省物价局发出的《浙江省游览景点价格管理办法》规定，风景名胜区、公园、博物馆、寺庙、纪念馆、文物古迹、自然景观等一般旅游景区均实行一票制。只有确需实行保护性开发以控制游客数量的景点，又在空间规模上自成一体且具有较高文化价值的，具有单独售票条件的，才能设置“园中园”门票。可见，收取“园中园”门票的旅游景区是有条件的。因为这些需要特别保护的旅游景区历史文化价值高，因年代久远，保护和修缮难度大，所以通过门票价格等手段调节游客流量，以便不会因饱和或超载而破坏资源。采取这种收费办法，旅游景区的总门票应该比较低，这样对旅游景区内特别的项目另行收费就不易使游客产生重复收费的反感。所以，为保护、控制客源量而设的“园中园”门票，大门票和“园中园”门票应合理调整。此外，为减少游客的误解和抱怨，在旅游景区售票处张贴说明，向游客解释清楚的做法很有必要性。还可以设置普通票和特种票，普通票可以在重点保护旅游景区以外的范围内游览，特种票可在普通票价的基础上提高价格，游客凭特种票去参观旅游景区内的重点保护对象。同时设重点保护对象的单独票，以满足购买普通票的游客参观保护对象的需要。

总之，旅游景区各种门票制度具有不同的特点，旅游景区应仔细分析采取不同门票制度的利弊，制订适合自己特点的门票制度。有的旅游景区综合各种制度的优点和不同游客的要求，合理组合，形成了一种混合的门票制度。

（三）规范旅游景区的收费项目

乱收费现象是旅游景区环境管理方面的严重问题之一。

旅游景区乱设收费项目和乱定收费标准，拦客宰客，严重损害了消费者的利益。尽管上自中央下至地方三令五申制止乱收费现象，但有些旅游景区还是变着法儿地多收费、乱收费。

旅游景区价格除门票价格外，其他收费项目及其价格也有待管理。这些收费项目包括森林防火费、保险费、“圈点收费（景点留影费）”和旅游景区内的导游和解说费等。

1. 森林防火费

森林防火费用是有关旅游景区的日常支出之一，从成本费用的角度来看，其已经包含在门票价格的成本部分，而不应单独付费。但有些旅游景区强行交纳森林防火费，在游客购买门票时必须支付附加的森林防火费，引起游客不满。

2. 保险费

参加保险应当是自愿的一种经济行为，但有些旅游景区却强制游客投保。例如，广东阳春的凌霄岩和玉溪三洞在购买门票时均需购买保险。

3. 景点留影费

旅游景区留影费是最没有收费根据的，尤其是大自然鬼斧神工造就的景观，但许多旅游景区向游客收取不合理的“拍摄点使用费”。游客在购买了旅游景区的门票后，应该享受旅游景区每一处公开开放的自然景点摄影权，但一些景点为了牟利，将旅游景区内的一些最佳摄影点圈起来，承包给一些个体经营者，游客若用自己的照相机拍照，还得向他们交费。这是国内很多旅游景区普遍存在的问题，许多游客因无法拍到最理想的景色败兴而归，或莫名其妙地被收取了拍摄费。如四川乐山大佛旅游景区设大佛全景摄影台，游客自带相机上台照一张相片收费 2 元，由经营者摄影每张收费 5 ~

10 元。旅游景区是国家人民的共同财富，旅游者只要遵守旅游景区内的关于禁止摄影的有关规定，都有欣赏和摄影留念的权利，圈点的摊主利用国家财产向游客收费，是不合理的。一些可以乘坐轿子和骑马的旅游景区，游客被强拉上轿或上马，到达目的地后，漫天要价，吵架殴打事件时有发生，游客对此反映强烈。

对于乱收费，有些城市已制定了有关旅游景区的价格管理办法，对旅游景区的收费行为进行规范。例如，《南京市游览参观服务价格管理规定》规定，从2000 年1 月1 日起，街心公园、市民广场一律不收门票；对影响较大的游览参观点门票价格的调整，实行价格听证会制度；在游览参观点举办的大型展览、重大的园事活动，需临时调整价格的，应提前30 天报有关价格主管部门审批，门票加价不超过正常的50‰。沈阳市物价局出台了《沈阳市游览参观点价格管理办法》，规定游览参观点内设置的临时展览，应经有关部门审批单独售票，不允许将展票与门票合并一起出售，也不允许个人和单位强行收费，或者借游客留影收取留影费。各游览参观点的所有收费应明码标价。

国外门票价格管理经验借鉴

一、法国：门票采取“低价策略”

法国是世界旅游大国，旅游业的兴旺得益于丰富的人文景观和历史遗产，也得益于政府的文化遗产管理制度。法国的人文景观主要包括教堂、公园、博物馆和城堡，其数量之多令人瞠目。主要的人文景观大多归国家经营，这缘于法国的“文化遗产制度”。该制度规定那些历史悠久的建筑及其附属物都是人类文化遗产，居住或经营者必须定期进行修缮维护，否则将受重罚。因为维修费用昂贵，私营者往往承受不起，所以不得不将所辖“文化遗产”卖给国家。国家通常将这些“文化遗产”交给地方政府管理，维护费用由地方财政承担。在法国，大多数国立博物馆的票价由政府机构“国立博物馆联合会”制定，并受该机构监督。根据规模和功能的不同，“国立博物馆联合会”将各类博物馆分成5 等，并分别定价。定价之后，该机构还负责有关门票以及宣传小册子的印刷，以规范门票价格管理。同时按政府规定，法国博物馆定期设有“开放日”或遗产日，供游人免费参观。法国政府非常看中这些人文景观的教育功能和社会效应，始终坚持“以人为本、着眼未来”的管理原则，不因为这些景点有名而随意提高门票价格，而采取“低价策略”以弘扬民族文化，让更多人拥有受教育和受熏陶的机会。

二、埃及：不同人群区别对待

旅游业是埃及四大外汇收入来源之一，每年约700 多万的外国游客给埃及带来约40 亿美元的收入，而景点门票开支是外国游客一项很重要的支出。在景点门票价格方面，对本国人和外国人、成年人和未成年人以及学生等社会不同人群实行不同的票价制度。埃及全国无论是主要景点还是普通公园对本国人来说都十分低廉，通常仅为外国游客的1/10，甚至是1/200。以埃及博物馆为例，本国人门票成人为2 埃镑（1 美元约合6.2埃镑)，而外国人则为20埃镑，学生和儿童的价格为成人的一半，而社会残障病患者及老年人还可享受免票待遇。从2004年11月1日开始，埃及所有名胜古迹和旅游景点的门票价格又都上涨了，但这种涨价主要是针对外国游客的。据业内人士称，对本国人和外国人实行相差如此之大的票价是因为定价的出发点不同：对本国人来说，向公众开放旅游景点是一项公益事业，让国民都能参加，甚至多次参观这些名胜古迹和博物馆，能使国人更好地了解祖国的灿烂文化和悠久历史，从而激发更大的爱国之心；对外国人收取相对较高的门票费用主要是因为旅游收入是埃及的主要外汇来源之一。埃及政府非常重视文物古迹的维修和保护。埃及文物保护的研究经费主要靠国家拨款，而这些拨款实际上是“羊毛出在羊身上”。埃及的旅游主要是古迹旅游，因此政府规定旅游景点门票收入90%上缴国家，并由国家财政部门返给文物部门，用于文物考古和保护事业。

三、美国：专门立法制定门票价格

分布在美国全国各地的国家公园和20处世界遗产景点有的收费，有的免费。美国国家公园管理局官员介绍，国家公园管理局根据合理立法确立的原则制定门票定价指南。对国家公园门票收费问题，国会有专门的立法，确定了哪些地方不能收费，收费的地方应遵循什么样的原则，有的还确定了最高限额。各国家公园每年都可以向国家公园管理局申请对门票价格进行微调，但需要提出足够的理由。按照立法规定，各公园的门票与娱乐项目收费的80%可以留在公园，用于支付公园的维护和管理开支，其余20%上缴国家公园管理局统一支配，用于援助不收费的公园。在限制游人数量方面，主要通过限制门票数量、规定参观时间段等来调节，自由女神像、独立厅和华盛顿纪念碑就是用的这些办法。但一般不采用提高门票价格的措施，因为立法对门票调整有严格的规定，新价格确定后必须在公布一年后才能正式生效。

技能训练

结合自己所在城市的旅游景区，就其存在的价格问题进行调研分析，并提出具体的解决方案。

思考与练习

1. 制定旅游景区门票价格要考虑的因素有哪些？
2. 如果竞争对手提高价格，旅游景区该如何应对？
3. 如果竞争对手降低价格，旅游景区该如何应对？
4. 如何避免旅游者对旅游景区提升门票价格引起的反感？

第十章　旅游景区的游客管理

本章摘要

游客是旅游景区提供服务的对象，构成旅游景区需求的一方。游客在旅游景区的活动，会对旅游景区产生正面和负面的影响。为了维持旅游景区的正常秩序，保护旅游景区的资源和设施，减少游客与旅游景区居民的冲突，树立和保持旅游景区良好的社会形象，对游客的管理，就成为旅游景区管理的一项重要内容。本章介绍了游客行为管理的内容和管理方法，从旅游景区环境容量的角度阐述旅游景区的游客管理，最后对游客在旅游景区的安全管理进行了详细的阐述。

学习目标

- 掌握旅游景区对游客行为进行管理的主要内容和方法
- 理解旅游景区环境容量的概念
- 了解旅游景区环境容量测定的方法
- 掌握旅游景区安全危机事件的处理方法

第一节　游客行为的管理

案例阅读

旅游大军挺进，京城环境、文物保护堪忧

眼下京城秋高气爽，又正值“十一”假日旅游黄金季节，各路旅游大军正浩浩荡荡挺进京城，观光览胜。面对日益火爆的假日旅游大潮，不少业内人士对风景名胜区及文物古迹的生态环境和文物保护状况流露出深深的忧虑。

这种忧虑并非杞人忧天。据悉，位于中华世纪坛东侧的中华世纪钟上，两个圆形敲击点和钟体下端已被利器刻满了留言，连钟的内侧也没能例外，红、白两色粉笔在里面写下了斗大的人名。据工作人员说，近几天随着游客越来越多，世纪钟上开始有“污点”“伤痕”。来的游客有的还拿钥匙、木棍等工具敲击，听声响，管理部门不得不派专人轮流守护。

在天坛公园，从“十一”开始，每天都有4万人以上的游客涌入。据介绍，管理人员每天都在劝说游客不要跨入旅游景区又踩又摸。同时，公园还在回音壁、祈年殿、宰牲亭等易被刻画的建筑前增设了围栏，加派了专人巡逻。而故宫为了防止曾出现过的乱涂乱画的情况，不得不下大力气，在游客最可能乱涂乱画的地方都立了警示牌。

据了解，2000 年“五一”节期间，国内曾有4600 万人次出游，令不少风景名胜区爆满，突破承载能力。时间短、节奏快、人数多、消费大的假日旅游，令旅游景区超负荷承载，导致旅游景区管理、服务协调失控，出现了生态环境遭受破坏的种种现象。一位业内人士指出，旅游业赖以生存的生态环境，如草原、湖泊、海岛、森林、沙漠、峡谷等生态资源和历史文物一样，极易受到破坏，一旦遭破坏就不可再生。一些生物种群的濒临灭绝，正如一些历史文物古迹的悄然消逝一样，为人们敲响了警钟。

国庆前夕，针对假日旅游高峰游客骤增时曾出现过的经验教训，国家文物局发出《关于加强在假日旅游中做好文物保护宣传工作的意见》，要求各单位在积极做好准备、接待广大群众参观文物古迹的同时，要制定安全保护和防范措施，必要情况下可采取限定游客数量等举措。

有关人士呼吁，各旅游景区在向游客提供优质服务的同时，也应向游客郑重提示：呵护生态环境、保护文物古迹是我们每个人义不容辞的义务。据2000 年10 月3 日的最新统计，北京的20 个大型景点当日共接待了53. 36 万人，比前天增长1. 27%。其中故宫接待7. 75 万人，比前一天减少6500 人，但仍超过最大接待量29%，呈饱和状态。八达岭、颐和园、北海公园、动物园、天坛、定陵、天安门城楼都达到或超过最佳接待容量。面对这种“滚滚人潮不尽来”的局面，许多相关人士的忧虑应该不无道理。

资料来源：《生活时报》2000 年10 月5 日。

一、游客行为管理的内容

游客在旅游景区行为管理的内容，包括提倡健康有益的旅游活动、保护旅游资源和保证游客的旅游安全等。

（一）倡导健康有益的旅游行为

游客在旅游过程中，绝大多数人求知求异、充实人生、陶冶情操，但是有些旅游者在旅游过程中会出现一些不道德的行为，表现为污染环境、毁坏旅游资源、损坏旅游公共设施、在公共场合举止不文明、对当地社会不尊重而形成与居民的冲突等。

游客的不道德行为会对旅游景区产生不良影响。第一，降低环境质量。旅游者人为造成的废物污染，破坏了环境的优美，破坏了旅游景区的美感意境，降低了环境质量。第二，缩短旅游景区的生命周期。游客的不道德行为，加重了旅游资源的破坏及旅游基础设施的损耗，使旅游景区的形象受到一定的损害，吸引力下降，从而游客数量减少，致使旅游景区较早进入生命周期的衰退阶段。优良的环境是旅游景区生存和发展的基础，旅游景区环境恶化之日，就是其走向衰退之时。第三，降低了旅游景区的档次。

旅游景区游客管理的重要任务之一，就是要通过适当的组织管理，引导游客在旅游景区内进行健康有益的活动，体现社会主义的物质文明和精神文明。通过游览优美的自然景观，陶冶自己的情操，通过自然和文化遗产的游览，增加科学文化知识；通过新颖、有趣的娱乐和体育活动，使自己的身心得到放松。旅游景区要坚决抵制和反对有害健康的活动，如赌博、嫖娼卖淫、抢劫偷盗等伤风败俗和犯罪的活动。

（二）保护旅游资源，爱护公共设施

游客在旅游景区会做出一些破坏环境和损害公物的行为，如采摘名贵花木，袭击和捕猎珍奇动物，在文物古迹上乱刻乱画，乱扔废物，污染水源，破坏娱乐设施等。通过有效的管理，能防止游客在旅游景区损害环境和设施，减少游客对环境的污染。

（三）安全管理

安全管理是指旅游景区的治安、防火和人身安全管理。建立健全各种安全制度，坚决打击旅游景区内各种扰乱治安和刑事犯罪活动，如聚众滋事、流氓破坏和偷盗抢劫活动，给游客创造一个安定的旅游环境。防火管理对于森林公园和古建筑类的旅游景区尤为重要，通过对游客可能引起火灾的行为进行有效的管理，可防止山火发生，杜绝火灾隐患。旅游有时会经过一些危险区域景点，如陡坡密林、悬崖幽径、急流深洞等，对于有危险性项目的旅游景区，如山地型旅游景区、漂流、野生动物园等，要加强安全活动管理，一定要有安全措施和急救系统，应有清楚的警示牌，提醒游客注意人身安全。

二、游客行为的管理方法

游客在旅游过程中的不良行为与旅游者的自身修养有关，是游客素质偏低的表现，但也与旅游景区管理不善有关，例如，旅游景区的垃圾箱数量与位置设置不科学，对旅游者文明行为有管理条文却无落实措施，或有的条文简单生硬，容易使人产生逆反心理等，没有一套严密、完善的管理体系，客观上助长了旅游者的不良行为。游客管理方法可以分为直接和间接两类。直接管理法是指改变游客的意愿和行为，使游客意识到自己的行动受到一定的限制。间接的管理方法是指改变影响游客意愿和行为的因素，游客并不感到是对自己行动的限制。

（一）直接管理方法

直接管理方法往往通过制定规则来管理游客，主要的技术措施如下。

1. 实施监督

实施监督指通过人员或设备对游客的不良行为进行监督，并对其不良行为采取一定的惩罚。例如，加强巡视、雇用看护员、使用闭路电视或摄影机监视、罚款等。这些方法常在有珍贵文物陈列的地方使用。

2. 限制活动区域及限制活动内容

限制活动区域及限制活动内容指禁止在某些区域从事活动，禁止在一定时间从事某些类型的活动，关闭某些旅游区，禁止游客在一段时间内进入，如黄山莲花峰定期封山，养护生态。

3. 限制利用量

限制利用量指限制游客的数量、团体的规模和停留时间等。

4. 限制活动

旅游景区一般禁止某些造成灾害、破坏生态、污染环境和违背社会道德的行为。主要有禁止烟火、触摸、捕猎、超出游径行走，禁止损害旅游资源和旅游设施，禁止

乱丢废物，禁止各种反动、黄色和有伤风化的活动等。

（二）间接管理方法

间接管理方法不让人感觉是一种强制性的命令，管理人员不担负监督和对抗性使命，主要是提供帮助游客寻找所需事物的信息，游客有选择的自由，符合旅游时人们无拘无束的心理特征，游客易于接受，对游客行为管理的效果较好，因此，应优先采用间接的管理办法。间接管理的技术措施主要如下。

1. 改变硬件设施

改变硬件设施是指通过改变或提供某些设备设施控制游客的行为和走向，以便达到限制游客活动行为和区域的目的。如改善或维护通入道路，有选择地封闭道路，新建道路，改进停车设施，改变生物群种量，改变水域面积等。改变硬件设施是双向的，如果想限制游客，则可以通过不改善、封闭、提高难度等办法达到，但如果想引流游客，则可以通过改善、新建、降低难度、增加种类、扩大面积等办法达到。对于游客的乱涂乱刻行为，应加以引导或转化，例如，设置一些参与性的项目，专门供游客刻画留名，以示纪念。

2. 宣传教育

旅游者在旅游过程中的行为是一种流动性消费，自律意识松散，容易发生不良行为。应加强社会宣传教育的力度，否则，难以营造应有的旅游行为道德互律的氛围。可以通过适当的环境解说服务和广告，令其了解在旅游中应遵守的社会公德，形成旅游者在旅游景区的行动约束。例如，可以在旅游景区设置较多方向标志，或很少设置方向标志，指导游客在规定的区域内活动，限制游客去不该去的某些区域。利用广告宣传工具，提供旅游机会信息，增加流量，若不想使游客过多，则不做广告宣传，向游客介绍活动的类型，特别是开放的场所和时间。

在门票、景点宣传品、路牌等醒目处均可安排适当的旅游宣传内容，营造一种遵守旅游道德的氛围。宣传教育的语言可使用富于情感性、有文化底蕴的倡导性口号，以理服人，以情动人，尽量不用警告性口吻的语言，尽量不用或少用生硬、冷漠、训诫式的禁止性条文，如“严禁摘花”“严禁攀登”“严禁乱弃果皮、纸屑、杂物，违者罚款”等。要重视旅游者的心理感受，这样才能达到与游客心理的沟通，能使游客心理上易于接受，减少逆反心理。总之，宣传教育主要是在旅游景区游客管理中，从游客心理出发，引导旅游者的行为。

3. 制定相应的规则

将游客在旅游景区应有的行为规定成详细、明确的注意事项，让游客明白这些遵守的注意事项和基本要求，是适当的而不过分，这样游客才愿意自觉遵守。制定的规则由于是对游客的一种约束，如果游客有抵触情绪，就会影响规则的执行。因此，对于旅游景区制定的规则应不断进行反馈评估，看其是否符合游客管理的目标，解决问题的效果如何，游客接受程度如何，对游客旅游体验有何影响，能否通过其他规则取代这些规则等。通过评估，找出规则与游客管理目标间的差距，对规则进行重新修正。一些旅游发达国家为维护旅游地环境和居民的生活专门制定了针对游客的规则，例如，英国发布《在英旅游告诫 20 条》，成为保护旅游者、东道主及其环境的行为准则，其中有许多涉及旅游者在旅游景区的行为。

在英旅游告诫20条

1. 切记：你是在做客，要体谅当地的居民和保护他们的环境。遵守当地的法律，尊重当地的风俗。

2. 离开海滩、公园和公共场所时，要像您想看到这些地方时那样。

3. 废物要扔进废物箱，要不就带回去，不要期望随即就有人来打扫。

4. 要压低嗓门，特别是在夜间和那些幽静的地方，如教堂和乡村。

5. 要尊重大自然，步行走专门的人行道，不要给野生动物喂食，不要采摘花卉和树枝。

6. 切记：许多人讨厌抽烟，不经心抽烟者可能在乡村造成火灾。

7. 不要在树上和历史遗迹上刻自己的姓名，或污损涂画。

8. 只要自己有理，可以申辩和申诉，但要注意礼貌。

9. 不要和照章办事的人员和执法人员争辩，因为他们只是在执行公务。

10. 不要受到诱惑而去触摸贵重物品，诸如画作、毯饰和石瓶。

11. 要照看好自己的孩子，以免孩子受到娇惯而做出破坏性的或易惹人生气的举止。

12. 如果要把别人摄入自己的镜头，须先征得对方的同意。

13. 己所不欲，勿施于人，不要推搡，不要插队。

14. 礼多人不怪，切记谈话带上“请”和“谢谢”。

15. 去教堂穿戴要端庄，切记：这种地方不是游乐场所。

16. 参观历史性建筑时，穿鞋要合适，高跟鞋会使之蒙受诸多损坏。

17. 访问地方时，可以大胆地“离队”进行。

18. 如果你是久住英国，那些热点地方，尽可以在淡季时去参观游览，获得的乐趣会多得多。

19. 如果时间允许，出门可利用公共交通；如果自己驾车代步，车要停靠在指定的地点，不要随意停放。

20. 可对当地的经济出点力，尽量多买些当地的物品，或尽力做些好事。

三、对游客破坏和扰乱行为的处理

游客在旅游景区的活动多数是健康文明的，但也存在着破坏和扰乱行为，如乱扔废物、乱刻、乱写、乱画等，不仅不利于旅游景区的环境，而且有损于旅游景区的形象。为维护正常的旅游秩序，保护旅游景区的环境，应对游客破坏和扰乱的行为进行严格处理。常用的方法有宣传教育、治安或刑事处罚、经济处罚等。

1. 批评教育

宣传教育是使游客认识到破坏及其他扰乱行为的后果，意识到自己具有协助解决这类问题的使命。

2. 治安或刑事处罚

对于严重违纪乱纪和破坏社会秩序的犯罪分子，应依法严厉打击，进行治安或刑事处罚。

3. 经济处罚

对于游客的破坏和扰乱行为，除应及时进行批评教育外，还应按管理条例规定让其负相应的责任，对其进行罚款处理。

4. 肇事者介入

采用让肇事者参与管理的办法，认识自己的错误，并加以悔改。如让肇事者在一定时间内参加巡逻，监督各种破坏和扰乱行为，吸取教训；对于乱丢废物者，让其介入清扫工作，加深对自己错误行为的认识。

第二节 旅游景区的容量控制

当旅游景区的吸引力增加时，同时也会感到游客增加带来的压力和矛盾，因此，合理地控制旅游景区流量和容量，就成为游客管理的重要任务之一。

一、旅游景区容量的概念

在旅游景区的规划和管理中常常用到容量或承载能力这个概念。戴维德·W. 莱姆（David W. Lime）和乔治·H. 斯坦奇（George H. Stankey）对容量下了一个定义，即“一定的游憩区，在某种开发程度下及一段时间内，仍能维持一定水准，且不致对环境或游客的体验造成过度的伤害”。可见，容量的概念与环境和游客的体验有着直接的关系，是与游憩管理的目标相一致的。旅游容量可以从许多角度去探讨，主要有生态方面、地质方面和文化或人文方面的。生态方面指动植物，地质方面指水文、土壤和地形，文化方面涉及社会、心理、美学、空间、财务和时间。旅游容量是一个概念体系，在这个概念体系中，有基本容量和非基本容量之分。基本容量包括旅游心理容量、旅游资源容量、旅游生态容量、旅游经济发展容量和旅游地域社会容量。非基本容量是基本容量在时间和空间方面的具体化与外延，是规划和管理中可以使用的工具，包括合理容量、极限容量、既有容量和期望容量，以及与旅游活动空间尺度相联系的容量概念。旅游景区容量是旅游容量的一种，旅游景区容量是非基本容量与旅游活动空间尺度相联系的容量概念，这个容量是指“游人活动的基本单元（景点）的容纳能力，如一个海滩、一处景观建筑、一条滑雪道，是旅游资源容量的具体化。旅游景区容量是区内各景点的容量与景点间道路容量之和”。旅游景区性质不同，旅游活动特性不同，容量也不同。那些旅游活动人均占地面积大，每次使用时间也长的旅游景区，比之于人均占地少、使用时间短的活动，同样规模的空间容量就小。

旅游景区容量在旅游景区管理中的重要作用有两个：一是保护旅游景区的旅游资源和环境免遭退化和破坏，旅游景区的饱和与超载会使生态遭到损伤，对旅游业的发展造成致命的影响；二是保证旅游者在旅游景区的体验质量。过分拥挤会使旅游者感到压抑、混乱，导致情绪烦躁，从而影响旅游质量。

目前，许多国家开始根据质量活动来衡量旅游业经营成功与否，这与过去的发展观念发生了激烈的冲突，在市场经济下，数量代表收入，但同时对资源的破坏也会随着数量的增加而增加。因此，低流量、高质量、高价值的旅游将成为未来旅游景区经营管理的价值观。

二、不合理容量产生的消极影响

旅游地域和设施承受的旅游流量或活动量达到其极限容量，称为旅游饱和，一旦超出极限容量，即旅游超载。当然，在实际管理工作中，旅游景区接待的旅游流量达到其合理容量称为饱和，超过合理容量为超载。

旅游景区饱和与超载可分为长期和短期的。长期的饱和与超载是指连续性的饱和与超载。短期性的又分为周期性的和偶发性的。周期性的饱和是季节性的，它源于人类活动的周期性规律和自然气候的周期性变化。例如，海滨旅游胜地总是在夏季人如潮涌，而滑雪胜地则在冬季人满为患。偶发性饱和与超载是一定时间发生了偶然事件而引起的，通常是旅游景区在举行大型活动期间或其他事件发生之日，客流量超出平常许多。例如，1999 年 4 月 13 日海南建省 11 周年纪念日那天，省内各个旅游景点免费向市民开放公园、旅游景区等游憩场所，海南南山佛教文化苑一天涌来了 1 万人，是平常的 8 倍多，过量的游客使旅游景区难以承受，原有的法事无法进行，众多的香客没有足够的空间和清净的心情烧香拜佛，匆匆了事；过多的车辆造成园门口交通堵塞，部分游客缺乏文明意识，园内种植的 300 棵芒果树和人心果树上的所有果实全部被游客摘走，旅游景区出动 100 名员工打扫游客乱扔的垃圾，当日运送几十车垃圾出园。旅游景区的资源和设施在利用时切勿超过其容量，否则会对环境和设施产生消极影响。饱和或超载对环境和实施的不利影响表现在以下几个方面。

（一）破坏生态平衡

游人的脚踏对于土壤和植物产生一定的影响，例如，野营地在一定的利用量下仍能保持一定的水平，但超过某一使用量后土壤就会遭到破坏。在以自然为基础的旅游景区，饱和与超载轻则损伤旅游资源，严重的则会造成生态系统失调。游人脚踏对土壤的破坏视土壤种类、岩石风化程度以及气候情况而定。例如，石灰岩土层就容易受到破坏。同样的旅游活动量所产生的对林地的践踏后果比对草地的要严重得多。草地上的植物在经受了1000 次践踏之后损坏量约达50 %，而同样的践踏量对于林地植物的损害却接近 100%。

（二）造成环境污染

在以自然为基础的旅游景区，旅游饱和与超载绝大多数情况下会导致对水体的污染。我国著名的旅游风旅游景区黄山、桂林等地，在旅游旺季因饱和与超载导致的水体污染日趋严重。此外，饱和与超载使得交通量增大，汽车排出的尾气会造成大气污染。

（三）对文物古迹的损害

饱和与超载会加速文物古迹的自然损蚀过程。例如，饱和与超载会影响古代木构建筑的牢固度，壁画雕塑会因过多的人体呼吸而影响其色彩。游客蜂拥而至常常使他们千里迢迢来观看的奇观遭到破坏。例如，刻在埃及卢克索寺庙墙壁上的古象形文字正在逐渐褪去，人工的照明设施和无数游客的汗渍、气味和指印对文物古迹也有不同程度的破坏。

（四）对设施的影响

饱和与超载会给设施增加很大的压力，若不注意使维护设施处于经常戒备状态，会影响到游客的生命安全。如登山护栏、缆车、游船和其他游乐设施等，超载或受到破坏后，也会危及游客的生命。

（五）影响旅游气氛

饱和与超载使游客感到拥挤不堪，满耳嘈杂，破坏了旅游地的静谧气氛，不能获得应有的体验质量，造成游客心理上的不适。

此外，严重超量的游客给当地社会带来压力，游客涌满街头给当地居民的日常生活造成了很大的不便，导致反感游客的情绪出现。著名旅游城市法国是世界上深受人们喜爱的旅游目的地，但许多景点出现了游客过剩的情况，拥挤的交通和环境问题使一些地方将游客拒之千里。

三、旅游景区容量的测定

（一）旅游景区容量指标

1. 单位容量指标

单位容量指标指单位旅游空间或设施容纳旅游活动的能力。这个指标的基点在于有一个同旅游景区承受的旅游活动相对应的适当的基本空间标准，基本空间标准用单位利用者所需占用的空间规模或设施量来表示，即旅游景区某一场所或设施在同一时间中每个游客所必须具备的最小面积或线路长度，例如，海水浴场容量单位为 10 立方米/人或 8 立方米/人，登山路长度 3 米/人或 6 米/人。因此，单位容量是基本空间标准的倒数。

旅游景区的基本容量或合理容量，是指旅游景区某一场所或设施允许容纳的游客数量，这种容量要保证旅游活动的“快适性”低于资源保存的“忍耐度”。

旅游景区的合理容量 = 旅游景区可利用面积/基本空间标准 = 旅游景区可利用面积 × 单位容量

这个容量为时点容量，考虑旅游者在旅游景区的周转率，可计算旅游景区的日容量：

旅游景区的日容量 = 时点容量 × 周转率

周转率是指旅游景区每日平均接待的游客批数：

周转率 = 每日可供游览的时间/游客平均逗留时间

基本空间标准的获得，是长期经验积累或专项研究的结果，需要通过对资源承受能力和对旅游者所在场所的拥挤与否和满意程度的多次调查获得。旅游景区的类型和性质不同，基本空间的标准是不同的。由于不同地区的游客对于旅游景区的体验不同，不同地区测得的基本空间标准也不同。

2. 生态容量

生态容量主要涉及以自然为基础的旅游景区，在生态容量限定范围内的客流量，不会导致生态环境的退化，或在很短的时间内自然生态环境能从已退化的状态恢复到原状。

生态容量指在一定时间内旅游地域的自然生态环境不致退化的前提下，旅游场所能容纳的旅游活动量。在自然环境本身的再生能力能很快消除旅游活动对生态的消极影响，或者自然环境对旅游者所产生的污染能完全吸收与净化的情况下，不需要人工处理部分旅游污染物，旅游生态容量的测定公式：

$$F_0 = \frac{\sum_{i=1}^{n} S_i T_i}{\sum_{i=1}^{n} P_i}$$

F_0：生态容量；

P_i：每位游客一天内产生的第 i 种污染物量；

S_i：自然生态环境净化吸收第 i 种污染物的数量；

T_i：各种污染物的自然净化时间；

n：旅游污染物种类数。

绝大多数旅游地，旅游污染物的产出量都超出了旅游地生态系统的净化与吸收能力，一般都需要对污染物进行人工处理，扩大原有生态环境限制下的旅游接待能力，扩展性的旅游生态测定公式是：

$$F = \frac{\sum_{i=1}^{n} S_i T_i \sum_{i=1}^{n} Q_i}{\sum_{i=1}^{n} P_i}$$

F：扩展性生态容量；

Q：每天人口处理掉的污染物；

其他符号意义同无须人工处理部分旅游污染物的生态容量测定公式。

总之，容量指标是控制旅游景区客流量的指标，旅游景区的容量指标确定后，可以根据这些指标衡量实际的接待人数，若接待人数超过了管理人员确定的容量指标，就应采取一定的措施控制旅游人数。

（二）影响容量测定的因素

旅游景点容量作为一种量化限制因素，很难确定统一的标准，容量受许多因素影响，不易严格科学测定。合理容量主要取决于旅游景区的类型、地方的环境、社会特征和客源市场等。容量测定可以从以下几个方面考虑。

1. 环境因素

主要是指能否维持生态平衡，防止旅游资源遭到破坏，保持空气、水无污染，环境安静无噪音。

2. 游客心理因素

游客对旅游景区的利用形式、体验、习惯等都影响着容量。合理的容量要做到旅游景区视觉效果好，人流适中，不过分拥挤。

3. 社会和文化因素

主要因素：防止文物古迹遭到破坏，不会引起当地社会结构和文化意识急剧改变而产生社会文化冲突，不扰乱当地居民的正常生活。

4. 设施因素

设施因素指旅游景区的游乐、交通、停车场、食宿条件、医疗及其他基础设施等，合理容量不会对基础设施造成过大的压力，交通能维持游客出入平衡，基础设施能满足旅游的需求。

（三）不同类型旅游景区容量控制

旅游景区类型不同，容量不完全相同。容量的控制应根据合理容量进行标准，将实际接待的游客流量与合理容量进行比较，超过合理容量，就应该采取一定的措施控制游客人数。

合理容量是旅游景区在不损害生态环境和维持良好的旅游气氛的前提下允许容纳的旅游者人数，是接待量控制的限制标准，表征着旅游景区的环境和设施对旅游活动量的限制程度，以及所要保证的旅游者体验的性质和质量。

旅游景区的类型不同，测定容量的衡量单位可以变通，如山岳和河流可以用单位利用者拥有的线路长度衡量基本空间标准，然后与旅游景区实际的客流量进行比较。

四、旅游景区容量的管理措施

旅游景区必须认识到饱和与超载的危害性，应随时掌握旅游景区的客流量，关注可能引起饱和与超载的情况的发生，设法采取一定的措施将游客流量控制在合理的范围内，避免饱和与超载情况的发生。

解决饱和与超载的关键在于时间和空间上的分流和疏通，主要措施如下。

（一）调节价格

根据需求规律，价格与需求的关系成反比，可以利用价格调节时间上和空间上的超载。利用价格调节季节性和偶发性超载，通过制定高峰期较高的价格，达到避免高峰期过量的客流量，把高峰期的客流量控制在饱和点允许的范围内。利用价格进行内部分流，旅游景区的客流量在空间上分布的不平衡，会造成局部的超载，例如，旅游景区的部分地区超载，而其他地方未达到饱和，剩余容量可以满足超载地区超载部分的游客流量，可利用价格进行内部分流，即在超载地区入口地段调高门票价格，限制流量。利用价格进行外部分流，解决整体性超载，具体做法是允许或以立法的形式提高超载的旅游景区的价格，如门票、食宿和交通等费用，以使不再出现整体性超载。还可以降低超载旅游景区临近景点的各种消费价格，将潜在的以超载旅游景区为目的地的游客吸引到未饱和的旅游景区去。

（二）限制性措施

在超载的入口地段设置限流措施，游人一旦达到饱和，则应停止进入。当然，这个方法容易引起游客的抵触。例如，为疏通拥挤旅游景区的交通，可采取限制车辆进入的办法。日本的国家公园一般允许自备车进入，但在高峰期，游客一律换乘公园内部交通车入内，防止拥挤。北京郊区风景游览区，春游旺季和节假日以及观赏香山红叶季节，都由公安点发旅游车证，无车证的不准进入。九寨沟旅游景区在2000年国庆节期间，把每天游客数量控制在1.8万人以内，其中团队票限制在1.3万张。

（三）安排旅游线路和时间

旅游者在旅游目的地的活动集中在几个景点内，通过合理地安排旅游线路和时间，将游客在旅游目的地内部分流，减轻超载的旅游景点的游客压力。对于旅游景区内部的局部性超载，要充分利用旅游景区空间，拉伸服务半径，统一调整，合理导向，避免游客过于集中在一个景点上，解决局部的人满为患现象。例如，敦煌莫高窟是旅游热点，游客要先进入复制的洞窟里听解说，再到实地观赏。这样游客停留在洞窟里的时间会相应缩短。故宫博物院在2000年国庆期间，将开放的时间从原来的早上9时提早到7时半。

（四）扩大旅游景区的规模

如果旅游景区通过内部分流后仍然超载，而旅游景区仍有扩大的潜力，则可以通过扩建的办法，通过扩大面积，从而扩大容量。例如，上海著名的旅游景区城隍庙终年游客拥挤，近年不断扩建，面积增加，有效地缓和了游客拥挤的矛盾。

（五）向游客宣传旅游饱和与超载的环境后果

向旅游者宣传旅游饱和与超载的环境后果，从而影响旅游者选择旅游目的地的决策行为，减轻旅游热点地区的压力。

（六）提供信息和设施对环境进行解说

提供信息和设施对环境进行解说，这样既可以增加旅游者对自然和文化的兴趣，也可以增强旅游者对环境保护的意识。

第三节 旅游景区游客安全的管理

保证游客在旅游过程中的生命和财产安全是旅游景区的重要职责。游客安全管理的任务是建立健全安全管理制度，维护旅游设施，保证功能完好，完善各项安全措施，妥善处理安全事故等。

天津水上公园蹦极事故

“三、二、一，蹦极！”这是每一位参加过蹦极活动的游客都熟悉的声音。但是，当一位勇敢者站在高台上向前迈出那挑战自我的一步时，是否想到了背后的隐患？

2000年4月16日，本是一个阳光灿烂的日子，但对于天津市塘沽区某职业高中会计专业的学生吕鹏（17岁）和陈玲（19岁）来说却是黑暗的一天。早晨他们与同学一起结伴到市里来玩，高高的蹦极塔和从前只在电视上看见过的人从高处飞身而下的冒险刺激场面，对这一对年轻人来说太具有吸引力了，于是在另外两名同学跳完之后，二人相约登塔一试……12点20分，当他们事先未做任何的检查就站在天津水上公园60米高的“蹦极塔”上纵身一跃的时候，噩梦降临了……当时吕鹏和陈玲系着一条保险绳从蹦极塔东边悬壁高空跳下，下落40多米后，向空中弹起，就在经过多次反弹即将结束而塔顶准备开始往下送人时，意外情况发生了：由塔顶操作员控制的保险绳突然下降，随绳摆动的两人的头部撞击在距东边水池边缘往南约1.5米的砖地上，现场顿时一片混乱。工作人员很快将园门关闭，隔着栅栏，只见两人倒在地上，头部满是鲜血，所幸蹦极绳有拉力，才未使二人摔得更加惨烈。几分钟后，120急救车赶到……

天津水上公园“蹦极塔”是由天津市凯茜置业有限公司于1998年12月投资500万元人民币兴建的，1999年7月经国家游艺机质量监督检测中心检测合格，1999年10月投入使用。蹦极塔高60米，两侧约51米和41米高处分别建有一个悬臂，悬臂下方各建一个4米深、400平方米（20×20）的人工湖。该项目全部技术指导由新西兰专业蹦极公司负责，蹦极绳采用国际蹦极协会认可的指定用绳索。另外，从负责“蹦极”器材检测的国家游艺机质量监督检测中心了解到，天津水上公园的“蹦极”设施在投入使用前检测是合格的，他们主要是以国家颁布的《游艺机和游乐设施安全标准》和“新西兰、澳大利亚设备生产厂家标准”为检测标准，而且事故发生时陈玲和吕鹏的脚扣并没有脱开，蹦极绳也没有断，因此可以排除设施本身的原因。

另据记录，陈玲和吕鹏的体重一共是100余千克，而他们使用的蹦极绳的承重能力是150千克。蹦极绳有3种承重等级，分别为35~65千克，65~95千克，95~150千克。蹦极者跳下前，按其体重的大小决定绳子固定的刻度，以使蹦极绳被蹦极者的身体拉到最大长度时也不会抵达地面（或水面）。然后，操作者会解开保险绳将蹦极者缓慢放到水池中的船上。

但事故后的调查分析表明，正是操作人员在最后一个环节的操作失误导致惨剧的发生。通常情况下，蹦极人在跳下塔台后，应来回反弹3次以后绳子才基本不会往四周晃动，这时方能松开蹦极保险绳，将蹦极人缓慢放下。首先，当时天津蹦极操作人员在反弹不到3次而蹦极者还未停稳的情况下就过早放绳并打开蹦极绳保险，致使蹦极者落在水池外。其次，蹦极绳放得速度过快、过长，使蹦极绳失控，而在正常情况下，蹦极绳放置最低点也不会接触地面。正是这些因素最终导致蹦极的人落在水池外，撞在水池旁边的砖地上。因此可以说，本次蹦极事故明显是由于操作人员盲目抢时间操作不当酿成的一起惨剧，完全是一次人为事故。另外，蹦极塔周围起保护作用的水池宽度只有20米左右，水池的深度不到2米，水池面积过小使得游客很容易荡出水池范围外，也为本次事故埋下了隐患。

一、旅游景区安全管理的重要性

安全是旅游者在旅游过程最担心的问题之一，加强游客在旅游景区的安全管理工作，保障旅游者的人身和财产安全，对于维护旅游景区良好的声誉，增强旅游景区吸引力，有着十分重要的作用。

旅游景区的有些项目是带有一定危险性的，如骑马、泛舟、游泳、攀岩、水上降落伞、滑冰、滑雪、滑沙等，一些景点还开发了各种惊险刺激的游乐活动项目，如各种机械游乐项目、索道、漂流野生动物、蹦极跳等。若疏于管理，便会危害游客的生命，一旦出现伤害，不仅会给游客带来无尽的痛苦，而且使旅游景区的形象受到影响。大多数受害者的行为都有违背游览规定的地方，如上海野生动物园发生的老虎伤人事件，一司机在老虎放养区因故走下车来，被老虎咬断颈动脉；浙江某动物园一游客将脚伸入斑马笼舍里，被斑马咬断脚趾；河南某动物园一游客为照相擅自走进动物笼舍，被野驴踢伤……尽管受害者本身有责任，但也反映了安全管理方面存在的问题，若旅游景区加强对游客的安全管理，教育和警示游客安全游览，安全措施得力，就会大大防止这类事件的发生。

加强安全管理有利于提高我国旅游景区的服务质量。旅游景区是否认真替游客着想，制定的各类游客安全旅游的规则和管理人员的安全操作制度，是否为游客提供了安全舒适的旅游环境，反映旅游景区是否为游客提供了优质服务。建立健全各类安全规则和制度，对游客的不良行为进行约束，防范特殊危险的地区或活动项目对游客造成危险，可以防止游客在旅游过程中生命和财产受到伤害和损失，是提高旅游景区服务质量的重要措施。

二、旅游景区安全管理的措施

旅游者在旅游景区的安全隐患存在于两个方面：一方面是游客在参与一些危险性项目时疏忽大意，没有遵守安全规则。例如，旅游者在海滨浴场游泳时游出警戒线以外，或在规定的时间以外游泳，而得不到救护人员的帮助；另一方面是由于旅游景区的道路和设备等维护不当而给游客带来的伤害。例如，登山护栏松脱、机械游乐设施故障等。因此，针对前一种情况，旅游景区应设立一些标牌和界限，旅游活动不准超越规定的地区。针对后一种情况，应加强设备设施的管理和维护，保证它们处于完好的工作状态。

（一）游客安全游览和活动警示

对于游客不遵守安全规则而引起的安全问题，可以借助于安全解说体系给予警示。注意，游客安全管理的旅游景区，常常将游客安全注意事项通过警示牌或其他手段向游客说明。旅游景区的道路设立交通安全标志，危险处设立明显的标志。例如，江阴鹅鼻嘴公园可经过一条又窄又矮的通道去江边看长江风光和江阴长江大桥，在通道的入口和拐弯处均有提醒游人小心慢行的标志。在旅游景区的简介上注明安全注意事项，也不失为一种明智的做法。例如，日本海洋巨蛋内有 5 个较为惊险刺激的游乐设施，为提醒游客注意安全，在游客须知上印有“警告游客”的内容。在其他一些简介上也有安全方面的规则，如禁止在游泳池中跳水和潜水，利用水梯时不要戴眼镜、手表、首饰，以确保安全等。对不同的项目应制定特定的安全注意事项。如日本最大的滑草场，在简介上清楚地标明游客在不同弯道的速度，以保证滑草的安全。规定游客在合适的时间进行旅游活动。由于恶劣的天气会给旅游带来不便，甚至造成危险，如遇到大雾、大雨和大风等恶劣的天气，应限制旅游车辆的通行。

（二）减少危险性的活动和项目

一些旅游景区为增加对游客的吸引力，会提供一些刺激性的活动或项目，如与凶猛的野生动物拍照。有的游客对供拍照的动物摆出一副武松打虎的姿势，这种让野生老虎明显感到敌意的行为很容易惹怒它们。为防治意外，应严格限制这类活动项目。

（三）保证各类设施处于完好状态

要做好旅游景区内道路的养护工作和设备设施的维修保养工作，对于那些危险景点、危险路段，必须设置牢固的护栏或护墙等防护设施，发现问题应及时解决。

（四）严格执行安全管理有关法规

为保证旅游者安全，对于一些危险性的旅游活动，我国颁布了安全管理办法和标准，例如，《漂流旅游安全管理暂行办法》《游乐园（场）安全和服务质量》的国家标准。这些办法与标准，为有危险性项目的旅游景区安全管理提供了依据。

三、加强旅游景区的治安管理

旅游景区的治安问题比较突出，在一些较著名的景点中，时有外国旅游者的财物被盗窃，给旅游景区造成很坏的影响。加强治安管理的目的是防止偷盗、抢劫、凶杀、敲诈、勒索和围堵等不法行为的发生。

四、安全危机事件的处理

旅游景区一旦出现安全事故，应尽快做出合理的处理，将安全事故造成的不利影响降到最低程度。出现安全事件时，应迅速采取可能性措施，控制事态进一步恶化。如出现受伤事件时，首先应采取紧急救援措施和救护措施，旅游景区应建立安全事故紧急救援组织，配备必要的安全防护救护设施、设备和医疗用品，一旦出现安全事故，可迅速组织救援。对安全事故进行调查。调查是为弄清安全事故发生的时间、地点，发生了什么事件，发生的原因是什么等，以为妥善处理安全事件提供依据。

做好善后工作，以免安全事件所造成的不利影响扩大化，使旅游景区的形象受到更大的损害。处理安全危机事件的对策：①对受伤害的游客和家属表示歉意和同情，及时回答和处理他们提出的问题和合理要求，不当场追究责任和推卸责任。②对新闻媒体准确、全面公开事实真相，尽量缩小危机影响面。③按规定做好安全事故的上报，如实向上级主管部门汇报事件的全貌，处理对策、方法和进展情况，事件处理后，系统地汇报处理经过、方法和今后预防措施。④热情接待公众的来访和询问，及时解决群众提出的有关问题，而不是有意回避。⑤对不合格的设备或管理引起的安全问题，要及时采取补救和改善措施，并将改进措施通过媒体让公众知晓，以挽回不利影响。

思考与练习

1. 旅游景区开展与管理中，游客常见的不文明行为有哪些？
2. 游客行为对旅游景区的负面影响有哪些？
3. 对游客不文明行为可以采用哪些方法来管理？
4. 旅游景区超载给旅游景区带来哪些不良影响？如何避免游客超载问题？
5. 当旅游景区发生安全事故时，应该如何处理才能将事故带来的负面影响降到最低？

第十一章　旅游景区的环境管理

本章摘要

优良的环境是旅游景区具有吸引力的保证，经营管理良好的旅游景区无不采取各种措施和办法来保护旅游景区的环境。旅游景区环境管理涉及环境保护、环境美化、良好的环境卫生和市场秩序等方面。本章通过分析旅游景区在环境方面存在的问题，着重阐明环境管理的内容和意义。

学习目标

- 了解旅游景区环境管理的内容和意义
- 理解旅游景区环境遭到破坏的主要原因
- 掌握旅游景区环境保护的措施和方法
- 掌握旅游景区绿化养护的主要内容
- 了解旅游景区环境卫生管理的对策
- 了解旅游景区市场秩序环境管理的对策

第一节　旅游景区环境管理的内容和意义

一、影响旅游景区环境的因素

旅游与环境有着密切的关系，过去人们只看到发展旅游业所带来的经济效益，却忽视发展旅游业给环境带来的消极影响，结果在发展旅游业的同时也破坏了旅游赖以存在和发展的环境。

旅游景区常常受到有意无意的破坏而失去原有的风貌。旅游对环境的消极影响主要表现在对大气、水流、动植物的破坏和干扰，以及对景观视觉环境的破坏等方面。旅游供给一方对环境的污染和破坏是在旅游景区开发建设和经营过程中发生的，主要是旅游服务设施排放的废气、废水、废渣和布局不当造成的环境污染和视觉影响。旅游需求一方的破坏是在旅游者的流动和暂时逗留过程中发生的，主要表现为拥挤、混乱、践踏、大气污染、噪声污染和视觉污染等。

从破坏行为来看，分为自然界的破坏和人为活动导致的破坏两种，了解这两种破坏的表现有助于建立旅游景区完善的保护体系。

（一）自然因素破坏

自然因素破坏是指由于风化侵蚀和自然灾害等使旅游景区受到的破坏。自然界的因素有些可以预防，但有些则是人们无法克服的灾难，如火山爆发、地震、台风、龙卷风、干旱、水灾、大面积的沙漠化等无法预防。这些自然因素破坏不仅使旅游景区内的自然景观遭到破坏，而且也会使人为设施受到破坏。只有加强预防以及事后谨慎处理，才能降低自然因素的破坏程度。

（二）人为活动破坏

人为活动破坏是指对旅游景区内的资源不合理利用、疏于管理和旅游者的不文明旅游行为等造成的资源破坏和环境污染等。人为活动破坏又可以分为以下几种。

1. 对地理环境的不合理利用

主要指滥伐森林、滥垦坡地及不重视水土保持，造成水土流失、山崩地滑、森林退化、植被改变，滥捕野生动植物，破坏自然生态平衡。在旅游景区的建设中，许多森林被砍伐，例如，无计划地在山上砍伐树木筑路、建造宾馆、修停车场、修娱乐设施等，严重地破坏了森林植被。黄山在修建云谷寺——鹅岭索道中，仅建白鹅岭站房就毁山7750平方米，砍伐成材林48450立方米，破坏了生态平衡和旅游景观。泰山修索道，把著名景观月观峰的峰面炸掉1/3，破坏地形及植被面积1.9万平方米，大大影响了闻名世界的泰山景观。一些自然保护区和野生动物的栖息地被辟为旅游景区，改变了野生动物赖以生存的环境，使它们失去安身立命之处。对地理环境不合理的利用已引起一系列生态后果。

2. 缺乏对环境保护管理的意识与措施

旅游景区的建设应予以规划，规划时必须首先做好环境评估，坚持旅游景区内各种建筑物与原有环境相配合的原则，对建筑物的质量、造型、色彩等作整体设计，以免施工后造成景物破坏而无法挽回的情况。著名的北京八达岭长城由于修建缆车钢架以及在长城脚下建造一些人造景观园，这个文化景观的整体和谐遭到了破坏。一些旅游部门打着发展当地经济的旗号，为经济利益所驱动，置保护环境的责任于不顾，不按规划，不经文物保护和环境保护部门的同意，盲目地、不加节制地在旅游景区内大搞开发建设，甚至在保护区范围内乱搭乱建，在遗址旁挖井开采地下水，在靠近重点保护区建小煤厂、小灰厂，排出大量烟雾和有害气体，形成酸雨，腐蚀遗址表面。例如，建于北魏年间的大同云冈石窟大佛，109国道于1999年8月改道而减少了煤灰对佛像的影响。然而，仅过两个月，众多的运煤车放弃国道不走，却又在旅游专线公路边的河床上开出一条土路行驶，扬起的煤灰尘比以前更多，使大佛再度蒙灰，这些灰尘对佛像表面有侵蚀作用。

3. 疏于游客管理造成的破坏

旅游者对旅游景区的破坏有两种情况。一是旅游者人数增加，一些旅游景区人满为患，对旅游景区的建筑和自然资源造成有形和无形的破坏。例如，敦煌壁画因进入石窟的人多了，窟内温度升高，二氧化碳含量增多，使壁画以过去数百倍的速度褪色，声光的作用也使壁画纷纷脱落。山西宁武县的万年冰洞，是我国迄今为止发现的最大冰洞，形成于第四纪冰期，常年保持 -4℃气温，但随着游客的不断增加，洞内温度升高，冰洞内一些造型奇特的自然冰体景观部分开始消融，冰洞顶部出现周长数米的大裂口，有的冰体甚至受到人为破坏，冰洞面临“毁灭”的危险。英国伦敦的坎特伯雷大教堂，由于旅游者络绎不绝，原来五英寸厚的台阶被磨得不到一英寸。二是旅游者不文明行为造成的破坏。例如，不注意森林防火，随意捕捉动物和采集标本等，游客可能干扰动物栖息地，造成生态环境破坏。

4. 环境污染

环境污染是指旅游活动不当而造成的湖泊、河川、海洋的水体污染，车辆、游艇等造成的空气和噪音污染，以及各种固体废弃物，如旅游者环境卫生观念差，乱丢杂物、果皮纸屑、玻璃塑料容器、生活垃圾等造成的地面污染。一些旅游景区原来清净的土地和水源，由于游人进入，到处乱扔纸屑、塑料包装、空瓶等，以及在净水中游泳浴身，造成土壤和水体的污染。江苏周庄古镇由于游客的增多，满载游客的花船不绝如缕，小河的水不再清澈，汽艇穿梭在小河的河道中，排出的废油污染了河水。旅游景区的宾馆、饭店等生活设施经营中排出的废气，污染了旅游景区的空气。

二、旅游景区环境的内容

旅游景区环境管理的目的是保证为游客提供良好的环境质量。影响环境质量的主要因素包括空气的质量、水质（饮用和娱乐用水）、环境清洁度、噪音、排水、拥挤度、建筑和景观的美学价值以及环境气氛的舒适度等。旅游景区对于这些问题的管理可以从两个方面着手：一是规划阶段的管理；二是日常的环境维护。规划阶段的管理是在开发一个新的旅游景区或原有旅游景区在进行新的项目建设时，要进行认真全面的可行性研究，避免只顾眼前利益，盲目开发的行为，要从长远出发，考虑今后几十年甚至几百年的环境状况。旅游景区环境日常管理的内容涉及环境绿化、建立保护区、环境卫生、游客管理及经营秩序管理等。

（一）土地分区使用

将整个旅游景区分成各种功能区进行区别管理是认识和保护旅游景区环境的基本步骤，是旅游景区旅游资源经营上的重要措施。分区管理可以将环境整体分成几个部分，分别制定保护方案。例如，可在旅游景区内划分出一定的保护区、预留区、禁止开发和粗放使用的地区。在粗放使用地区为便于旅游者观赏景观，允许在旅游景区适当建设道路、步道、风景眺望点和食宿等设施。自然保护区的旅游开发首先要划分出核心部位，对核心部位采取封禁式的保护方法，核心区不开展旅游活动，杜绝人为干扰。有些旅游景区的水域划分出“禁游区”，以确保水质不被污染。例如，西班牙为保护海岸线，使海岸线免遭旅游者破坏，自高潮线起向内陆延伸100米地段内建立保护带，在保护带内，禁止建造住宅、非法筑路、滥采沙石、砍伐树木、乱倒赃物及安置广告等。在这一带获得建筑许可的只有咖啡馆、饭店和其他有“特殊意义”的建筑。

（二）加强旅游景区的绿化工作

环境绿化工作是旅游景区环境管理的重要内容。绿色植物通过光合作用吸收二氧化碳，放出氧气，这对人类社会是极其重要的。绿化工作可以净化空气，美化环境和景观，增进水土保持，保持生态平衡，同时有防风防灾的作用。

（三）制定安全防火措施

一些易受破坏的旅游景区必须制定有效的防火措施，包括景点防火设施、防火制度及游客防火注意事项等，尽可能杜绝火灾隐患，将火灾发生的可能性降到最低限度，并在火灾突然出现时及时采取有效的应变措施。

（四）环境污染控制

环境污染控制，是指将噪声污染、水污染、空气污染、辐射、恶臭等各种污染控制在环境标准范围以内的措施，目的是为游客营造一个良好的卫生环境，使游客在愉悦的心情下从事各种旅游活动。例如，设立完善的污水、废弃物的处理设施等，由于植物在解决环境污染问题净化空气中的作用尤为突出，故可运用植物进行控制。

（五）维持旅游景区良好的市场秩序

市场秩序是旅游景区环境的重要组成部分。市场秩序混乱有损于旅游景区的形象，也给游客带来很大的不安。市场秩序管理主要包括规范旅游景区各项服务，如旅游纪念品出售、景点摄影、景点导游等的管理。

（六）严格执行各项保护法律和法规

旅游景区环境管理可以依法进行。为使旅游景区内的资源免遭破坏，目前已制定了一些与旅游景区环境保护有关的法律法规，使旅游景区内的资源在相关法规的保护下得以合理开发和利用，例如，《中华人民共和国环境保护法》《中华人民共和国森林法》《中华人民共和国文物保护法》和《野生动物保护法》等。旅游景区应严格执行与其相关的各项环境法律法规，用法律武器打击破坏环境的行为。

三、旅游景区环境管理的重要性和意义

（一）旅游景区往往是观察一个地区风貌的重要窗口

这是因为旅游景区是一个地方自然景观最典型、历史文化最突出之处，游客就是借此了解旅游地自然、历史、文化以及社会经济发展水平的，对旅游者来说，旅游景区代表着旅游目的地的形象。旅游景区是人们在紧张忙碌之余放松自己、消除疲劳，从事观光游览与休息的场所，清新的空气、恬静优美的自然生态环境，能使旅游者精神愉快，达到高层次的精神享受。因此，环境是旅游景区管理中的一个重要的问题，它是衬托和突出景观的重要因素，是旅游景区管理中不容忽视的问题。质量差的环境必然导致景观效果降低，甚至使人失去观赏的兴致。旅游业的发展给环境带来的问题正引起游客的担忧。

（二）旅游景区环境质量应高于一般生活与生产环境质量

旅游环境水平首先应以符合一般环境质量标准为最低限度，保证人体健康对环境质量的基本要求。除此以外，还应满足旅游者更高的心理和审美要求。因此，旅游景区不仅要保证空气清新、水体清净、卫生良好等，还应保证风光优美、景观协调和气氛融洽等。只有优美、原始、自然的环境才有持久的吸引力。旅游景区的环境、卫生、交通和安全等情况的好坏，直接关系到旅游目的地的旅游服务质量。对旅游景区环境的重视程度和管理水平的高低，体现了管理人员的素质和能力。那些注意环境保护的旅游景区，使旅游景区美得到了很好的展示，同时也表现了管理人员所具有的良好的职业素质。

良好的环境质量也是旅游景区具有吸引力的重要保证。素以丹山碧水著称的武夷山，被人们称为“未受污染的世界环境保护的典范”，是和武夷山坚持把保护风景资源和环境作为首要工作抓紧、抓好、抓实分不开的。

旅游发展是在资源和环境允许的条件下的发展，特别是资源和环境的可持续发展，不能因为追求经济利益而忽视环境效益和社会效益。因此，旅游景区要加强对景观和

环境的保护，制定法规和规划，科学开发，依法管理，禁止无规划、无计划、无设计的开发和乱选址、乱建造的建设，保证旅游景区的可持续发展。

第二节 旅游景区的环境保护管理

市场经济在发展过程中，盲目追求经济利益的行为使旅游景区在处理保护与发展的关系中遇到较大的阻力。旅游资源一方面要严格保护，稍一放松，就可能无法收拾，另一方面要适合旅游发展的需要，适应人们生活娱乐形式的转变，保护和发展的矛盾越来越突出。能否保护好环境是关系到旅游景区前途和命运的大事，旅游景区的管理应慎重处理保护和开发利用之间的矛盾，尤其是以自然风景和文化古迹为主的旅游景区，应把环境保护当做头等大事，从观念上、认识上、管理手段上、管理人员素质上以及法制上全方位着手，处理好保护与开发的矛盾，使旅游景区自身得以永续发展。

一、强化规划建设中的环境保护意识

旅游景区的规划建设是一个动态的过程。旅游景区建设完成之后并非一劳永逸，经过一段时间后，需根据市场变化进行新的规划建设。在新的开发建设中，应在保护的前提下，尽最大努力防止对资源的破坏。例如，青岛嘴山旅游景区在索道的规划建设中，慎重选线，避开主要景点，防止破坏沿线的景物、景点和植被。

在旅游景区开发建设中，建立环境影响评估制度，可以使旅游对环境的消极影响控制建立在科学的预测和评价基础上。尽管旅游对环境影响的因素比较复杂，而且因旅游景区的类型不同、范围不同、性质不同而不同，这些都增加了环境质量评估的难度，但是，这项工作是必需的，否则，控制旅游对环境的影响便缺乏科学的依据。

旅游景区各个项目的建设要严格按照规划进行，遵循建筑风格与周围景物相协调的原则，严格控制建筑物的规模、体量、高度、造型和色彩。建立以环境保护为根本的旅游设施建设标准，以保证环境质量。例如，美国国家公园内不建别墅区，不建游乐场，不建人造景点，不建高层、大体量、豪华的大型宾馆、餐馆，不设高大门楼，在入口处只设简单标记，售票亭也是小亭，园林绿化设计采用自然式，不用整形水池和喷泉，不用花坛绿篱，建筑自然粗犷，与自然协调。因此，为保证旅游景区的自然环境，设施建设的标准应周密设计。设施建设要考虑的标准有建筑面积和密度，为维护景观的美感，建筑物与自然和人文景观应保持合理的建筑高度和风格等。严禁破坏景观、污染环境、妨碍游览的建设，对已经建成的设施，如果破坏了环境，则毫不留情地予以拆除。例如，武夷山为申报“世界自然与文化遗产名录”，拆除了坐落在武夷山旅游景区核心地带的三星级酒店——九曲大酒店。

减少使用污染的能源。为了减少污染，旅游景区可以使用没有污染的能源。例如，黄山旅游景区用电能代替了煤炭、柴油、石油液化气，杜绝了空气污染源。北京长河的游艇，使用无污染的电瓶，使河流保持清洁。

二、加强环境保护工作的组织建设和制度建设

搞好旅游景区环境保护工作，旅游景区必须有一个良好的管理体制和一套完备有效

的管理手段，必须建立健全保护工作的组织和制度。新西兰堪称旅游与环境协调发展的典范，其对自然资源的保护，设有自然资源保护部、区域保护办公室和旅游景区保护中心三级保护体系。各区域保护办公室和各保护中心都设有完善的通信、资料和电教设施。旅游者到旅游景区，必须先看录像、图片和沙盘等，以增强旅游景区环境保护意识。青岛嶗山旅游景区为加强旅游景区环境的保护管理，在旅游景区管委会下设风景保护处，统一负责风景名胜资源的保护工作。在有关游览区设置检查站，配备专职的检查人员，同时嶗山林场设有林政科和森保科及林业公安派出所，负责嶗山森林资源的保护管理。为保护旅游景区的古树名木，成立古树名木保护联岗小组，划分了管护区域范围，并与保护单位签订协议书，聘请园林专家对旅游景区的古树名木进行调查、登记、建档，设置专门的防护石围栏。对于处在游人集中区域的树木围捆树干，防止人为的损伤。在防火组织的建设上，嶗山建立了防火专业队、突击队、预备队，组成了以管理处牵头，公安、联防以及驻旅游景区各单位参与的护林防火联防网络，完善了防火责任制。

三、采用适当的经济措施加强对环境的保护

采用经济措施加强对环境的保护，需要对旅游景区的资源价值有正确的认识。传统的经济学理论中认为未经人类劳动的资源是无价的或低价的，旅游开发基本上是无偿提供开发。那种产品高价，资源低价的经济价值体系，导致了旅游资源的掠夺性开发，损害了资源的长远利益。从环境保护的角度开发，旅游资源不再被看做无价的和低价的，旅游景区资源的开发必须付出一定的代价。经济的措施对经营者来说，一是在旅游开发时必须进行环境投资；二是征收旅游排污费和资源税。这样做，一方面可以为环境保护提供资金来源，另一方面也使旅游经营者合理利用旅游资源，重视旅游景区的环境保护。例如，青岛崂山为控制滥采砂砾石现象，对旅游景区内在建工程实行了收取自然风貌维护抵押金的办法，收到较好的效果。

四、防火管理

火灾是保护旅游景区森林植被和文物古迹的大敌。要保护好旅游景区的植被，必须把防止发生森林火灾放在管理工作的首位。我国的旅游景区内古建筑极其丰富，且大多数为木结构，防火工作绝不可掉以轻心。在旅游区内，往往会因游人乱丢一个烟头而引起火灾，造成植物景观的严重破坏。北京的香山、八大处等公园，曾几次因游人乱丢烟头而起火，由于及时发现而未酿成重大灾难。

防火管理的措施主要如下。

1. 建立健全消防设施

大的旅游景区应设置消防中心或救护中心，配备消防车，防止意外火灾。规模小的旅游景区，应有足够的消防器材，并保证这些器材处于良好的状态，随时能够使用。

2. 对旅游景区工作人员加强消防培训

旅游景区的管理和工作人员应接受救护和消防的专门训练，最好能在一定的间隔时间内进行演习，以免救护时不知所措。

3. 加强对游客的警示

特别需要注意防火的旅游景区，应采取各种方法给游客以醒目的防火警示。例如，

湖南武陵源风景名胜区在发售门票时同时给游客一张副票，正中用大号红字提醒人们注意这里是“特级防火区”，并说明火源的危害性。

五、对环境易受破坏的旅游景区进行专项保护

旅游景区必须采取切实有力的技术实施对环境进行保护，大力推广和普及节能、节资的先进技术，提高能源、资源利用率，减少污染和破坏。如山西宁武县万年冰洞是我国迄今为止发现的最大冰洞，随着游客的增加和气温偏高，洞内一些自然造型的冰体景观开始部分消融。为防止冰洞面临毁灭的危险，山西省旅游局建议在洞口安装大型制冷设备，向洞内输送冷气，来抵消游人散发的热量；入洞游览者要求穿棉衣，在洞内不准照相，不准吸烟，不准破坏冰体，对入洞者实行实时定量控制，避免造成洞内温度骤增。

六、加强环境保护宣传

在我国，一些著名的旅游景区历来十分重视环境保护问题。广东历史文化名城肇庆的星湖风景名胜区江峡平湖、山岩峭壁、摩崖石刻、古刹古塔保护完好，与其对保护的宣传是分不开的。在众多的摩崖石刻中，有一则古代的石刻“泽梁无禁，岩石勿伐”，就对星湖环境的保护起了重要作用。环境保护宣传是利用一定的媒介向公众传播环境保护的重要性，时下在旅游景区流行的话语“除了脚印，什么也别留下；除了摄影，什么也别索取”，就是针对环境保护、减少污染和资源破坏而提出的。可以利用旅游景区的环境解说系统，增加环境保护方面的内容。例如，湖南武陵源风景名胜区的门票副票上正面强调防火的重要性，背面印上游览时注意保护环境的注意事项。

七、增加与环境保护有关的活动项目

旅游景区为增加吸引力常常会开展一些有游客参与的活动，为加强环境保护，可以增加与环境保护有关的内容。如植树活动，开展与旅游景区有关的知识竞赛等，提高游客在旅游活动过程中的环境保护意识。

八、建立健全环境保护管理的条例、法规和办法

旅游景区的环境保护问题可通过立法来明确。旅游景区应结合自己的实际发布有关本旅游景区的环境保护条例，为环境保护提供管理方面的依据。旅游景区环境保护管理的条例和办法，可以以具体的旅游景区为单位，针对具体的环境保护问题制定，例如，青岛崂山制定发布了《关于严禁在崂山旅游景区违章开采砂石的通告》《崂山古树名木保护管理实施办法》《加强森林防火工作实施意见》等，从而保证了环境保护工作的顺利开展。也可以从宏观上针对某一地区的旅游景区制定，如历史文化名城绍兴下发《关于加强旅游景区环境保护工作的意见》，具体措施有：①各旅游景区建立环境保护规章，设立生态定位酬客站（网），在旅游景区开展“花钱买垃圾，给我一袋垃圾，送你一份礼物”等活动，限期搬迁或拆除严重影响自然生态的工业设施，在各旅游景区推广建造生态厕所。②在旅游线路和重点景点设环保标语牌和提示牌，营造旅游景区环保气氛。③县环境监测部门定期对各旅游景区的环境质量状况进行监测，及时发布环境质量公告。从宏观角度制定环境保护的管理办法和措施，可能缺乏针对性，

但是为各景点景区制定环境保护管理办法和措施提供了依据，从而提高了整个旅游地区的环境保护效果。

第三节　旅游景区的绿化养护管理

一、旅游景区绿化养护管理的目的

绿化养护管理是自然环境保护的重要措施，其目的在于保障绿色植物的生存能力，使各种生物资源的开发利用永续不断。

植物在旅游景区的功能是多方面的，除用来装饰供观赏以外，还有许多功能性用途，例如，遮阴、挡光、缓和太阳辐射；提高相对湿度，减低风速，调节地域气候；减弱噪声，吸收有害气体；防止空气污染，防止水土流失等。植被保护得好，树木花草郁郁葱葱，使人倍感生机勃勃。

旅游景区，尤其是旅游景区绿化，不仅要满足观赏的需要，而且要从生态学的观点出发，绿化对环境方面的长期影响，表现为功能上全面、经济上合理和生态上稳定，讲究长期的环境效应、经济效益和社会效益。因此，要加强绿化工作的业务培训，提高业务技术水平，建立健全各种规章制度和责任制，提高旅游景区的绿化养护和管理水平。

二、旅游景区日常绿化养护的内容

（一）中耕除草

中耕除草是疏松土壤，除去与树木争肥争水且有碍观瞻的杂草，目的是保墒、通气、调节土温，促进土壤养分分解，便于树木根系生长。中耕时不可损伤树木根系、树皮和枝条，树下的草皮也不宜除去，以覆盖裸露地面。

（二）灌溉

树木生长需要足够的水分，自然水分不足的地方要进行灌溉，干旱季节对树干和树冠进行喷雾，以维持树木的生命。

（三）施肥

肥料是植物的粮食。为了使树木生长茂盛，开花者花团锦簇，结果者果实累累，必须根据树木的特性选择合适的肥料施肥。化肥与有机肥交替使用，名贵树木可适当施加微量元素。

（四）修剪与整形

修剪与整形能使树木生长健壮，花艳叶茂，树冠整齐美观，提高观赏的艺术效果，还能改善通风透光条件，减少病虫害。修剪有自然形树冠修剪和规则型树冠修剪，前者保留树冠的原有自然形态，后者则按人们的立意剪成各种立体几何形状。旅游景区树木的整形尤为重要，应根据树木习性和观赏需要修剪成特定的形状，强化旅游景区的美学效果。

（五）疏伐

当林木的郁闭度超过一定的标准时就要进行疏伐。疏伐前要先标号，保留观赏价值高、材质好、姿态好、生长好的树木，伐除生长不良、病虫株、腐木及无观赏意义的树木，以保证林木健康茁壮成长。

（六）防寒与防风

对那些耐寒能力低、易倒伏的树木，防寒防风十分重要。防寒的措施有培土、铺草、卷干、扫除枝叶积雪等。防风措施有立支柱、扶正吹斜的树木、修剪删枝等。

（七）防止病虫害

防止病虫害要贯彻“防重于治”的方针和“综合防治”的原则，控制病虫害的发生，以免树木花草衰败，有碍观瞻。绿化养护工作要掌握病虫害的发生规律，及时施药，减少病虫源。一旦遭到病虫危害，应迅速组织防治或救灾。

三、旅游景区绿化养护管理

旅游景区内的植物应妥善保护。植物可以维持生态平衡、改善环境、美化景点旅游景区，所有树木都要加以保护。任何个人和单位都不能毁损花木，都应该制止不利于植物正常成长的行为，如倾倒污物、堆置物品、挖沙采石、割草取土、放牧开垦。对于那些稀有的、名贵的具有历史价值和纪念意义的古树名木，要建立档案和标志，进行重点保护，严禁砍伐和破坏。此外，还可采取必要的技术性措施保护树木，如黄山为保护树木，用竹条给路旁的树干围成护裙。

第四节　旅游景区的环境卫生管理

一、旅游景区环境卫生管理的必要性

环境卫生管理是旅游景区管理中的重要问题，但在旅游景区管理中往往被轻视。旅游景区管理水平的高低，在一定程度上，可以从环境卫生上反映出来。我国的旅游景区，由于游客的卫生观念差，乱丢垃圾废物，而旅游景区又不严加管理，破坏了环境的美观效果。在洛阳龙门石窟奉先寺，所有的雕像都赤裸裸地暴露在外面，佛像的面部和身上落了许多鸽子屎，令游人目不忍睹。此外，一些文物展览类的旅游景区，房梁上满是尘土，珍贵文物身上蒙上厚厚的灰尘，玻璃罩上有明显的手印和油渍，作衬垫用的布也已掉了颜色，影响欣赏效果。旅游景区是天天让人看，专门供人欣赏的，环境卫生就好比旅游景区的脸面，必须保持清洁和美观，否则，再美丽的旅游景区也是丑陋的。

旅游者总是把卫生条件视为自身健康安全的重要因素之一而予以极大关注。旅游景区的垃圾、污水等不适当存放、排放和处理，污染环境，损害人体健康。无机固体废物会因化学反应而产生二氧化硫等有害气体，有机固体废物也会因发酵而释放有毒有害气体，固体废物还会因寄生或滋生各种有害生物，如鼠、蚊和苍蝇等，传播病菌，引起疾病，直接对人体健康造成危害。

我国一些旅游景区环境存在着严重的环境卫生问题。如被称为“千泉之城”的济南，其泉水源头之一——千佛山已受到废弃垃圾的包围，绵延几千米的垃圾带裸露地表，降雨之后，污染物部分被溶解，随雨水渗入地下，造成地下水污染，对群泉的水源构成威胁。旅游景区的公共厕所“脏、乱、差、少”的问题也十分严重，并在很长一段时间是中外游客投诉的焦点。因此，为了保证游客的健康安全，旅游景区必须妥

善处理垃圾废物，保证旅游景区参观游览区及生活设施（如饮食场所、厕所）的清洁卫生，防止因卫生问题给旅游者带来的伤害。

二、旅游景区环境卫生管理的措施

（一）严格遵守执行卫生方面的法律法规

许多法律法规涉及环境卫生，例如，我国《风景名胜区管理暂行条例实施办法》中明确规定，风景名胜区要妥善处理生活污水、垃圾，不断改善环境卫生，加强监督和检查，严禁随意排泄或倾倒。

（二）制定有力的适合本旅游景区的环境卫生管理制度

许多管理得好的旅游景区都有自己独特的环境卫生管理制度。例如，苏州虎丘旅游景区实行了全日跟踪保洁的动态管理，制定了清洁班提前一小时上岗制度、三全保洁制度和分片包干负责制度等，使虎丘的环境卫生走上了有效管理、长效管理的轨道。青岛嵛山旅游景区在环境卫生管理中，推出了“全日制保洁”和“半小时保洁”法，做到层层有人管，处处有人抓，推动了旅游景区环境卫生管理工作的逐步提高。陕西华山旅游景区全面推行 5 分钟保洁制度，即每个保洁员管理的卫生地段内，游客遗弃在地上的废物不得超过 5 分钟。卫生人员每人一套洁具，以捡拾为主，清扫为辅，优化旅游环境。深圳锦绣中华主题公园甚至推行跟踪保洁法，游人在前丢下一个烟头，服务人员就跟在后面捡起，游人在前面吐一口痰，服务人员就跟上来将其擦干净，坚决消除不卫生现象。广东河源市万绿湖旅游景区，导游小姐身背“环保袋”，一边督促游客注意保护环境，一边将游客手中的纸盒、塑料瓶等垃圾收集起来，将环境卫生的责任推广到清洁卫生队以外，保证了对不卫生现象的及时处理。

（三）加强环境卫生硬件设施的建设

旅游景区应有足够的与游客容量及场地规模相适应的环境卫生设施，包括厕所和废物箱的建设。没有废物箱、垃圾箱或果壳箱之类的设施，游客的果皮纸屑只好随处乱扔，游人找不到厕所，只好在不方便的地方“方便”，那些没有这类设施的旅游景区往往塑料袋、易拉罐随处都是，散发着腐烂发臭的气味。而那些设置了垃圾设施的旅游景区，反映了环境卫生方面的良好管理。安徽黄山风景名胜区沿途设置了用石头围成的垃圾池，取得了良好的环境效果。旅游景区的垃圾箱和厕所的设计也很重要，设计得好则可以成为环境的一种点缀。湖南张家界国家森林公园的垃圾池设计巧妙，以山石设置，宛如树桩，与环境景观十分协调，颇得游客的赞赏。

（四）开展环境卫生达标活动，推动旅游景区的环境卫生管理

例如，通过开展环境卫生整治活动，使我国一批旅游景区获得“全国环境卫生管理达标旅游景区”的称号，从而赋予这些旅游景区良好的环境形象，赢得了人们的赞赏。

（五）提倡游客参与保护环境卫生活动

浙江江郎山旅游景区开展丰富多样的生态环保旅游活动，游客在山上捡一塑料袋垃圾，可以领取一份纪念品。无独有偶，贵州某旅游景区推出垃圾换奖品的办法，游客从山上带下 1 千克垃圾，可换回一盒牙膏、一条毛巾或一块香皂之类的生活用品，多带多奖，许多游客自觉地把喝空的易拉罐、果皮、食品包装袋等带下山。这种做法

的意义在于唤醒游人自觉自律意识和环保意识，使自然环境免受污染。

总之，旅游景区在改善设施的同时，应采取有效的措施改善卫生环境，加强对废气、废水和固体废物的综合治理，解决脏、乱、差问题，维护文明、高雅和美丽的旅游环境。

第五节 旅游景区的市场秩序管理

旅游是围绕旅游景区发展起来的，旅游景区的发展会吸引旅游景区周围的群众纷纷涌入旅游景区内或在外围经商赚钱，若管理手段跟不上，旅游景区无证经营，假冒伪劣商品强行尾随兜售等不良现象会纷纷出现，造成很坏的影响，损害旅游景区的形象，削弱旅游景区的吸引力。

一、旅游景区市场秩序混乱的表现

1. 乱设摊点

管理不善的旅游景区，摊点的设置很不规范，四周的摊点设置也很乱，没有规范化的管理。旅游景区的入口处常常密密麻麻地摆放着许多无证摊点，不但破坏了视觉美感，打破了旅游景区应有的清雅宁静的气氛，而且堵塞游道，给游客的旅游活动带来很大不便，甚至还会因强行兜售发生冲突。例如，在西安秦始皇陵入口处乱设摊点，影响了旅游环境。

2. 流动叫卖

流动叫卖者通常三五成群将刚刚到达的旅游者团团围住，竞相兜售旅游纪念品，成为旅游景区市场的一大公害。有的商贩，逼着游人买他们的东西，死缠不放。西安秦始皇兵马俑门前有不少人向游客兜售商品，甚至不买就嘲弄或辱骂游人。洛阳白马寺门前就被卖东西的人团团围住，使游人寸步难行。还有些景点的开摩托车者、轿夫、马夫等围车拉客，令游客无所适从。流动叫卖扰乱旅游者的正常活动程序，破坏了旅游景区给游客的印象，甚至增加了旅游者与当地人民之间的矛盾。

3. 无证导游

无证导游未经专门培训，不熟悉旅游景区的有关知识，不懂得导游工作的技术规范，不仅坑蒙拐骗旅游者，而且歪曲历史事实，扰乱正常的旅游秩序，造成不良的政治影响。封建迷信、乞讨等是有损于旅游景区形象的活动。旅游景区乞丐成群，登山道上，三步一哨，五步一岗，向游客索要钱财，大煞风景，有的乞丐对不施舍者甚至恶语相加，败坏游客的兴致。还有的旅游景区大搞封建迷信活动，算命看相，败坏社会主义精神文明。

4. 出售假货

到旅游景区游览的游客，一般是远道而来，很难再回头，这就给出售假货者以可乘之机，尤以出售假胶卷和假的旅游纪念品为盛，土特产品类也不乏掺假的情况。

此外，旅游景区的乱收费现象也是环境秩序混乱的表现。

二、旅游景区市场秩序的整治

（一）建立统一的管理制度，规范旅游景区的管理

旅游景区依其归属不同，涉及建设部门、林业部门、环境部门、文化部门、宗教

部门、工商部门和旅游部门等众多部门，尤其是综合性的风景名胜区，应建立统一的管理制度，使旅游景区的职能部门既有明确的分工，又有紧密的联系。对旅游景区的饭店、餐馆挂牌编号，摊贩统一挂胸卡营业，商品统一明码标价，机动车辆、轿子、马匹等运载工具统一停靠，统一收费，导游统一持证上岗，为旅游者创造一个安全放心的环境氛围，树立旅游景区良好的管理形象。

（二）取缔无证摊点，限制旅游景区商业经营和服务的数量和商品经营的区域

例如，黄山1996年综合治理方案规定，旅游景区内抬轿、挑包、摄影、快餐和工商棚的个体工商户的经营人员总数不得超过375人，并且具体安排在各景点区域内，由管理部门按照规定严格管理，以确保这些经营行为不破坏环境和景物，不影响景观，不妨碍游客通行和观景，更不得侵犯游客的人身安全和损害游客的经济利益。

（三）设立旅游景区的举报制度

在旅游景区可以设立举报岗亭和举报电话，对不法经营进行监督和制裁，遏制旅游景区拦客、宰客等欺骗行为。对不法经营的行为给予行政或经济上的处罚。例如，苏州虎丘旅游景区向社会推出服务承诺制，制定了11条社会服务承诺制度、服务内容、服务标准及违诺责任制等，并把承诺内容公布在大门口，公开接受游客监督。同时设立投诉电话和投诉意见箱，设行风监督员，对游客的投诉信件做到“有诉必复，违诺必处”。广西在一些旅游景区设置旅游质量投诉标牌，使游客直接参与监督旅游景区服务质量，对价格与服务项目不符的问题等进行举报。

（四）宣传教育

可对旅游景区的从业人员定期举办学习班，教育从业人员自觉维护旅游景区的声誉，还可利用广播、电视、报纸、标语等宣传媒介对当地人民进行法制观念和服务意识的宣传，改善旅游景区从业人员及周围人民与旅游者的关系。例如，衡山旅游景区在有线台开辟创建国家级文明旅游景区专栏，及时报道创建进度及正面典型，并大胆曝光旅游市场上存在的种种丑陋现象，引起人民群众的强烈共鸣，调动了人民群众整治旅游环境的积极性和主动性。

思考与练习

1. 破坏旅游景区环境的主要因素有哪些？
2. 保护旅游景区环境的主要措施有哪些？
3. 旅游景区绿化养护工作的主要内容有哪些？
4. 旅游景区市场秩序混乱的主要表现是什么？如何进行有效管理？

第十二章 旅游景区的商品经营管理

本章摘要

旅游产品是旅游活动“食、行、住、游、购、娱”诸要素的集合体，而旅游商品只是旅游产品中的一个要素，即“购”的要素。旅游购物是旅游者旅游经历的重要组成部分，同时也是旅游业收入的重要来源和现代旅游业的重要组成部分。本章介绍了旅游商品的概念、旅游商品的分类，对我国旅游景区中旅游商品的开发和经营中存在的问题进行了分析，并提出了具体的发展对策。

学习目标

- 掌握旅游商品的定义，辨析旅游商品与旅游产品和一般商品的区别
- 了解旅游商品开发和经营中存在的问题
- 理解旅游商品开发和经营中存在问题的主要原因
- 掌握旅游商品开发的原则

第一节 旅游商品概述

一、旅游商品概念

旅游商品有狭义、广义之分。广义的旅游商品指旅游者在整个旅游活动过程中购买的一切物品，主要包括旅游纪念品、旅游日用品、各种土特产、各种工艺美术品、文物古玩及复制品以及各种旅游零星用品等。狭义的旅游商品是指旅游者喜爱的、具有地方特色、便于携带的、有保存价值或使用价值的旅游纪念品或旅游实用品，主要包括旅游工艺品、纪念品和土特产品。

按世界旅游组织的定义，旅游购物是指为旅游做准备或者在旅途中购买商品（不包括服务和餐饮）的活动，其中包括购买衣服、工具、纪念品、珠宝、报刊书籍、音像资料、美容及个人物品、药品等，不包括任何一种出于商业的目的所做的购买，即为了转卖而购买。这些旅游者在旅游活动中购买的、以物质形态存在的实物即旅游商品，也被称为旅游购物品。这应当属于广义的旅游商品的概念。旅游商品是体现旅游地历史文化、民俗风情、自然景观及经济社会发展状况的重要载体，它不随旅游活动的结束而消失，因此，旅游商品可以看作游客游览活动的延伸和旅游印象的物化，是对旅游地及其旅游产品的有力宣传，有利于提高旅游地及其旅游产品的知名度。

二、旅游商品相关概念辨析

（一）旅游商品与旅游产品

旅游产品是旅游活动“食、行、住、游、购、娱”诸要素的集合体，而旅游商品只是旅游产品中的一个要素，即“购”的要素。旅游购物是旅游者旅游经历的重要组成部分，同时也是旅游业收入的重要来源和现代旅游业的重要组成部分。相对于旅游食、住、行而言，旅游者购物花费的弹性是最大的。所以，旅游商品的生产、开发及销售状况直接影响着旅游业的经济收入。旅游商品销售收入在旅游业总收入中的比重，往往显示着一个国家、一个地区旅游经济收入水平的高低。我国旅游商品的开发和销售还很落后，另一方面，我国旅游商品市场潜力巨大。因此，充分认识旅游商品在旅游业发展中的地位与作用，研究旅游商品的特点，切实搞好旅游商品的开发规划，是发展旅游业的一项战略任务。

（二）旅游商品和一般商品的区别

旅游商品和一般商品相比，有以下几方面明显不同。

1. 服务对象不同

一般的百货商品的服务对象主要是当地的居民，而旅游商品的服务对象是旅游者，由外地来的旅游者。

2. 商品的特性和要求不同

一般的百货商品是为了满足当地居民的日常生活的需要，更注重实用性和经济性。而旅游商品的服务对象是由外地来的旅游者，他们的需求是想购买一些反映游览地风土人情、民族特色和地方特色的工艺品、土特产、装饰品或日常用品，以便回去时送给亲朋好友，或自己留做纪念，作为美好的回忆。因此，旅游商品首先应具有纪念性、民族性、地方性和艺术性特点。其次，旅游者出门在外，行李较多，所以，随身携带或临时购买的旅游商品必须具有便携性特点。再次，旅游商品在其产品的消费层次、品种特色、档次、包装、造型上比一般商品有着更高的要求。旅游商品的经营者应根据旅游商品的不同层次和不同的销售对象生产不同花色、品种、价位的旅游商品，以满足不同的旅游消费者的购买需求。最后，还应当在做好充分的市场调查和预测的基础上，根据游客的风俗、习惯、宗教、国籍等，有针对性地进行生产，以保证旅游商品的适销对路。

3. 经营方式不同

旅游商品的经营受游客数量的影响较大。旅游市场明显的季节性和波动性，也导致旅游商品的生产和销售具有波动性大的特点。而因为当地居民具有长期性和稳定性的特点，所以一般商品的生产和销售也具有相对稳定性的特点。

4. 销售网点布局不同

一般的商品为了方便当地居民的购买，多布局在城乡居民的居住地附近。旅游商品的销售网点则是根据旅游者的活动特点而布局的，具有较大的灵活性。旅游商店、商场可设置在旅游城镇、旅游景区（点）、宾馆饭店以及一般城市的商业繁华地带或商业中心，也可设置在机场、车站、码头、餐厅、公园等场所，甚至还可设置在汽车、火车、飞机、轮船上。

三、旅游商品的分类

旅游商品种类繁多，各有特点。根据不同的分类标准，可将旅游商品划分出不同的类型，不同的国家和地区也往往根据自己的情况对旅游商品做出不同的分类。

（一）按照流通形式分类

旅游商品按其流通形式可划分为导购旅游商品和自选旅游商品。前者往往是旅游行程中有意安排的购物对象，后者是旅游者在旅游目的地的市场上自己选购的旅游商品。

（二）按照原料分类

旅游商品按其原料可划分为植物性旅游商品、动物性旅游商品和矿物质旅游商品。植物性旅游商品是以植物性原料制成的旅游商品，如根雕、盆景、竹艺品、木艺品、植物性工艺品等；动物性旅游商品是以动物原料制成的旅游商品，如皮制品、毛织品、动物性工艺品等；矿物质旅游商品是以矿物质原料制成的旅游商品，如陶瓷制品、金银饰品、宝石玉器等。

（三）按照标准化程度分类

旅游商品按其标准化程度可划分为标准性旅游商品和非标准性旅游商品。前者可以制定明确的生产质量标准，可以客观地评价其质量状况；后者难以制定明确的生产质量标准，其质量高低主要以主观评价为主。

（四）按照用途分类

目前，在我国广泛采用的是根据旅游者购买的商品的实际用途进行的旅游商品的分类。通常可分为以下几种。

1. 旅游工艺品

旅游工艺品主要是指用本地特色材料制作、体现当地传统工艺和风格、设计新颖、工艺独特、制作精美的艺术品。它是各地传统文化艺术宝藏的组成部分，多历史悠久、技艺精湛、久负盛名。这类商品一般具有较高的艺术观赏价值、收藏价值和礼品价值，而且有的并不昂贵，利于馈赠。具体包括雕塑工艺品、金属工艺品、刺绣工艺品、花画工艺品、蜡染、民间工艺品等，如水晶和玉石器件、景泰蓝器皿、高级陶器、瓷器等。

2. 文物古玩及其仿制品

这主要指不属于国家禁止出口的古玩、文房四宝、仿制古字画、出土文物复制品、仿古模型等。如西安的仿秦兵马俑模型，洛阳的仿唐三彩，端砚、宣纸、湖笔等文房四宝，碑帖、拓片等。这类商品一般价格比较昂贵，适宜于豪华型游客的购买，但也有一些价格适宜的仿制品受到广大游客的欢迎。

3. 旅游食品保健品

各地土特产品中有不少是具有地方特色的名吃、名酒名茶、山珍、野味、果蔬、杂粮、中草药、水产品等优质食品、绿色食品、保健品，是旅游者购买享用或赠送亲朋的上好物品。

4. 旅游用品

旅游用品指旅游过程中所必需的一些日用工业品和在旅游时购买的一些实用性物品，包括旅游箱包、旅游服装鞋帽、旅游电子产品、宗教用品、旅游医疗保健用品（如急救品）、旅游生活用品（如洗漱用具、化妆品等）、旅游饭店用品、旅游通信用品、旅游娱乐用品、旅游安全用品、旅游运动器材、旅游交通工具等。日用工业品除销售一些外地名优日用品外，还要注意本地产日用工业品的开发和推销。一些日用品如服装、鞋帽、游泳衣、游泳帽、雨伞、阳伞、手绢、书包旅游袋、睡袋等，应注意质量、色彩，同时要印有旅游区的标志。其他一些日用品，如打火机、牙具、水杯、饭盒等商品也应体现出旅游区的特征，或者加上一个可重复利用的外包装，里面的用品用完后，外面的包装物可作为纪念品带回家再利用。

5. 旅游出版物

旅游出版物指旅游者旅游过程中购买的有关旅游地的图书、画册、导游图、挂历、明信片电子音像制品等出版物。旅游出版物要求美观实用，具有保存价值。

在2003年颁布实行的国家标准《旅游资源分类、调查与评价》（GB/T 18972—2003）中，旅游商品是按照下表所示分类方法进行的。

《旅游资源分类、调查与评价》（GB/T 18972—2003）中的旅游商品分类

主类	亚类	代码	基本类型	简要说明
G旅游商品	GA地方旅游商品	GAA	菜品饮食	具有跨地区声望的地方菜系、饮食
		GAB	农林畜产品及制品	具有跨地区声望的当地生产的农林畜产品及制品
		GAC	水产品及制品	具有跨地区声望的当地生产的水产品及制品
		GAD	中草药材及制品	具有跨地区声望的当地生产的中草药材及制品
		GAE	传统手工产品与工艺品	具有跨地区声望的当地生产的传统手工产品与工艺品
		GAF	日用工业品	具有跨地区声望的当地生产的日用工业品
		GAG	其他物品	具有跨地区声望的当地生产的其他物品

技能训练

总结常见的旅游商品有哪些？按照以上分类法对其进行分类。

四、旅游商品在旅游业中的重要地位

（一）旅游商品是旅游目的地吸引力的组成部分

旅游商品是旅游目的地旅游资源的一部分，是吸引旅游者前来旅游的重要吸引力之一。如巴黎的香榭丽舍大道、伦敦的牛津街，每年吸引上万名旅游者前来购物。中国北京的王府井、上海的南京路、香港的铜锣湾也都成为都市旅游不可缺少的购物天堂。一些具有质优物美的具有地方特色的旅游商品，成为了旅游吸引力系统中极其重要的组成部分。

（二）旅游商品是旅游活动中的重要内容

旅游商品囊括在旅游购物中成为其客体，旅游购物是旅游六大要素中不可或缺的重要环节。大多数旅游者在旅游过程中都有旅游购物的愿望，一方面作为自己旅游经历的铭记，另一方面也可馈赠亲友。缺少了购物环节，旅游体验将不完美，旅游目的尽显失色。而且近阶段的旅游商品逐渐与趣味相结合，加入民风民俗的情调，不仅增长见识而且增加了活动的乐趣，购物活动成为人们旅游活动中享受异国情调必不可少的一种方式。

（三）旅游商品收入是旅游收入的重要组成部分

旅游购物的需求弹性相比其他旅游五大要素较大，其在旅游收入中所占比重的大小已成为衡量一个国家（地区）旅游业发展程度的主要标志。据国际旅游统计资料分析，欧美等旅游业发达国家中的旅游购物收入一般占这些国家旅游业总收入的40%以上，新加坡和中国香港地区的旅游购物收入则占旅游业总收入的50%～55%，并且增长很快。从国内主要旅游城市来看，旅游购物发展水平较高的北京、上海两地，旅游购物消费已占游客旅游总支出的40%左右。

第二节 旅游商品的开发

旅游商品作为旅游资源的一个组成部分，对旅游者也具有吸引力，这种吸引是旅游客体对旅游主体的吸引。以购物旅游为特色的城市，如香港、上海等，对旅游者具有特殊的吸引力，许多旅游者就是带着购物的目的去旅游的。因此，要使旅游商品对客源市场保持经久不衰的吸引力，就应当重视旅游商品的开发。同时，旅游商品的开发也是旅游景区传播形象、走向市场、拓展市场的重要媒介。

一、旅游商品开发中存在的问题

（一）在观念上轻视旅游商品的开发，不注重品牌建设

近年来虽然我国旅游景点建设得到了快速发展，许多旅游景点在国内外游客心目中树立了良好的品牌形象。但是许多旅游商品生产企业在研发和生产中却缺乏品牌意识，品牌建设重视不够，有些生产企业根本没把创品牌当做一回事，而是千篇一律地模仿。此外，优质新产品研发成本相对较高，旅游商品产权保护问题还有待加强，旅游商品极易被稍加改动后仿制，这也极大地打击了企业研发的积极性和创造性。加上旅游商品包装水平不高，缺乏更新、优化和改造，对游客的吸引力不强，产品缺乏新鲜感，或是简单化，制作工艺粗糙，产品雷同的情况很多。许多旅游商品，不仅没有地方特色，更谈不上品牌或名牌，由于各地旅游商品生产厂家，甚至有些是加工小作坊的粗制滥造，导致国内旅游市场上几乎没有叫得响的品牌。

（二）旅游商品的品类单一，雷同性较大，缺少地方特色和旅游景区特色

在旅游景区购物时碰到的最烦恼的一个问题就是无论在哪个旅游景区旅游商品的种类都大同小异。例如，九华山上卖扇子，说是佛祖给开过光，扇一扇好运来。到了黄山也卖扇子，这就成了黄帝的恩泽。同样，在同一旅游目的地，不同旅游景区里的

旅游商品也是大同小异，缺乏旅游景区自身的特色。比如陕西临潼，大街小巷都是卖色调单一、品种单一的复制兵马俑的；到了九寨沟，难以买到真正的藏族工艺品，大量充斥的是外地运去的镀银、镀金首饰和装饰品。只是从外形简单复制的这样一种旅游商品结构，是缺乏市场竞争力的。

（三）旅游商品设计缺乏匠心，粗制滥造

纪念性和艺术性也是旅游商品区别于其他一般商品的特性。一般说来，地方特产和民族工艺商品都具有纪念性和艺术性。但一些旅游商品，特别是某些复制品，本来应当复制得惟妙惟肖，工艺精细，质量优良，才具有纪念价值和艺术品位，但事实上很多仿制品粗制滥造，早已失去了旅游商品应有的纪念性和艺术性。而且，旅游商品的设计人员大多为工艺美术专业毕业，学科背景单一，几乎都是从美学角度设计产品，很少有旅游、经济和文化等相关专业的人士参与策划与设计，这样就致使设计出的旅游产品多是工艺品，而纪念性、观赏性、艺术性、知识性、独创性、收藏性在设计时难以得到综合体现，旅游商品缺乏特色与创新，很难满足旅游者的需要。

二、我国旅游商品开发的制约因素

长期以来，制约我国的旅游商品开发的因素有很多，运行和管理机制、资金投入、市场营销策略等多方面都存在较多的阻碍因素，具体体现在以下几点。

（一）旅游商品开发缺少研、产、供、销的良好机制

我国旅游商品开发长期以来没有上规模、档次，已经是一个老大难的问题，虽然各地非常重视，旅游商品的开发依然上不去。主要原因是旅游商品开发缺少一个良性的机制。

（1）旅游商品生产企业大多小、散、弱、差，抗风险的能力不强。这些小的企业需要政府的特别扶持。大多数旅游商品的制作还是以手工为主，尽管传统的手工艺可以用来作为提供给观光游客参观的表演项目，单靠传统的手工作坊来生产旅游商品，显然不能适应现代旅游业的发展，它的生产能力受到了极大的限制。

（2）旅游商品生产企业生产规模小，营销能力不强，没有形成大的市场网络，也没有形成集团化经营，市场竞争能力弱。应考虑将各个分散的企业以一定的方式组合起来，共享资源和市场。旅游企业也应将大量的精力投放到老产品的工艺改进和设计、包装上面去，同时进行新产品的开发与研究，特别是新的工艺的研究。

（3）旅游设计人员的文化修养和素质有待进一步提高。由于旅游商品带有很强的地方文化色彩，民族文化的特色也十分鲜明，这对于设计者的要求很高。设计者除了自己的设计能力和创新能力之外，还应该对地方文化和民族文化有较深的研究。

（二）旅游商品生产企业缺乏资本的支持

目前旅游商品开发处于非良性的循环阶段，使得这些企业的发展举步维艰，这些企业的融资能力较差，投资者也难以将资本投入旅游商品生产的企业中去。缺乏资本的支持，使这些企业难以扩大再生产，也不太可能投入资金去进行产品的宣传、营销，更不可能进行新产品的研发和新工艺的改进。所以，对于一些老名牌的企业，或者规模较大、生产能力、市场营销能力强的企业，地方政府要给以特别的政策进行扶持，

通过各种方式为其注入资本，或者为企业的融资提供好的条件。

（三）旅游商品市场的管理不力也是制约旅游商品发展的一个重要因素

旅游者目前对旅游商品的消费缺乏信心，主要是因为假冒伪劣商品太多，商品也是千篇一律，无法唤起旅游者的购买欲望。同时，市场的管理也相当混乱，旅游商品的物价管理、旅游商品的定价都比较混乱。给游客的印象往往是，定价太高，总要经过比较艰难的几个回合的讨价还价才能成交。而且这里面受制于导游的因素也很大，使游客的购物很少是在心情舒畅中进行的。

综合来讲，随着旅游商品市场的开拓，旅游商品的生产和销售应该更科学、更合理、更能考虑市场需要。旅游产品开发是旅游业发展深度和广度的重要标志，它不仅提高了旅游业整体的经济效益，而且能为国家的出口创汇、国际间不同地区的文化交流起到促进作用，产供销环节也可以吸纳大批的劳动力就业。

三、旅游商品开发原则

（一）充分利用本地资源，开发特色旅游商品

我国有很多旅游商品享有很高的国际声誉，是驰名国际的商品。我国被誉为“东方丝绸之国”，丝绸、织锦、刺绣以历史悠久、图案秀丽、色彩典雅、做工精细、富有民族风味而闻名于世，而且各地还具有自己的地方特色。苏州、杭州、湖州以丝绸闻名，苏绣、粤绣、蜀绣、湘绣为四大名绣，在做工和技艺上各具特色。景泰蓝是我国生产的最为闻名的特种工艺品。在明代就已发扬光大，瓷铜结合，绚丽多彩，是我国旅游商品的极品。我国有“瓷器之国”的美誉，江西景德镇的瓷器，唐山瓷器，河南汝瓷、钧瓷，山东淄博瓷器，宜兴紫砂陶瓷，陕西礼泉、洛阳唐三彩等，真是百花齐放，绚丽多姿。

笔、墨、纸、砚“文房四宝”更是我国的国宝，在国外拥有大量的市场。各种书法、国画作品也是我国传统文化的代表，深受外国游客喜爱，另外，各种漆器、竹编艺术品等，也带有浓郁的民族风味，吸引着广大的游客。

另外，我国还有许多旅游商品极富开发潜力，特别是许多地方工艺、民族工艺和产品，比如苗族的蜡染，新疆的地毯，各种木雕、根雕、石雕、玉雕，造型精美的青铜器等，都有开发为国际一流品牌的潜力。所以，对于旅游商品，不能盲目开发，而应充分利用当地的资源，开发出特色的旅游产品。

（二）开发旅游商品应把握民族性、地方性原则，应反映出一个地域文化的风格

民族性、地方性是旅游商品的生命力之所在。旅游商品一旦失去民族性和地方性的特征，就立即会沦为一般的商品；对旅游者来说，它的纪念意义和艺术品位就黯然失色。旅游商品的民族性和地方性，表明了这一商品的唯一性和无可替代的地方特色，这就是旅游商品的价值。如日本是一个资源匮乏的国家，所以对产品的深加工要求非常高，非常重视旅游精品的打造，结合了和服和日本艺伎文化的日式人偶做工精细、别致，充分体现了日本民族特色。不同地区的终端旅游商品很少重复，每一个旅游景

点都有自己的特色商品，而且相当部分仅限于现场销售，如富士山的旅游纪念钥匙扣，分别标着1千米、2千米、3千米高，山下买一个300日元，山顶买一个800日元，错过了就没有了，充分运用了营销心理，支撑起了庞大的购买市场。

（三）市场导向原则

旅游商品生产企业应通过市场调查，分析、研究海外旅游者和国内旅游者对旅游商品的不同需求情况，及时调整商品结构，并对原有商品进行改进、完善和提高，积极开发适宜海外旅游者和国内旅游者需求的旅游商品。

（四）多样性原则

针对不同的旅游人群、不同的旅游景区景点，可以开发不同层次、不同价位、不同风格、不同用途的丰富多彩的旅游纪念品、旅游用品，并尽可能地体现地方特色，以满足不同层次与不同消费水平的旅游者的需求。由此，使旅游商品在品种、花色、质地、用途和价格等方面具有较大的选择性。在德国，游人会发现各个旅游景点的商品种类多、有特色、不雷同、品位高。在参观拜仁慕尼黑足球队的球场、博物馆后，游客最后来到旅游商品店架子上全是用拜仁慕尼黑球队标志开发的各类旅游商品，达上百种，有球衣、钟表、纪念章、足球、鞋子等，参观者到此大多会买几样作为纪念。在德国的公园、博物馆销售的旅游商品多为自己设计、自己生产、自己销售，在其他地方买不着。

（五）创新性原则

游客在游览中，充满着对美好和新鲜事物追求的愿望，购买商品也有同样的心理。因此，旅游商品生产企业应该抓住游客的这种心理，不断开发新产品，刺激游客产生新的购物要求，在区域历史文化积淀、民族风貌及旅游景区特色等方面挖掘旅游商品的地方文化特色，力求在“土、特、新、奇、精”上做文章。例如，采用前店后厂方式，把旅游商品销售商店开发成具有深厚文化品位的博物馆，把旅游商品生产作坊或工厂开发成可让游客参观、参与、体验的场所，以此激发游客的购买欲望。

四、旅游商品开发规划的主要内容

旅游商品开发规划是在对当地旅游商品及其资源充分调查与评价的基础上，根据旅游市场需求、旅游商品特性及其开发原则，对规划区未来的旅游商品开发所做出的安排和构想，以谋求最佳的经济、社会和生态效益。其内容如下。

（1）分析评价当地旅游商品资源及其开发现状和问题，包括已开发旅游商品和未开发商品资源的品质、特色、种类、数量、规模、分布状况，现有商品的生产与销售状况等。

（2）调查、分析和预测旅游商品的市场需求状况。

（3）在资源与市场分析基础上提出规划区旅游商品开发的主要原则和思路，思路包括主要开发的旅游商品系列或类型，重点开发、策划的旅游商品名称，规划区内旅游商品生产及其销售应实现的目标（如旅游商品销售收入占旅游总收入的比重，建设区域性旅游商品生产加工基地或集散地）等。

(4) 旅游商品生产基地规划，主要指农、林、畜、水等产品生产基地、旅游商品加工基地的发展建设与布局思路。

(5) 旅游购物市场规划，即提出旅游商品销售网点的合理布局及开发方案，如旅游购物中心、旅游商品一条街、旅游商店与摊点的布局、规模及其特色等。

(6) 提出促进旅游商品研发、生产、销售的一些保障措施、政策建议和重要举措，如建立有效的开发激励机制，即在税收、信贷、技术等方面给予扶持和优惠政策；加大旅游商品研发、策划、促销等方面的投入；定期或不定期地组织旅游商品展示和竞赛；规范旅游商品生产、销售市场；大力培养旅游商品开发、经营人才，提高生产、经营和管理水平等。

第三节 旅游商品的经营

旅游景区旅游商品的经营是旅游景区管理非常重要的一部分。旅游商品的经营能增加旅游景区的收入，为当地社区居民提供就业增收的机会，同时旅游景区旅游商品的经营还能促进旅游景区旅游形象的传播，有助于塑造旅游景区独特的旅游资源特色，提高其旅游影响力，有利于游客对旅游景区形成良好的、完整的旅游形象。

相较于国人出境游购物的热情高涨，国内游方面，旅游购物却是短板。因此，近年来，国家及地方政府加大了对旅游购物的重视程度，也出台了一系列扶持政策，希望能推出一批让游客喜爱的旅游商品，将更多的游客购买力留在国内。据统计，出境游购物占了出境旅游支出的 50% 以上，而国外游客在我国境内旅游的购物支出则不足 10%。

一、我国旅游商品经营中存在的问题

(一) 旅游商品质价不符

目前旅游商品市场上，产品质量良莠不齐，价格等级悬殊，缺乏价格控制机制的有效约束，很多游客花高价钱买了假冒伪劣商品，影响了旅游者的旅游体验，也严重损害了旅游景区及旅游目的地的形象。

(二) 销售途径单一

旅游景区内旅游商品的销售渠道比较单一，主要以在旅游景区内设置销售网点为主，致使很多没有去过旅游景区或者去旅游景区当时没有购买，离开后又想买的游客不能买到心仪的旅游商品，这大大限制了旅游商品的销售。

(三) 销售人员服务水平参差不齐

旅游商品的销售人员缺乏必要的岗前培训，对当地特色旅游商品不能详细地介绍来历、特征、功能、制作工艺等，不能满足游客的购物需求，使游客对特色旅游商品缺少购买欲望。同时，有些销售人员服务态度恶劣，强买强卖，肆意抬高价格，令消费者反感。还有些销售人员过分热情也使游客产生恐惧感和逆反心理，致使游客不能仔细观赏旅游商品而匆匆离去。

二、提高旅游商品经营效益的措施

（一）改变“小旅游购物”观，树立“大旅游购物”观

中国旅游商品产学研联盟秘书长介绍，现行的统计部门的旅游购物统计是以《中华人民共和国统计法》《国务院关于促进旅游业改革发展的若干意见》《国民经济行业分类》为基础制定的《国家旅游及相关产业统计分类》，按其中的旅游购物类进行统计。具体是：旅游出行工具及燃料购物，其中仅包括为游客购买用于旅游活动的自驾车、摩托车、自驾游使用燃料、零配件等提供的零售服务；旅游商品购物仅包括为游客购买旅游纪念品、老字号纪念品、免税店商品、旅游用品（不含出行工具、燃料等）、旅游食品等提供的零售服务。这实际上是“小旅游购物”的概念。而“大旅游购物”指的是为旅游做准备或者在旅途中购买商品（不包括服务和餐饮）的花费，其中包括购买衣服、工具、纪念品、珠宝、报刊书籍、音像资料、美容及个人物品、药品等，不包括任何一类游客出于商业的目的而做的购买，即不包括为了转卖而买的购买。这也是国际上常见的旅游购物支出的定义。按照我国现有的旅游购物统计口径，一方面容易造成企业误以为旅游纪念品等是旅游购物的主流；另一方面容易造成有关部门误以为大力扶持旅游纪念品等的发展，才是发展旅游购物的重点。发展旅游购物就必须打破狭隘的旅游购物、旅游商品的统计方法，一方面要保留现有的统计，保证这部分旅游购物统计的延续性；另一方面要制定真实旅游购物大数据的统计方法，对真实的旅游购物数量、购物游客的结构、所购旅游商品、购物的地点等进行全方位的统计。

（二）改善旅游商品供给侧

目前我国旅游购物在旅游收入中的占比较低，归根结底，主要症结是供给侧出现了问题。“小旅游购物”概念下的旅游纪念品、旅游工艺品存在着严重同质化倾向，制作粗糙，特色模糊；“大旅游购物”所涉及的诸多商品，又存在质量不佳、性价比不高等问题，即优质商品的供给落后于实际需求。中国游客海外“爆买”的现象，实际上已经释放了消费需求升级的信号。“需求侧相对是固定的，供给侧要去靠近需求侧，而不是需求侧靠拢供给侧”。

（三）重视市场需求，经营质优价廉的特色旅游商品

只有真正为游客所接受、喜爱的旅游商品，才是成功的旅游商品。具体而言，就是从游客的实际需求出发，针对消费者的消费习惯、购买能力和携带要求等细节做出改变。无论是研发设计环节，还是制作环节，都应当注重品质。狭义的旅游商品，应当凸显民族特色、地方文化，能够代表一地风情和文化底蕴；广义的旅游商品，则可以创新营销途径，让更多本土百姓信赖的特色名优产品进入购买者的视野。

（四）加强对销售人员的培训和管理

对从业人员首先要进行岗前培训，对其服务技能、服务规范、服务态度和服务礼仪等方面进行培训，考核合格后再上岗。同时加强销售人员工作中的监督和指导，及时纠正销售人员工作中出现的问题，加强对从业人员的管理。

（五）开拓新的销售渠道

旅游景区旅游商品的销售要选择新的销售方式，比如开设专卖店、开辟特产专柜，采用前店后厂的参与式销售方式、互动式销售方式、组合式销售方式、捆绑式销售方式、综合销售方式等，开发网络等多渠道销售模式；与正规生产厂商签订合同，保证工艺、纪念类商品的稳定进货渠道；选择合适的广告宣传媒介、推广平面广告、户外广告、专业网站等广告宣传渠道；开设旅游商品免税店，免税购物。

思考与练习

1. 判断某一商品是否为旅游商品的依据是什么？
2. 旅游购物在旅游业中的意义是什么？
3. 旅游商品开发中存在的主要问题是什么？具体解决的对策是什么？
4. 旅游商品经营中存在的主要问题是什么？具体解决的对策是什么？

第十三章　旅游景区的餐饮管理

本章摘要

旅游景区餐饮是旅游景区整体产品的一部分，旅游景区餐饮服务质量是旅游景区服务质量的体现。在旅游的六要素“吃、住、行、游、购、娱”中，“吃”排在第一位，可见，旅游景区餐饮业在整个旅游景区服务中占据重要地位。本章从旅游景区餐饮的现状出发，对旅游景区目前的经营状况进行研究，提出影响旅游景区餐饮业经营的主要因素和影响游客评价旅游景区餐饮的影响因素。结合实际，对旅游景区未来的发展趋势进行预测。

学习目标

- 了解旅游景区餐饮的现状
- 掌握影响旅游景区餐饮业经营的主要影响因素
- 理解旅游景区餐饮业发展的趋势

第一节　旅游景区餐饮概述

旅游景区餐饮是旅游景区整体产品的一部分，旅游景区餐饮服务质量是旅游景区服务质量的体现。在旅游的六要素“吃、住、行、游、购、娱”中，“吃”排在第一位，可见，旅游景区餐饮业在整个旅游景区服务中占据重要地位，它是旅游景区向游客提供优质服务的基础和保障，也是弘扬地方饮食文化，扬名地方特色餐饮的极好的宣传窗口。旅游景区餐饮特殊的地理位置，使得旅游景区餐饮与社会餐饮有着很大的差异。鉴于目前旅游景区餐饮业普遍存在的卫生差、质量低、价格高、服务态度差、对旅游景区环境造成了空气污染、水质污染、垃圾污染等问题，旅游景区餐饮业的研究对于保持旅游景区的可持续发展，保护旅游景区环境、提高旅游景区的服务质量，满足游客在旅游景区内的饮食需求，丰富游客的旅游体验，提升旅游景区的竞争力具有重要的意义。

一、旅游景区餐饮业的现状

（一）旅游景区餐饮业的类型及规模

旅游景区餐饮业的类型主要有以下几种：御膳、饭店、中式快餐、西式快餐、食品店（零售亭）、茶馆、咖啡馆等。其中零售亭在每个旅游景区餐饮业所占的比重最高，之后依次是中式快餐、饭店类；御膳、西式快餐、茶馆、咖啡馆并不是每个旅游景区都有的。

（二）旅游景区餐饮业的经营范围

旅游景区内餐饮单位的经营范围是不同的，同一旅游景区内不同类型的餐饮单位经营的产品是不同的，同一类型的餐饮单位的经营范围也是不同的。下表综合概述了售货亭、中式快餐、御膳、饭店四类餐饮企业的经营范围。

售货亭、中式快餐、御膳、饭店四类餐饮企业的经营范围表

	售货亭	中式快餐	御膳	饭店
经营范围	烤肉串、烤香肠、糯玉米、香酥鸡腿、方便面、面包、包子、豆浆、冰镇矿泉水、饮料、雪糕、冰淇淋、膨化食品、话梅等小零食	盒饭、水饺、朝鲜冷面、特色盖饭套餐、面食套餐、牛肉面、炸酱面、炒面、凉拌菜、粥	承办中高档宫廷宴席和著名的“满汉全席”“万寿无疆席”“福禄寿喜席”及各种滋补药膳、特色宫廷面点	与社会餐饮大致相同

（三）旅游景区餐饮业的餐饮建筑设施

旅游景区内餐饮单位的销售场所较多直接利用旅游景区内的建筑资源，比如北海公园的仿膳饭庄等，也有采用可移动的售货亭或者是新建的建筑的，如北京香山公园内的香山饭店等，还有些是临时的露天餐厅，如各景区内的文化休闲广场等。

（四）旅游景区餐饮服务业的规范程度

旅游景区内餐饮服务业的规范程度不尽相同。各类餐饮食品都明码标价，让游客一目了然，不存在价格欺诈；有些餐饮单位有中英文标示的菜单，方便了国内外游客；餐饮服务人员统一着装，这在北京遗产类的旅游景区中做得比较好，有些旅游景区则做得不太规范。

二、游客对旅游景区餐饮业的评价及消费需求分析

游客对旅游景区餐饮业的卫生、质量、服务态度和服务设施的评价整体上还算满意，但是还远没有达到优质服务的水平。游客对旅游景区餐饮价格的满意度是很低的。旅游景区餐饮消费者之所以普遍认为旅游景区内的餐饮产品较贵和非常贵，主要是由消费者价格的习惯性心理所致。所谓习惯性心理，是指消费者根据自己以往的购买经验，对某些商品的价格反复感知，从而决定是否购买的习惯性反映。价格的习惯性心理对消费者的购买行为有重要影响。消费者往往从习惯价格出发去联想和对比价格的高低、涨落以及商品质量的优劣、差异。消费者也正是在习惯价格的基础上形成价格阈限的上限和下限的，如果商品价格超过上限，则认为太贵；如果低于下限，则会对商品的质量和功能产生怀疑。而旅游景区内的餐饮产品的价格比我们日常消费的同类餐饮产品的价格要高出很多，因此，游客普遍对旅游景区内餐饮产品的价格满意度低。

游客对旅游景区餐饮的需求调研表明，游客对地方特色小吃有强烈的需求，旅游景区内的特色餐饮不多，旅游景区对旅游景区餐饮的宣传力度不够。游客对旅游景区内特色小吃的强烈需求与旅游景区餐饮对特色小吃的供给不足形成了强烈的反差。游

客认为旅游景区餐饮业的卫生和质量是最重要的，特色也是旅游景区餐饮应该具备的特征，而价格并不是游客考虑最多的因素，如果有好的、有特色的餐饮产品，他们愿意出更多的钱。

第二节　旅游景区餐饮经营的影响因素

一、影响旅游景区餐饮业经营的因素

（一）客源

旅游景区餐饮业面向的市场主要是来旅游景区旅游的游客，其作为旅游景区餐饮业的目标市场，具有以下一些特征。

1. 异地性

对旅游者而言，其旅游目的地为异地他乡。这既要求旅游者要适应旅游地的气候、地形等自然条件和饮食、文化等人文条件，还要求旅游地能够为旅游者提供必要的生存条件。游客的异地性体现在游客求新、求奇的旅游心理上，因此，旅游景区餐饮业应抓住游客对美食的猎奇心理，大力经营地方的特色美食。

2. 短暂性

旅游者前往异地进行参观访问具有暂时性的特点，对旅游景点的访问大都具有一次性，因此，在某特定旅游景区内的消费也具有一次性。游客消费的一次性，使得旅游景区餐饮企业在经营过程中往往只重视短期的经济利益，结果出现餐饮产品品种单一、质价不符等问题。

3. 愉悦性

愉悦性是旅游者的最终目的，由其旅游动机所决定。无论是观光旅游、寻幽探奇、博览风采，还是体育运动、度假疗养、文化交流等，其最根本的追求是满足一种心理或生理的需要，使身心得到愉悦的感觉。旅游者的愉悦性要求旅游景区餐饮不仅要满足游客的生理需求——填饱肚子，还要满足游客的精神需求，要让游客在填饱肚子的同时，吃出文化，吃出境界。

4. 消费性

旅游是现代社会人们一种特殊的生活方式，旅游者通过花钱消费得到享受，这不仅要求旅游者具备一定的经济负担能力，还要求旅游地能够为旅游者提供相应的旅游服务，以迎合旅游者的消费要求。游客的消费性表明游客是愿意为在自身消费能力之内且有吸引力的餐饮产品付费的，因此旅游景区餐饮业要根据游客不同的消费层次来经营不同层次的餐饮产品。

5. 地域性

旅游者由于所处的自然环境、经济水平、社会制度、文化修养、风俗习惯等不同，具有明显的地域差异性。旅游者的地域差异性要求旅游景区餐饮产品要呈现多样化经营的特点，以满足不同地域文化的游客的需要。

（二）季节

旅游景区餐饮业的淡旺季随旅游业的淡旺季发生明显变化，通常表现为旅游旺季

时供不应求，淡季则出现供过于求的局面。

（三）经营成本

企业经营活动的最终目的是获取利润，企业的经营要受成本控制理论的支配，在这一点上旅游景区餐饮企业也不例外。通过与旅游景区餐饮企业部分经营者的访谈得知，一个在旅游景区经营的餐饮企业，其经营成本 = 租金 + 水电费 + 材料成本费 + 劳力费 + 其他。旅游景区内的租金、水电费都比旅游景区外的高，有些甚至是高很多，因此，旅游景区餐饮企业的经营成本相对还是很高的。高成本，导致了产品的高价位，为了能让游客有一个比较能接受的价位，餐饮企业必然会降低其他成本，以达到利润最大化。比如，餐饮企业通过降低原材料成本、劳动力成本、水电等成本来降低总成本以获得利润，结果造成餐饮产品量少、质差、卫生条件差、服务速度慢、服务态度差等质量问题，利益受到侵害的还是游客。

（四）从业人员素质

旅游景区餐饮业中从业人员素质的高低是旅游景区餐饮业发展的关键，服务质量的好坏会相应地增强或削弱旅游景区对客源市场的吸引力。由于旅游景区餐饮企业的管理者和服务人员大部分直接面对旅游者，特别是在一线提供服务的员工，他们是旅游景区的服务质量和旅游形象的代表。管理者的经营理念，服务人员的服务技能、服务态度、精神面貌、语言技能、仪容仪表等，都体现了旅游景区餐饮业的整体水平。

目前，旅游景区内的特色餐饮是旅游景区餐饮业的亮点，体现了经营者独特的经营理念和服务理念。比如，北海、颐和园的御膳，游客在身着满清宫廷服饰的服务人员的服侍下，边品尝宫廷美食，边感受北京作为清朝首都特有的政治、文化气息，以及满清朝皇宫的饮食文化。中华民族园内的特色饮食，如朝鲜族酒馆、苗家味美食屋、民族美食快餐厅等，则体现了中国作为一个由 56 个民族组成的多民族国家所具有的丰富多彩的饮食文化。

（五）旅游景区资源环境

旅游景区资源的类型不同，旅游景区餐饮业的类型、数量、规模和餐饮设施的风格也会有所不同。

（六）旅游景区环境容量

旅游景区环境容量是指在人类和自然环境不致受害的情况下，某一旅游景区所能容纳的污染物的最大负荷，或者说在某旅游景区容纳污染物质的容量的能力是有一定限度的，这个限度称为旅游景区环境容量。如果污染物的排放或人为造成的不良影响，超过了环境本身的自净能力，就会出现旅游环境污染，从而使旅游环境质量下降，常称为旅游环境破坏。

旅游环境污染一般有两种含义：其一称为旅游的自然污染或物质污染，指来自旅游和其他方面的有害物质和废弃物等，排放到自然环境中去，这些物质的数量骤增到一定程度，超过了自然界本身的自净能力，便会造成环境质量下降或环境状况恶化，自然生态系统的平衡及旅游观光游览条件就会遭到损害；其二称为旅游的社会污染和精神污染，指旅游业特别是国际旅游业对旅游接待地的人文社会环境造成的不良影响。

旅游景区餐饮业是旅游景区的配套服务设施，是旅游景区整体产品的一部分，旅游景区餐饮业的经营活动势必会对旅游景区的旅游环境产生一定的消极影响，下面分别从以下 6 个方面来阐述一下旅游景区餐饮业对旅游景区环境的影响。

1. 空气污染

餐饮企业排放的油烟、废气不仅改变了旅游景区原有空气的正常成分，增加了新的成分或者使原有某种成分骤增，还会加速旅游景区内珍贵的历史遗迹的老化、破损甚至毁坏，对旅游景区内的一些动、植物也会有不同程度的影响。

2. 水质污染

餐饮企业排放的“泔水油”由于缺乏科学的管理方法、设计手段及能源转化技术，分离器处理效率较低，严重超标的含油脂污水排放，经常会堵塞下水管道，散发腐臭气味，还会污染水源，使水质遭到严重破坏。这种情况到了旅游旺季尤为明显。

3. 噪声污染

餐饮企业所造成的噪声也是旅游景区噪声污染的来源之一。旅游饱和与超载对人类感官的直接影响是旅游者感觉拥挤不堪，到处充斥着游人，噪声增加，游客不能获得应有的旅游气氛，旅游者的体验质量大打折扣。在自然旅游区，动物会因噪声而受到恐吓，逃离原先的巢穴，动物的这种不得已迁移，有时会造成不良的生态后果。

4. 垃圾污染

旅游景区餐饮的垃圾成分比较复杂，大致可以分为两类，即有机垃圾和无机垃圾。有机垃圾包括剩菜剩饭、瓜果皮核、菜根菜叶、鱼肉骨头、蛋壳等；无机垃圾包括各类塑料制品及包装物（塑料袋、塑料瓶、快餐饭盒、易拉罐、罐头盒、烟盒、冷饮盒、火腿肠外皮等）。旅游景区餐饮的垃圾如果处理不当，会破坏旅游景区环境，影响旅游景区的形象，还会成为蚊蝇和细菌滋生、繁殖的温床，危害人体健康。旅游景区内的“白色垃圾”会影响旅游景区植物的生长，这些白色垃圾遗留在土地里，不分解腐烂，破坏土地结构，阻碍植物吸收水分及根系生长，有些还可能被动物及水生物误食，导致生病、死亡。北京动物园的羚羊、长颈鹿有的误食塑料袋致病，“国宝”大熊猫因误食塑料袋致死的事也有发生。

5. 美学价值的破坏

餐饮建筑设施和餐饮服务设施的建设，占用了旅游景区内的生态空间，如果旅游景区内餐饮企业的数量和规模不当，餐饮建筑设施和餐饮服务设施的风格与旅游景区的文化环境不协调，就会改变甚至破坏旅游景区资源环境的原有氛围，降低旅游景区资源环境的美学价值。

6. 安全隐患

旅游景区餐饮企业用火、用电也是旅游景区资源安全的隐患，用火安全尤其对历史遗迹、皇家园林、森林公园等旅游景区资源意义重大，因为这些旅游景区资源一旦被破坏就很难得到恢复。

旅游景区环境容量是一种资源，合理利用这种资源，对于旅游景区的可持续发展至关重要。为了实现旅游景区环境的可持续利用，旅游景区餐饮业的经营要受到旅游景区环境容量的限制，主要表现为旅游景区内的餐饮业禁止使用明火，禁止出售油炸、油煎食品，餐饮设施要与旅游景区环境相协调，各项排污指标达到相关的标准等。

（七）旅游景区管理导向

通常情况下，旅游景区管理机构是旅游景区所在地人民政府的派出机构，代表政府行使对旅游景区的管理权和监督权。在旅游景区治理中，旅游景区管理机构是旅游景区产品的生产方，是旅游景区服务的提供者。旅游景区管理机构对旅游景区的利益追求，一是要谋求旅游景区的经济效益，推动旅游景区的发展与壮大；二是要谋求旅游景区的社会效益，为当地居民的发展服务，为生态环境建设服务，促进旅游景区资源的可持续发展；三是要谋求旅游景区管理机构自身的建设与发展。旅游景区管理机构的利益，是通过对旅游景区的规划管理、项目审批、经营监督来实现的，或者通过直接组织旅游景区的开发建设和经营管理来实现。

旅游景区管理分为 3 个导向，即经济发展导向、社会环境导向、综合效益导向。不同的旅游景区管理有不同的导向，不同的发展导向必然产生不同目标的治理模式。在经济发展导向因子作用下，旅游景区以优先获取经济效益为目标来设计旅游景区管理体制和经营机制，旅游景区资源的使用与安排要有利于经济效益的发挥，强调在环境保护的前提下，以经济发展促进社会发展。在社会环境导向因子作用下，旅游景区以保护公共资源与生态环境、维护公众利益作为经营管理的首要目的，在治理模式上以实施管理功能为取向，兼顾经济效益的发挥。在综合效益导向因子作用下，旅游景区治理以追求经济效益、社会效益、环境效益三者并重为目标，在治理模式的制度与机制选择上，要以确保旅游景区的社会效益与环境效益为前提，在此前提下追求最大限度地发挥旅游景区的经济效益。

旅游景区管理导向容易受到旅游景区管理经营体制的影响。目前，我国旅游景区的管理经营体制可归纳为 3 种模式。

1. 政府专营的管理经营模式

这种模式的特点是由政府成立的机构对旅游景区进行经营管理。实行财政统收统支，旅游景区管理以追求社会环境效益为导向。

2. 租赁、承包或卖断的模式

这种模式的最大特点是，用租赁或承包模式，政府可能不需要通过太多努力就可以收到比自己经营还要多的收入。卖断模式则可以一次性收到比较多的资金用于解决政府的财政困难。经营企业为了能尽快收回成本，旅游景区管理上多以经济发展为导向，因此，有以破坏自然环境换取经济效益、环境破坏导致旅游资源价值降低的现象发生。

3. 用现代企业制度经营旅游景区模式

这种模式的做法：旅游景区以经营性资产入股，吸收其他经营成分，组成多元化经济成分的股份公司，用现代企业制度对旅游景区进行经营。此种经营模式多以追求综合效益为导向。

比如，故宫、天坛等遗产类旅游景区的管理以社会环境为导向，注重对资源环境和生态的保护，旅游景区内的商业服务设施相对较少，受限制程度较高。现在更多的旅游景区是以综合效益为导向，针对旅游景区自身的特点，旅游景区内的经营活动对经济效益、社会效益、环境效益有不同程度的侧重，最终实现三方面效益的协调发展。

二、影响游客对旅游景区餐饮业评价的因素研究

（一）游客的需要和动机

现代心理学认为，需要是指有机体内部的一种缺乏或不平衡状态，具体表现为有机体对内部环境或外部生活条件的一种稳定的要求，并成为有机体活动的源泉。美国心理学家马斯洛于1943年提出了需求层次理论。他认为人的需要可以归纳为由低级到高级5个层次，这5个层次分别为生理的需要、安全的需要、归属和爱的需要、尊重的需要和自我实现的需要。

动机是指引起个体活动，维持已引起的活动，并促使活动朝向某一目标进行的内在作用，是引起行为发生、造成行为结果的原因，是人们一切行为的内在动力，是人们从事某种活动的直接原因。需要是动机产生的基础和条件，而外部刺激又是动机产生的诱因。

游客的购买动机可以分为3种：生理性购买动机、心理性购买动机和社会性购买动机。游客购买动机的表现主要有以下8个方面。

1. 求实的动机

这是以追求商品或劳务的实际使用价值为主要目的的购买动机。产生这种动机的主要条件：一是消费者已形成的消费观念。如果一个消费者购买商品的一个准则就是看商品或劳务所具有的适用性，那么他一定会把商品的实用性放在第一位。二是消费者的经济能力有限，没有能力追求商品的精美外表，但实用性相差不大的一类商品。三是商品的价值主要表现为其实用性，消费者没有必要去追求商品的其他特性。

2. 求新的动机

它是指消费者以追求商品的新颖、时尚、奇特为主要目的的购买动机。具有这种动机的消费者主要集中于两类群体：一是高收入群体，他们有足够的经济实力去追求商品的新颖、奇特；二是求新动机强烈的青年群体，具有这种动机的游客对旅游景区内的特色餐饮尤其感兴趣。

3. 求便的动机

它是指消费者以追求商品购买和使用过程中的省时、便利、快捷为主导倾向的购买动机。具有这种动机的消费者特别在意能否快速方便地买到商品，讨厌过长的等候，要求购买的食品便于携带、食用，因为人们到旅游景区的主要目的是游览、观光。因此，游客对快餐和速食品的需求较大。

4. 求美的动机

它是指消费者以追求商品欣赏价值和艺术价值为主要倾向的购买动机。具有这种动机的消费者，特别看重商品的颜色、造型、外观、包装等因素，讲究商品的欣赏价值与艺术价值。此时，游客不只关注旅游景区餐饮产品的使用价值，更追求餐饮产品的附加价值，包括优质的服务，优雅的就餐环境，餐饮产品的色、香、味、形等。

5. 求名的动机

它是指消费者购买名牌、高档商品，以此显示自己的身份、地位而形成的购买动机。具有这种动机的消费者在选购商品时，不太注意商品的使用价值，他们所看重的是商品的象征意义和商品的影响力。

6. 求廉的动机

它是以追求商品价格的低廉为主导倾向的购买动机，希望商品物美价廉。具有这种动机的消费者关心的主要是商品的价格是否低廉、实用价值是否明确。一般低收入者广泛持有这种动机，但也有例外。

7. 模仿或从众动机

它是指消费者在购买过程中自觉不自觉地受到他人影响，以模仿他人购买行为而形成的购买动机。游客的这种购买动机在旅游旺季时最容易被激发出来。

8. 好癖动机

它是指以满足消费者特殊兴趣、爱好为目的的购买动机。具有这种动机的消费者，在购买商品时目的明确，指向清晰，不易盲从。例如，有些游客就对喝茶、西式快餐或某一品牌的饮料有特殊的爱好。

事实上，游客的购买动机具有多重性和复杂性。游客购买某一餐饮产品往往是受多种动机驱动的。如果旅游景区内的餐饮产品能够满足游客不同的购买动机，那么游客对旅游景区餐饮的评价就高，反之则低。

（二）游客的期望

我国是世界三大烹饪王国之一，有著名的八大菜系，旅游景区餐饮作为旅游景区产品不可或缺的一部分，游客自然希望体验旅游景区内与众不同的餐饮服务。游客对旅游景区餐饮业的期望主要表现在以下几点。

1. 特色风味

以北京为例，北京自春秋战国以来一直是我国北方重镇，辽、金、元、明、清五朝先后建都于此，是我国政治、经济、文化、外交中心，汉、满、蒙、回等各族人民大量在此定居。世界和全国各地文化在此融会交流，在饮食文化方面，形成了荟萃百家、兼收并蓄、格调高雅、风格独特、自成体系的“北京菜”。“北京菜”由北京地方风味菜，以牛羊肉为主的清真菜，从明清皇家传出的宫廷菜，做工精细、善烹海味的谭家菜，及其他省市的菜肴组成。游客来到旅游景区，不光为了游览、观光，他们还希望能品尝到色、香、味、形皆佳的风味美食和特色小吃。例如，很多到北京旅游的外国游客，一定会去品尝全聚德的烤鸭。

2. 清洁卫生

旅游景区餐饮业的环境、设施、用具和食品等的清洁卫生状况是游客尤为关心的内容。因为这对旅游者身体的健康、情绪的好坏、心情的舒畅极为重要。游客希望供应的食品新鲜、卫生，餐具要经过严格消毒，餐桌台布洁白，餐厅环境洁净，希望在旅游景区内就餐不会引起肠道传染病或食物中毒。如果餐厅内外环境肮脏，蝇虫滋生，用具不洁，会使游客产生焦虑不安，厌恶、愤怒的情绪，这种情绪势必会影响游客对旅游景区餐饮业的评价。

3. 方便快速

游客到旅游景区的主要目的是参观游览，在旅游景区内就餐主要为了满足休息和饮食的需要，他们不希望在餐厅内逗留较长时间，因此，旅游景区餐饮业快速、高效的服务会赢得游客的赞许。

4. 期望被尊重

来自不同国家、不同地域、不同民族的旅游者，有着各自的习俗、宗教信仰和文化等，不论游客的社会地位、经济地位如何，旅游消费者的自尊都应该得到特别的尊重。

5. 公平合理

旅游景区餐饮产品质价相符也是游客对旅游景区餐饮业的期望。目前旅游景区内的餐饮价格普遍偏高，游客在付出较高的金额而得到质量较差的餐饮产品或较差的服务时，就会感到不满，感到并非物有所值。

消费者满意度的差异理论提出，在个人水平上，满意度是由差异的方向和大小决定的，差异是消费者对产品是否满足自己需要的实际体验（即产品绩效）与最初的期望相比较所产生的结果。这可分为 3 种情况：①产品的绩效与期望相同，此时差异为零；②产品绩效大大低于原来的期望，此时会产生负差异；③当产品绩效高于最初的期望时，就会产生正差异。在第二种情况下，消费者就会对产品（或服务）产生不满。低期望和高绩效可产生正差异，高期望和低绩效产生负差异。

由此可见，当游客对旅游景区餐饮业的期望超过旅游景区餐饮产品的实际绩效时，就会对旅游景区的餐饮业感到不满意或很不满意，游客的满意度低；当游客对旅游景区餐饮业的期望低于旅游景区餐饮产品的实际绩效时，游客就会对旅游景区的餐饮业感到满意或非常满意，游客的满意度就高。

（三）游客的社会文化背景

社会文化是指人类在社会历史发展过程中所创造出来的物质财富和精神财富的总和。它包括风俗习惯、行为规范、生活方式、宗教信仰、价值观念、态度体系以及人类所创造出来的一切物质产品。社会文化对游客的购买行为及购买后的评价具有极其深刻而深远的影响。社会文化对消费者行为的影响是多方面的，具体来说可以分为直接影响和间接影响两种。从直接影响来看，社会文化规定人们的消费习惯，决定人们的消费需要的内容和满足消费需要的方式。从间接影响来看，社会文化通过调剂人们的生活方式、价值观念、审美情趣等，来影响人们的消费行为。

社会文化以形成某种风俗习惯的方式来制约人们的饮食行为。社会文化为人们何时就餐、就餐的食品、就餐的形式提供了一套风俗习惯，因此，不同文化背景的游客对同一餐饮产品的感受和评价是不同的。比如，中国人和日本人习惯喝茶水，欧洲人习惯喝咖啡；我国南方人习惯吃大米，北方人习惯吃面食；南方人喜食清淡的食品，北方人喜食浓香的食品；南方人喜欢吃米粉，北方人喜欢吃面条。此外，每个民族在长期的生存和繁衍过程中，都逐步形成了本民族独有的生活方式、消费习惯和偏好、禁忌。比如，回族的饮食较严格，只吃牛、羊和某些家禽等肉类，不吃猪肉；朝鲜族则爱吃大米、辣椒、狗肉汤。

（四）游客的年龄

不同年龄的游客往往有着不同的价值观念和消费心理，他们的消费行为心理也是影响游客对旅游景区餐饮评价的重要因素。

青年人热情奔放，具有冒险精神和极强的创造力，他们往往热心追逐时代潮流，敢于试新，显示出强烈的求新、求奇、求美动机。同时，由于他们重感情、易冲动，购买行为受内心感情体验影响较大。他们比较看重商品的外观、包装、颜色、款式等，因此很容易由此而产生对商品的兴趣并迅速做出购买决策。

中年人生活经验丰富，个体消费心理成熟而稳定，很少感情用事冲动购买，是理智的消费者。而且中年人大多生活负担较重，家庭消费支出面广，因此在消费行为上表现出很强的计划性，通常对商品的价格比较敏感，在消费过程中精打细算，偏爱物美价廉的商品。在消费过程中，求廉、求实心理占比重大。

老年人由于受几十年生活习惯、消费方式的影响，对新生活方式较少了解和难以接受。因此，老年消费群体的消费行为具有习惯性和求实性的特点，他们往往对传统产品情有独钟。消费中求方便是老年人生理变化促成消费生活变化的自然走向，方便性消费是生理变化的必然结果。

（五）游客的经济状况

不同收入的消费者群体的消费心理也是不同的。低收入群体的游客特别强调旅游景区餐饮食品的适用性，具有较强的求廉动机。中等收入群体的游客在文化素质、经济收入等方面具有一定的共性，占游客总数的比例最高，是旅游景区餐饮业要特别重视的群体，该部分游客对餐饮产品的需求比较活跃，呈现多样化，且具有较强的求名心理，比较易于接受新产品且自主决策能力强。高收入群体的游客具有追求享受，不厌奢华，求名，求新，关心健康和注重保健的特点。因此，不同收入的消费群体对旅游景区餐饮的感受与评价是不同的。

第三节　旅游景区餐饮业的可持续发展

旅游景区餐饮业在不牺牲旅游景区的资源环境、生态环境、社会文化环境、经济环境的前提下，满足游客在旅游景区内的饮食需求，使旅游者的旅游效益、旅游景区的环境效益、经营者的经济效益、社区的社会效益这四大效益都得到协调发展，这实质上就实现了旅游景区餐饮业的可持续发展。旅游景区餐饮是旅游景区产品的一部分，旅游景区管理机构对旅游景区餐饮业的整体规划、开发、经营与管理对旅游景区餐饮业的可持续发展起主导作用，因此，下面仅从旅游景区管理的角度来探讨如何实现旅游景区餐饮业的可持续发展。

一、旅游景区管理机构对餐饮企业的进入管理

（一）旅游景区内餐饮用地的规划与控制

对旅游景区内餐饮用地的规划管理是旅游景区用以影响旅游景区内餐饮供给的最基本的手段，也是影响力最大的手段。对餐饮用地的规划与控制主要表现在对餐饮用地的位置、面积、功能、空间分布等方面。进行这类控制的主要目的就是保护旅游景区的环境景观价值，避免人为地对旅游景区环境进行破坏性建设。同时，也要适当考虑游客的就餐需求。

（二）餐饮建筑设施管制

对餐饮建筑物的新建、扩建和改建工作进行管制。其内容主要涉及对建筑物的规

模、高度、样式、颜色、材质及设施设备的要求做出原则性规定，并建立相应的制度。建筑外形要求运用旅游景区传统或历史的建筑风格，使建筑与旅游景区环境相适应，体现民族性和地方性特色，并尽量使用当地的生态性建设材料建设，体现旅游景区当地的建筑风格。此规定还要具体旅游景区具体分析，其宗旨就是在不破坏旅游景区环境的前提下，满足游客的餐饮需要。

二、旅游景区管理机构对餐饮业的服务质量管理

目前有些旅游景区餐饮业存在的市场秩序混乱、服务态度不好、价格高、质量低、餐饮产品及餐具卫生条件差等问题，已经影响了游客正常的餐饮消费，游客对旅游景区餐饮业的态度已经由不满转为漠视。为了旅游景区的可持续发展，也为了旅游景区餐饮业的可持续发展，旅游景区管理机构应加强对旅游景区餐饮业的服务质量管理。

（一）旅游景区餐饮服务质量的含义

《旅游服务基础术语》对旅游服务质量的定义：旅游活动所能达到的效果和满足旅游者需求的能力与程度。旅游景区服务质量的高低主要表现在游客在旅游活动过程中享受到服务后的物质和心理满足程度的高低。

旅游景区餐饮服务质量是指利用餐饮设施、设备和餐饮产品所提供的服务在使用价值方面适合和满足客人需要的物质满足程度和心理满意程度。旅游景区餐饮服务质量一方面取决于设施、设备和实物产品的质量，如餐饮服务设施设备的舒适程度、完好程度、档次高低，饮食产品的色、香、味、形等；另一方面取决于服务人员的服务观念、服务态度、服务方式、服务技巧、服务内容、礼节礼貌、语言动作等。

（二）旅游景区餐饮服务的全面质量管理

全面质量管理（Total Quality Control，TQC），是20世纪60年代初期首先由美国质量管理专家费根堡等人提出的，在许多工矿企业得到广泛应用，取得了行之有效的良好效果。

旅游景区餐饮业的全面质量管理指旅游景区餐饮业的全体成员和管理机构，把旅游景区餐饮业作为一个整体，以提供最佳服务为目标，通过齐心协力，综合运用科学管理、专业技术和优质服务，全面地满足被服务者需求的活动。旅游景区餐饮业的全面质量管理是全员参与的、全过程的质量管理。全面质量管理把管理工作的重点由“事后把关”转移到“事前预防”上来，以管结果变为管因素，防患于未然。

世界各国在质量管理中普遍运用PDCA工作循环法。PDCA工作循环是指质量管理工作是一个不断循环的过程，按照其管理阶段可以划分为4个阶段：计划（Plan）、实施（Do）、检查（Check）和处理（Action）。PDCA工作内容分8个步骤：①分析现状，找出存在的质量问题。②分析产生质量问题的原因。③找出影响质量的主要原因。④制订解决主要问题的措施计划。⑤实施计划。⑥检查计划执行情况，看是否达到了预期效果。⑦总结经验和教训。⑧遗留问题转入下个循环。至此，才算完成了一个PDCA循环过程，循环转入下一个质量问题。循环不停地转动，每转动一周提高一步，每次循环都有新目标和内容，旅游景区餐饮业的质量问题才能得到解决，质量才能不断提高。

三、旅游景区管理机构对餐饮业的政策支持

(一) 加强旅游景区自身的营销,为餐饮企业广开客源

众所周知,市场营销是旅游景区管理机构的主要职能之一。旅游景区质量的等级、知名度和吸引力与游客的多少有直接的关系,而游客的多少直接决定了旅游景区内餐饮企业客源的多少。因此,旅游景区自身的发展是旅游景区餐饮业可持续发展的前提。

(二) 加强对旅游景区餐饮业的营销

旅游消费者的餐饮需求在很大程度上取决于对旅游景区内餐饮企业的了解,尤其是对那些特色餐饮企业的了解,因此,为游客提供旅游景区餐饮业的详细信息,既为企业作了宣传与促销,也丰富了游客的旅游体验。调研结果表明,75%的游客不太了解旅游景区的特色餐饮,17%的游客一点儿也不了解,只有8%的游客比较了解旅游景区的特色餐饮。这说明旅游景区餐饮业的宣传营销做得很不够。

旅游景区管理机构可以通过以下几种方式来实现对旅游景区餐饮业的营销。

(1) 网络营销。有些旅游景区有自己的实体网站,可以在自己的网站对旅游景区内的餐饮业做详细介绍,尤其是旅游景区内的特色餐饮。没有实体网站的旅游景区也可以借助旅游资讯网,为游客提供有关旅游景区特色餐饮的信息。

(2) 门票营销。门票营销就是在门票中介绍旅游景区主要景点的同时也对旅游景区内餐饮单位的具体位置、类型、经营范围作明显标记。门票营销是一种受众面广、成本低、命中率高的营销方法。旅游景区中有些旅游景区的门票做得非常精致,门票中几乎标有旅游景区内所有设施的详细信息,门票本身就是一个纪念品。中华民族园的门票就是典型的代表。

(3) 园内路标、电子地图营销。为方便游客,可以将旅游景区内的餐饮单位的地点、类型、经营范围,通过园内的路标和电子地图展示给游客。

(4) 环保垃圾袋营销。旅游景区管理机构可以号召旅游景区餐饮企业联合制作标有企业名称、地点、联系电话、经营特色等信息的环保垃圾袋。在出售门票的同时赠送环保垃圾袋给游客,这样既为旅游景区内的餐饮企业做了宣传,又减少了旅游景区内的垃圾,尤其是旅游景区内的白色垃圾。

(5) 节庆营销。节庆营销指以美食为主题,在旅游景区内举行一定规模的美食节活动。这样既提高了旅游景区的知名度,又弘扬了旅游景区内的饮食文化,也为旅游景区餐饮企业创造了有利的盈利条件。

(三) 为旅游景区餐饮单位创造公开、公平、公正的经营环境

旅游景区管理机构在为保护旅游景区环境对餐饮企业进行相应监管的同时,也要为餐饮企业创造公开、公平、公正的经营环境。充分调动经营者的积极性,提高服务质量,进行产品创新。

(四) 将部分价值让渡给消费者

为了提高游客对旅游景区餐饮的满意程度,旅游景区管理机构可以适当减收经营者的租金、水电费等,以减少经营者的成本,从而提高产品质量或降低产品价格,将旅游景区的部分利益让渡给旅游消费者。这样看似损害了旅游景区的利益,实质上,

由于游客的满意度提高，对旅游景区产品的整体评价就相应提高，为旅游景区赢得了好的口碑，游客自然会相应增加。

四、旅游景区管理机构对餐饮从业人员的管理

（一）餐饮从业人员健康状况的监管

《食品卫生法》第26条规定，食品生产经营人员每年必须进行健康检查；新参加工作和临时参加工作的食品生产经营人员必须进行健康检查，取得健康证明后方可参加工作。凡患有痢疾、伤寒、病毒性肝炎等消化道传染病（包括病原携带者）、活动性肺结核、化脓性或者渗出性皮肤病以及其他有碍食品卫生的疾病的，不得参加接触直接入口食品的工作。

（二）餐饮从业人员卫生知识的培训

旅游景区管理机构对本旅游景区内的餐饮从业人员进行定期的卫生知识的培训和考核工作，宣传食品卫生、营养知识等。

（三）餐饮从业人员的职业技能培训

餐饮从业人员的职业技能主要体现为厨师的烹饪技能，服务人员的服务技能、语言能力等，经营管理人员的管理能力、创新能力等。旅游景区管理机构只有提高各个层次从业人员的素质，才能使旅游景区餐饮业的服务水平取得长足的进步。

（四）餐饮从业人员应树立的3个意识

旅游景区餐饮从业人员应该树立民族意识、服务意识和生态意识。旅游景区是一个国家或一个地区的社会、文化的窗口，旅游景区餐饮业也是国内外游客了解中国的一个途径。民族意识指餐饮从业人员对外国游客既要文明礼貌，表现我国人民勤劳诚恳、热情好客的优良美德；而在面对外国游客的不友好行为时，又要表现得不卑不亢，保护民族的尊严。服务意识指要把游客当成上帝，以为游客提供满意的服务为己任，愉悦游客的旅游生活。生态意识指餐饮从业人员要时刻牢记绿色生产、绿色服务和绿色管理，同时还要引导游客进行绿色消费，为旅游景区的可持续发展做出自己的贡献。

五、旅游景区管理机构对游客行为的管理

游客是旅游景区的“主角”，用现代企业管理者的话说，消费者——为旅游景区带来经济效益的游客，就是“上帝”。为游客服务好，并期望更多的游客前来游览参观，是旅游管理者的追求。但是，一些旅游者素质较低，导致旅游资源遭到破坏，旅游环境遭到污染的现象比较普遍，矿泉水瓶、饮料瓶、食品包装袋、瓜子皮、垃圾袋等各色垃圾遍布旅游景区。尤其是旅游高峰期，许多旅游景区都超负荷运营，因旅游者素质较低给旅游景区环境造成的破坏就更大了。为了保护旅游景区的生态和资源环境，实现旅游景区的可持续发展，正确引导游客的旅游行为还是非常有必要的。对游客行为进行管理的方法主要有以下3种。

（一）宣传教育法

编制旅游指南让游客明白自己的责任；建立旅游警示标志引导游客行为，例如，严禁烟火标志等；利用导游的“嘴”和示范行为对游客进行环境保护的教育；在门票

上注明“保护环境，不乱扔垃圾”等字样宣传。

（二）价格控制

在旅游旺季时，由于游客过多，旅游景区内的餐饮企业可以通过提升价格来控制游客在旅游景区内的餐饮消费，以减少旅游景区餐饮对旅游景区环境造成的负面影响。

（三）放置旅游垃圾盛放装置

垃圾盛放装置的数量要根据游客数量的多少来定，旅游旺季时要多些，旅游淡季时则少些；游客多的地方要多放一些，比如，门口、停车场、住宿点、餐馆、商店摊位等；在有条件的地方，实行分类收集，采用不同颜色或不同形状的垃圾箱，也可放置不同的标志，引导游客投掷不同种类的垃圾；也可在出售门票的同时发放环保垃圾袋给游客。

思考与练习

1. 旅游景区餐饮业经营的主要问题是什么？
2. 旅游景区餐饮业经营应该如何创新发展？

第十四章 旅游景区的人力资源管理

本章摘要

在旅游景区管理的诸多方面，人力资源管理是一个非常重要的方面：一方面是因为员工的服务态度和能力影响到为游客提供服务的水平，并直接影响到游客游玩的乐趣和对旅游景区的看法；另一方面是劳动力成本往往是旅游景区收入预算中最大的一个单项支出项目。本章从旅游景区工作人员的招聘、组织、培训和激励等方面来探讨旅游景区人力资源的管理。

学习目标

- 了解旅游景区人力资源管理中存在的主要问题
- 掌握人力资源招聘的程序和方法
- 掌握旅游景区人才培训的方法
- 理解旅游景区人力资源激励的主要理论

第一节 旅游景区人力资源管理概述

一、旅游景区人力资源和人力资源管理

人力资源，从广义上讲，是一切具有劳动能力且为社会创造物质财富和精神财富的从事脑力劳动和体力劳动的人口的总称；从狭义上讲，则指在全社会具有劳动能力的在劳动年龄范围内且从事社会劳动的人口总和。其根本点在于具有劳动能力并能够作为生产要素投入社会经济活动的劳动人口。

人力资源管理，就是一个社会组织去获取、利用、激励、调整人的能力，并将其集合到组织中融为一体，充分发挥其潜能以实现组织目标的过程。它既包括对人这一资源的有效开发、可持续管理和合理利用，也包括对人力资源的培养和发展。

二、旅游景区人力资源管理的理论依据

人是构成旅游景区旅游接待能力的主要因素。如果不把人的积极性即“软件”调动起来，良好的设施设备即“硬件”也就发挥不了作用。尤其是现代化的旅游设施，更需要有一定技能和经验的劳动者和管理者。科学合理地安置员工，挖掘劳动潜力，提高劳动效率，对旅游景区提高社会、经济效益具有重要意义。

旅游景区属于“情绪型产业”，具有劳动密集型特征，它所提供的产品主要是服务。这就要求旅游景区服务人员高度重视每一次提供服务的过程，给游客留下美好的

印象。旅游景区服务人员大部分处于第一线，直接接触游客，作业对象是人不是物，游客需求多样化要求服务多样化，要求服务人员有较高的素质，以达到提高服务质量的目的。

三、旅游景区人力资源管理存在的问题

我国旅游景区的人力资源管理还比较落后，理论上也缺乏探讨。饭店业在一开始就注重引进国外成功的人力资源管理经验和管理人才，与中国实际结合，人力资源管理已发展得较为成熟。而国内旅游景区的管理，运作不甚规范，人力资源管理尤其如此，有的连象征性的招募选拔形式都没有。

我国旅游景区人力资源管理面临的问题主要有以下几方面。

（一）在管理体制上：旅游景区管理体系的不健全形成人力资源管理障碍

我国的旅游景区管理体制尚未理顺，如道教名山武当山有城建、宗教、文化部门各自设立的管理机构，还有旅游经济开发区，另外，交通、公安、工商、税收等部门也设立派出机构参与管理。又如海南三亚的海上娱乐项目，除旅游局对其进行行业管理外，交通局、文体局和海洋、港监、卫生部门等也提出了管理要求。特别是跨行政区域的旅游景区，更是政出多头，管理混乱。旅游景区管理部门职能的虚泛化和分散化，给人力资源管理造成了困难，无法形成一个灵活、高效、适合发展的组织系统，也无法形成科学、严谨、规范化的组织制度。因此，建立一个高度统一、相对独立、办事高效的现代管理机构是旅游景区进行人力资源有效管理的前提。

（二）在员工素质上：从业人员的文化素质和专业素质有待提高

员工文化层次偏低，态度生硬，对旅游景区有关情况一问三不知，维持秩序的大多是当地的农民工或年老体弱者，这些都严重影响着我国旅游景区的形象。

旅游景区的管理者对人员培训没有引起足够的重视。我国旅游景区中未达到应有专业水平的管理、技术、服务人员，其比例估计过半。而对旅游景区管理人员的培训刚刚开始列入议事日程。科学的培训体系以及针对性强的特定培训内容尚未完全落实，现有培训仅限于员工的服务技能技巧。

（三）在人员配置上：旺季工作人员不足，淡季工作人员闲置的情况普遍存在

旅游景区很少制订人力资源计划，未能根据所需人员评估和可提供的人才编制未来人才资源需求的预测计划。

在人力资源管理观念上，仍停留在传统的劳动人事管理阶段。现代人力资源管理不仅要对人才工作业绩进行监管，而且要调动人的工作积极性，为员工创造良好的工作环境；不再是单纯的人力调配使用，而是人力资源的全面开发；不再受企业所有制性质和人才身份限制，而是全方位的人事管理；不再仅仅是人力资源管理部门的任务，而是各级管理人员的共同职责。旅游景区管理者提高自身素质，改变观念是关键。

上述问题的存在，说明加强人力资源管理是强化旅游景区管理的当务之急。

第二节　旅游景区人力资源管理的内容

一、人力资源管理的内容

旅游景区人力资源管理的内容分为以下 5 个方面。

（1）人力资源计划：在工作分析的基础上，确定人力资源在数量和质量方面的计划。

（2）人力资源流动：人力资源的流入、流出以及在组织内的流动，包括招聘录用、调动、提升、降级、轮换、退休、解雇等。

（3）人力资源保持：保持雇员有效工作的积极性，实行有效的领导方式，加强沟通联系，采用公平合理的工资福利制度，创造健康安全的工作环境等。

（4）人力资源发展：提高和培养员工文化知识、服务技巧和工作能力，增强竞争性。

（5）人力资源评价：对工作表现、工作绩效等作观察鉴定和正确评估，同时加强旅游景区人力资源管理效能的反馈。

传统的人事管理功能是相互独立的，但人力资源管理却将其看作一个系统，重视旅游景区人事管理工作与整体经营目标的联系。一方面，人力资源管理只是旅游景区管理系统的一部分，它与子系统之间相互联系，必须得到计划、组织、财务、技术等各方面的配合。另一方面，人力资源管理的各项内容又是融为一体不可分割的。如人力资源评价能为提升、调职、培训、奖励提供依据；人力资源的培训提高或丰富了员工的知识技能，能造成调动、提升等人力资源流动；在制订计划时，人力资源需求和供应的预测工作必须依据目前的劳动生产率，而劳动生产率又是随着人力资源的有效使用、通过培训激励等措施逐步得以提高的。所以，人力资源管理系统是一个动态循环的系统。有效的人力资源管理可以使旅游景区处在“吸引人—使用人—评估人—激励人—教育人—社会组织发展—吸引人”的良性循环状态。

二、人力资源管理的主要环节

一般来说，旅游景区人力资源管理有 4 个主要环节。

（一）招聘录用

招聘合格的管理人员和各类员工，是旅游景区管理的一项经常性的重要工作。招聘是把住人才关的首要环节，也是一项复杂细致的工作。旅游景区由于职工流动，不断产生人员的空缺，包括退休、跳槽、旅游景区改建改造或其他原因而产生的职工空缺，需要通过招聘来填补。如何以最小的代价获得需要的人才，这就要求人力资源管理者掌握招聘员工的方法和技巧。

1. 确定用人要求

即将职工担任的每项工作加以分析，确认这项工作的内容、职责、与内部其他工作岗位的关系、所需知识技能、工作环境条件等。通过工作分析，确定旅游景区用人的数量、类别、工作条件，最后形成工作说明书或岗位职责说明书之类的文件。

2. 选择招聘方法和媒介

旅游景区根据不同岗位的不同需求，正确地选择招聘方法和传媒单位。招聘方法有对外招聘、内部晋升调职、推荐介绍、广告招聘等，招聘媒介有全国性报刊、地方性报刊、行业组织、人才交流中心、旅游高等院校、职业介绍中心、劳务市场、招聘网络等。招聘广告是常见的一种招聘形式，其基本要求：明确提供真实情况，包括旅游景区单位介绍、招聘人数、应聘条件、岗位工作内容、职位待遇、就业条件和应聘的程序和方法等。招聘标题要引人注目，条件要一目了然，语言要有诚意，使人产生信任感，避免使用“前途光明”“报酬可观”等含糊语言。另外，还要留有余地，使应聘人数比所需求人数多。

3. 挑选和录用

挑选和录用包括以下步骤和程序：准备规范化的应聘申请表让应聘者填写。令应聘者提交自己的履历表、特长、相片等资料。对应聘者的情况和工作说明书进行比较初步筛选，然后对可能入选和勉强合格者作进一步审核。如属内部招聘，应对候选人的履历、个人才能、工作表现等进行全方位考察。对应聘者进行面试与测试。依据考试检测的成绩，广泛征询各方面意见后作出试用、录用决定。与被录用者签订录用合同。明确单位与职工双方在工作方面的权利、义务关系。

因招聘要求、招聘规模和应招人数不同，招聘程序有繁有简，应根据实际情况灵活运用。其中，面试与测试是旅游景区招聘过程中最为重要的步骤，它将直接影响到旅游景区职工的质量。

4. 应注意的问题

(1) 旅游景区在招聘职工的过程中，始终要努力设法使本组织的目标与应聘者的个人目标、组织的发展设计与应聘者的职业生涯设计、组织的需要与应聘者的个人需要协调统一起来。

(2) 填补空缺职位，尽量采用对内招聘的方法，即内部职工提升调动。对内招聘的优点，一方面可以缩短招聘过程，节约时间精力，而且内部职工对旅游景区内部情况已有相当的了解，很快能适应新的岗位；另一方面内部招聘还能促进职工的工作积极性，产生激励作用，并在职工中间形成竞争性的工作氛围。

(3) 注意及时反馈信息，传播和塑造组织的良好形象。应聘者在等待结果的几天甚至几周里，心情是非常焦急的。因此，对每个应聘者，无论录用与否，都应给予及时反馈。如美国迪士尼集团对此非常重视。面谈当天，所有申请人都能得到回音。那些被拒绝者被邀请下次再来申请。有效的招聘不仅能物色到好的员工，还能起到传播和塑造良好形象的作用。好的招聘广告能起到宣传广告的作用，招聘人员良好的仪表风度代表了旅游景区的形象。

(二) 教育培训

旅游景区工作人员的工作是与顾客接触、交往频度最高的工种之一，由于游客的兴趣在不断变化，他们对旅游景区内容的需求以及对服务水平的期望也不断提高，故通过系统而有计划的培训使员工掌握新技术和提高工作能力，非常重要。

1. 培训的含义

企业管理培训是指企业通过组织学习、教育等方式使员工在知识、技能、态度等方面得到改进，以适应工作需要的过程。培训的本质是企业的管理者想方设法帮助员工把现在或未来的工作做得更好。因而，除了办学习班的形式以外，小到午餐时的工作经验交流、回答新手某些与工作相关的问题，都可将它们视作培训。

2. 教育培训的作用和意义

对于旅游景区而言，其作用和意义主要表现在如下几个方面。

（1）更新员工的知识和信息，增强企业竞争能力

科学技术的高速发展使今天的旅游景区服务设施和活动项目具有更高的科技含量。例如，计算机的应用既为游客提供了诸多的便利，也提高了旅游景区自身科学管理的程度，当然也意味着对员工的工作技能提出了新的挑战。培训就是使员工能够跟上科技进步的步伐，以适应工作环境变化需要的重要途径。

现代社会快节奏的工作和生活环境令时尚和潮流不断变化，人造园林、田园风光、野生动物、雪山峡谷、生态环境等相继成为人们旅游的热点。掌握游客需求的变化趋势，及时调整企业经营策略，那么它便是热点。否则，等待它的命运只能是被遗忘、被淘汰。

（2）促使员工服务规范，保持良好的服务质量

旅游景区工作人员的工作态度和技能将直接影响游客的旅游质量，特定的工作性质要求他们具备热情的工作态度和良好的工作技能与游客进行接触和交流。

员工的性格特点各不相同，有外向的、内向的或介于两者之间的，这使他们原有的某些行为特征，比如表达思想的方式、与他人交往的方式、在兴趣和爱好上的选择等方面都存在明显差异。

通过培训，能够使员工在旅游景区特定的工作条件下做出服务规范所要求的行为反应，避免自身性格特点可能带来的不良影响，以满足游客的需求，稳定和提高服务质量。

在游览活动中，游客可能产生的要求具有多样性，有的时候甚至出现这样的事件：游客在途中突然发病，要求工作人员给予相应的帮助。对于这类事件，虽然工作人员无法从根本上解决问题，但是通过培训，将大大提高工作人员的应急能力和处理能力，使他们赢得游客的信赖和赞赏，提高企业的声誉。

（3）提高员工工作效率，增加企业效益

降低成本、增加企业效益是企业永久的目标，现代企业为了达到这一目标，除了采用计算机管理等措施以外，通过培训以提高员工工作效率同样是一种重要途径。尤其是在人力资源缺乏或劳动力价格昂贵的地区，即使企业的工作量增加了，但员工的数量却有所降低，保持了企业的高效率和高效益。

（4）满足员工的成长需要，稳定员工队伍

与其他行业相比，旅游景区的员工队伍稳定性比较低。保持一定的流动比例能够使企业人才更具活力。但流动比例过高，将会造成服务质量稳定性差、降低总体素质水平、弱化凝聚力等不良后果。系统、持续的培训计划，能帮助员工获得更多的知识和技能，使员工感到自己在这里能够不断进步，满足自身成长的需要，从而为将来的发展创造更好的条件，有利于提高企业对员工的吸引力，稳定员工队伍。

3. 教育培训的内容

教育培训的内容，可以概括为3方面：知识培训、技能培训和态度培训。

（1）知识培训

知识培训即通过培训使员工掌握完成本职工作所必备的基本知识，如规章制度、岗位责任、服务工作常识等。对新员工来说，了解旅游景区概况总是必不可少的，应该注意的是，当旅游景区的发展战略、目标、经营方针和经营状况发生变化时，也需要通过培训使现有员工随时了解这些改变，这样做既有利于提高他们对工作的适应性，也增强了他们参与旅游景区管理的意识，真正树立起主人翁精神。

（2）技能培训

技能培训即通过培训使员工掌握或提高完成本职工作所需要的技能，包括操作技能、人际交流技能以及某些新兴技能。①操作技能。能根据旅游景区制定的标准和要求及时完成工作，面临问题时能正确决策和加以解决。②人际交流技能。能与不同的对象打交道。人际交流技能对于旅游景区的工作人员来说特别重要，它涉及口头表达能力、听取意见的能力、写作能力、阅读和理解能力，甚至涉及运用非语言技巧的能力，如能否在交流时善解人意。③新兴技能。比如寻找、获取、组织、分析和使用信息的能力，即信息处理能力；想出新主意、新办法的能力，即创造革新能力；使用相关计算机软件和通过计算机从各种渠道获取相关信息的能力，即计算机技能。旅游企业往往是新技术最早使用的地方之一，使员工掌握新兴技能可以极大地提高企业的竞争能力。

（3）态度培训

态度培训即通过培训建立起企业与员工之间的相互信任感，培养员工对企业的忠诚，并使员工逐渐具备企业发展所需要的精神准备和态度。员工对于其外部公众来说就代表企业形象，他们的言行会直接影响企业声誉，而旅游景区的工作人员与游客交流频繁、接触密切，因此更应该通过培训等多种途径使他们树立高度维护企业声誉和利益的自觉性。

4. 教育培训的对象和项目

（1）同一企业的培训，可以选择不同的对象高层管理人员培训

①高层管理人员。高层管理人员的职责是对整个企业的经营管理全面负责，他们的知识、能力、态度等对旅游景区获得成功关系很大。因为大多数高层管理人员已经具备丰富的经验和比较杰出的才能，所以培训应侧重于这样一些方面：帮助他们总结、归纳和有效运用过去的经验；进一步帮助他们提高领导艺术，比如如何转变管理方式和制订战略决策，如何完成特殊委派，如何指导下属，如何进行谈判，如何正确处理人际关系，如何主持会议以及如何演讲等。为他们提供大量信息，帮助他们适应内外环境的变化，如向他们介绍新法规，让他们了解政治、经济、技术发展趋势等。对于新经理，应该帮助他们尽快了解企业经营战略、目标、方针以及内外关系。

②中间管理人员培训。中间管理人员在企业中处于比较特殊的位置，发挥着承上启下的作用。在上下级之间或者员工与企业之间发生矛盾的时候，他们能够平衡各方面的利益并协调各方面的矛盾。他们来自某一个岗位，所以应该帮助他们尽快掌握必要的管理技能，改变工作观念和方法，适应新职位的要求。

③销售人员培训。销售人员的工作能力是影响旅游景区客源市场拓展的重要因素

之一。他们的培训重点涉及如何介绍新的旅游产品、提高市场规划能力和调查能力以及增加人际交流技巧等方面。

④专业人员培训。对工程师、会计师、经济师等专业技术人员来说，需要不断更新专业知识，了解相关行业的最新技术及其发展方向，如计算机在相关行业的应用、紧急问题的处理等。此外，不同专业人员之间的沟通、协调，对于解决彼此之间的矛盾十分有效。所以，通过交叉培训，使他们互相了解，掌握人际交流技能。

⑤基层员工培训。基层员工是企业的主体，他们直接为旅游者提供各种服务，直接影响企业的声誉和未来发展。要对他们进行培训，使他们明确责权，掌握必要的工作技能，按时高质量完成本职工作。

（2）确定培训项目

确定具体的培训项目有多种途径，工作分析的结果可以作为确定培训项目的重要依据，也可以通过缺陷分析、绩效分析等方法确定培训项目。

①工作分析法。工作分析是指对某一特定的工作做出明确规定，并确定完成这一工作需要什么样的行为的过程。具体地说，工作分析就是对企业中各项工作的内容、责任、性质以及员工所应具备的基本条件，包括知识、能力、责任感和熟练程度等加以研究和分析。工作分析结果所涉及的大部分内容都和员工培训相关，通过工作分析可以明确旅游景区各种岗位所需人才应当具备的各方面条件，一般说来员工要通过培训才能满足要求，许多重要培训项目正是针对这些具体要求而设置的。

②任务和技能分析法。这种方法是通过对完成任务步骤的分解，以及完成任务所需技能的分析，找出工作难点，发现员工工作的实际状况与理想状况两者间的差距，确定相应的培训项目和培训方法。使用这种方法时，要充分考虑工作环境条件对员工生理和心理的影响，以及员工的工作态度和积极性方面的问题。

③重大事件分析法。企业中发生的某些重大事件能够为培训项目的确定提供有价值的依据。这些重大事件包括工作事故、顾客的普遍要求，也可以是那些对实现企业目标起到积极的关键性作用的事件。考虑到这些事件对确定培训项目的影响，企业应该制定保存重大事件记录的规定并完善记录方式。通过对记录进行分析，可以了解到这些事件是怎样发生的，并在培训中加以改进或者利用，从而提高企业效益。

④绩效分析法。培训最重要的目标是提高工作绩效水平。可以利用已有的绩效评估体系，在绩效较差或者可以继续提高的领域中确定所需的培训项目，例如，对一段时间内的销售记录，或者游客的投诉记录进行分析。确定那些导致不能达到理想绩效水平而通过培训又能得到调整的原因显得十分重要。

5. 教育培训的方法

（1）常见的培训种类

①在职培训。在工作进行过程中由企业对员工进行的教育培训，内容是员工完成工作所需的知识、技能和态度。

②脱产培训。参加培训的员工离开工作岗位一段时间，专门进行培训。

③上岗培训。当企业吸收新的员工或员工在企业内调动时，即进入新岗位边工作边培训。

④员工再培训。由于社会经济、技术的发展，企业经营活动的调整，对员工进行

的再培训。

（2）常用的培训方法

①直接传授式。主要特征是信息交流的单向性，培训对象一直处于被动接受的地位。虽然这种方法存在不少缺点，但是当培训对象数量比较多而培训内容相似的时候，可以采用此法。直接传授式的主要形式有课堂授课、听报告、观看演示以及用电影、电视、录像等手段对员工进行培训的影视法等。颇具传统色彩的“从师学艺”也是一种直接传授式的培训方法，与前者不同的是培训对象能从中得到个别指导，效率不高但效果不错。这种培训方法在旅游景区依然广为运用，对新员工来说，师傅带徒弟的培训方式显得尤其生动、形象、具体。

②参与式。主要特征是使每个培训对象参与培训活动并从中获得知识和技能。常见的培训方式有组织研讨、案例研究、角色扮演、模拟训练、班组活动、实际工作、参加会议、岗位轮换及其他。

6. 教育培训评估

培训效果评估是企业培训的必要环节，通过评估可以增强培训效果，借助信息反馈来诊断问题，不断改进工作。

（1）评估的基本准则

可从有效性和效益性两方面加以评估。培训的有效性是指培训目标的实现程度。培训的效益性是指培训给企业带来的效益如何。

（2）评估的方法

①学员反馈。参加培训的企业员工自身也是具有判断能力的，培训是否真正起到了帮助他们更加适应工作环境、更好地完成任务的作用，有哪些需要改进的地方，无疑必须听取他们的意见和看法。可以通过无记名调查问卷、组织讨论等形式获取这方面的资料。

②测验。这是我们最熟悉的、颇有些令人畏惧的测评培训成果的方法。这种方法比较适用于对员工知识培训结果的评估。如在旅游法规培训后，通过测验可以了解学员对法规的掌握程度。测验形式可以是口试测验，也可以是书面测验。试题所用语言务必准确、易懂，还应该都有明确的答案。

③实习。这里的实习是指为参加培训的员工提供接近其日常工作环境的工作情景，以便了解他们能否使用所要求的技能解决问题、完成有关任务，或者在工作中表现出规范的行为举止。这是一种工作绩效考查，适用于技能培训结果的评估。

④工作表现跟踪考察。对回到工作岗位后的培训者进行跟踪考察是培训评估的最好方法之一，可请学员的上级管理人员对他们的工作表现作评价，了解他们在工作态度和效率方面是否有进步。对工作记录中的某些数据如生产率、出勤率、销售率等作前后比较也可以达到同样的效果。对培训结果最有效的检验莫过于看他们在培训后的工作表现，因此跟踪考察的结果比培训结束时测验的结果更重要、更有意义。

⑤成本收益评估。成本收益分析法常见用于评价投资效果。在这里即将员工培训视为企业的一项重要投资，因此可以借鉴成本收益分析法评估培训的效益性。只要有合理的培训计划和科学的培训手段作保证，培训后的员工为企业所创造的价值就会远远高于培训之前。

（三）激励沟通

称职的职工必须具备两个基本条件：必须具有做好工作的能力和做好工作的愿望。招聘录用与教育培训工作仅仅解决了旅游景区选择合适的职工人选并使他们具备工作能力的问题。而职工是否具有做好工作的愿望，直接关系到职工的效率与服务质量，从而影响整个旅游景区的经营管理水平与服务水准。因此，管理者还应充分认识调动职工积极性的重要性，掌握好激励沟通的基本方法。

1. 激励

激励是旅游景区的管理人员使用奖励和鼓励手段去激发和刺激职工工作热情的方法。美国著名的心理学家斯宾勒提出“操作性反射理论”，他通过试验考察了激励与绩效的关系。实验表明，人和动物中，受到激励的行为会重复发生，没有受到激励的行为倾向消失。而且及时的报酬和奖励比惩罚更有效。管理者可运用各种奖励手段鼓励受欢迎行为的再次出现。由此可知，激励不仅能调动职工的积极性，还可以激发人力资源的潜能，提高职工的工作效能。

（1）了解职工需求

心理学的研究表明，职工的工作表现是由动机支配的，动机是个人发动和维持行为，使其导向某一目标的一种心理状态。而动机的产生又是由需要引起的。因此，首先要通过满足职工的需要，促使职工为达到旅游景区的总体发展目标而努力工作。

按照马斯洛的需要层次理论，旅游景区的管理者在激励员工时，要注意处理好满足职工低级需要和高级需要、物质激励和精神激励之间的关系。而且根据心理学家赫茨伯格的“双因素”理论，旅游景区管理者既要维持“保健因素”，更应注意多用“激励因素”，真正的激励因素还必须从员工的成长进步、自我实现等方面来考虑。

（2）制定奖励制度

旅游景区应制定公布于众的奖励制度和标准，让职工都有明确努力的方向而积极进取。旅游景区应从制度上明确保证职工的主人翁地位，实存民主管理制度，让工人参加管理、决策；实行考核奖惩制度，设置科学的指标体系与测量方法，将员工的劳动成果与物质利益挂钩，这样才能激发员工为发展目标而奋斗的内在动力。

奖励制度应注意以下几个方面：奖励的对象、奖励的价值和概率、奖励的数量和时间、奖励的公平性。

2. 沟通

国外盛行激励员工“5I”法，这种方法指工作有趣（Interesting Work），让信息共享（Information - share it），让大家参与（Involvement - Encourage it），让员工独立（Independent - Allow it），让工作透明（Increase Visibility）。其中大部分方法均与有效的沟通相关。沟通就是传递信息，员工信息的沟通是人力资源管理重要的内容和任务。现代人力资源管理理论认为增加信息的沟通可改善员工关系，清除因信息不畅而造成的员工紧张和不安感，增进上下级之间的了解和共识，形成良好的人际关系，从而促进劳动生产率的提高。

旅游景区加强内部沟通的方法有以下3种。

（1）书面沟通

书面沟通即借助于书面语言进行沟通，如发行内部刊物，办内部简报，制定职工手册以及黑板报、意见箱、通告栏、标语等。

（2）群体面对面沟通

形式有专题座谈会、民主生活会、职工接待日、出谋划策活动、为员工提供工作咨询和发布社会娱乐活动信息的咨询信息中心等。

（3）电子媒介

在当今科技发达的时代，旅游景区也可利用复杂的电子媒介来进行沟通。如运用计算机建立员工档案和信息网络，用闭路电视和录像机录制发布旅游景区内部新闻等。

旅游景区建立起有效的建议制度是非常重要的，现代化的旅游景区管理应该是参与式的管理，应使每个职工都有向上级提出建议和意见的渠道与机会。可以采用建议表、建议箱、建议日、建议会等各种形式，提倡和鼓励职工提建议。

旅游景区，除正规的交流渠道外还有非正式的交流系统，如同事之间任意交谈等。由于没有严格的组织机构限制，这种非正式的交流系统可成为协调不同部门工作，鼓励部门之间进行协作的重要工具。但未按计划有组织地利用，就会产生“谣言”的散布与传播，因此，建立起较为开放和公开的内部沟通系统，经常开展双向信息交流，可使旅游景区管理工作获得内部公众的支持与合作，减少非正式沟通对旅游景区管理机构的损害。

通过有效的沟通，建立人与自然的和谐关系时，也培育了人与人之间的和谐关系。旅游景区在建设上应求新求异，而在人力资源管理上却宜形成家庭式氛围，就是让员工以旅游景区为家，使内部关系温馨友爱。员工的工作热情提高了，他们就会以优良服务使游客也产生宾至如归的“家”的感觉，这就是所谓“有愉快的员工才会有愉快的顾客”。

（四）绩效评估

绩效评估是用科学的方式和程序对组织或个人的成绩和活动效能进行检验、考察和核定的全过程。旅游景区实行绩效评估，不仅可以起检查与控制作用，达到引导群体及个体行为的目的，而且为职工提升职务、晋级工资以及培训等决策提供必要的依据。在现代人力资源管理的环节中，绩效评估非常重要，因为它能提供反馈信息，在整个系统必不可少并与各个部分紧密联系。但做好绩效评估工作很不容易。环境、组织、个人等很多方面的因素都会影响绩效评估。尤其是旅游景区，由于服务性产品很难有量化的评估标准，职工的工作绩效就难以衡量，因此绩效评估带有较大主观性。

1. 绩效评估的评价因素

绩效评估的主要评价要素有 4 个，即工作成绩、工作能力、工作态度和工作适应性。

（1）对工作成绩的评价，是指对预定期间内实际完成的工作成果的评价，其中包括工作量大小、工作效果好坏、工作中的创造性成果、对部下的指导教育作用这 4 个因素。旅游景区应首先编订工作指标和成绩评价标准，然后考察员工完成工作指标或达到成绩标准的程度。

（2）对工作能力的评价，是对员工在工作表现中反映出的基本能力的评价，如员工掌握专业知识和技能技巧，管理者在工作中表现出的领导才能、组织创新能力、业务能力如何等。

(3) 对工作态度的评价，如工作积极性、纪律性、协调性、服务的热情、责任感、进取心以及对批评意见的态度等。

(4) 对工作适应性的评价，对员工的智力、体力及性格是否与工作相契合的考评。不同的工作特点决定各类人员不同的评价要素特征。

2. 绩效评估的主要内容

绩效评估的内容很多，下面只介绍两种。

(1) 岗位规范：岗位规范是绩效评估的主要方法之一。完善的岗位规范应是全面的、可操作且严格执行的。全面性指为服务人员、管理人员、安全人员、卫生人员等岗位设置的规范，在着装仪表、礼节礼貌、服务语言、形体动作、工作纪律、职业道德等各个方面，均可设置规范。可操作性指这些规范有具体内容而不空泛。为了使规范的可操作性更强，规范的表达形式可以归纳成形式简洁、上口易记的口诀式，如卫生管理“四不走”法和“五无”现象等。旅游景区定期依据岗位规范严加考核，并将结果及时反馈给员工。

(2) 目标管理：目标管理是一种管理原则和管理方法，同时也是一种激励方法和绩效评估方法。旅游景区实行目标管理，使管理者和职工联合起来，努力实现组织目标，并且定期针对目标完成情况，对职工的绩效进行评估，使职工能“自我控制”，在实现组织目标的过程中实现自己的价值。

旅游景区的管理者应与员工共同确立具体工作目标，这些目标是现实的，具有挑战性的，可以衡量的，并在某一段时间内可以达到的，如6个月或1年。旅游景区管理的总目标应层层分解，直至每个员工自己的具体目标，形成一个目标体系。在执行计划时，应确定完成任务的必要步骤和责任鉴定方法。管理者和职工对是否完成了目标、与目标存在的距离、完成或不能完成的原因进行对照检查。目标的制订、评估、鉴定和实现，将激发全体成员工作的愿望和热情，也使职工的个人目标与旅游景区的发展总目标更好地结合起来。

3. 绩效评估的主要方法

绩效评估方法可分为定量和非定量两种。定量评估是旅游景区对各部门班组和个人的工作成绩和工作表现进行量化的评价方法。在绩效评估中采用数字评价尺度，可以充分利用人对数字和平衡的感觉，得出尽可能准确的相对评价结果。但因为旅游景区的活动与经营，不同于工业产品生产，许多因素客观上不便量化，所以广泛使用的方法是非定量评估，常见的有以下几种。

(1) 分等法。首先须设计等级评定表，列举若干绩效因素，并将其分为若干等级，如较好、高于标准、平均标准、低于标准、较差5级，或不满意、一般、良好、优秀、杰出5级。评估时，可在对应的等级栏内画圈。

(2) 比较法。将评估对象在每项考评指标方面与其他评估对象一一进行比较。

(3) 述评法。将被考评者的优点、缺点、工作成绩、培训意见等方面情况，用写文章的方式来分段加以描述和评价。

(4) 讨论法。由考评人员组成考评小组，坐在一起讨论，围绕着考评对象的工作成绩等交流意见，进行总结和综合，经小组通过后记下考评结果，成为小组正式考评意见。

4. 绩效评估应注意的问题

（1）确定评价要素和标准是绩效评估的前提。建立明确的职务职能等级标准，对每项职务的性质内涵、责任权大小、工作难易度等进行工作分析，不同岗位有不同的考核标准，再据此确定每个评定要素的观察考核要点。

（2）要及时沟通信息，进行反馈。除填写考核表的传统方法外，还可增加考评面谈的步骤。考评面谈包括晋升考评中的面谈答辩，成绩考评中的反馈面谈等。在反馈考评评语的面谈中，评估对象可以申诉其对初步考评结果的意见，提出讨论。

（3）使评估与奖惩相结合。好的评估方法必须向被评估者提出今后发展的方向和改进工作的方法，并通过晋升、奖励、培训、帮助、引导、忠告等一系列激励约束机制，促进职工更好地工作，使绩效评估成为人力资源管理的有效手段。

（4）绩效评估应遵循明确化、公开化、客观化、差别化的原则，另外，还要对评估承担者进行充分训练，使其对考证标准有准确统一的理解，尽量排除主观因素。

第三节 旅游景区人力资源管理的措施

加强人力资源管理的方法很多，现列举主要几种，阐述如下。

一、理顺体制，调整机构

例如，深圳世界之窗作为合资公司，为了组建一支精干高效的队伍，减少不必要的机构和庞大的管理人员队伍，采取“拆庙赶和尚”的办法：一级部减少了35%，二级部减少了26%，管理人员减少了30%；为解决机构臃肿、人浮于事的现状，根据需要定岗定员，使员工减少了27%。

二、转变机制，工效挂钩

例如，深圳世界之窗采用“工资浮动制”和“工效挂钩制”解决分配上的“大锅饭”。他们将工资的10%～20%作为风险工资，实行分月检查，按季兑现。如对市场营销人员实行总收入随团队入园率浮动的办法，调动了员工拓展团队市场的积极性。工效挂钩制指工作成绩与收入报酬挂钩。如对五洲艺术团推行演员收入与演出质量、数量、效果挂钩的改革，使演员收入的50‰与演出结果挂钩。他们还为此成立了演出质量督导小组，每天监管品评演出质量。

三、分解指标，分片承包

旅游景区不仅要制定切实可行的人力资源管理制度，而且应将人力资源管理落实到日常管理中。如旅游景区卫生和安全可分片分段落实到人，由责任人分片承包，谁管理的地段出了问题，就由谁负责。管理人员应走出办公室，在负责管理的地段来回巡视，并及时处理各类事件，这方面黄山风景管理局已成为典范。旅游景区可与各个部门层层签订经营目标责任书，把经营指标分解到各部门、各班组。上海动物园动物管理部、后勤管理部、园林园艺部、经营开发部、市场营销部5个部门中，基本上都有单独利润指标并实行独立核算。

四、加强培训，给予奖励

旅游景区要十分重视对员工的在岗培训。例如，瑞甫公园在每年复活节到来时，要求所有季节工都提前来到公园，接受开园的岗前集中培训，以便了解公园的经营目标计划、每个员工担负的责任、他们应有的行为表现，以及顾客关系、健康安全等方面的问题。瑞甫公园的管理者还非常重视对老员工的再次培训，不断帮助他们更新知识，掌握对新员工进行帮带、培训的技术。对于那些每年都能在旺季返回来工作的员工，瑞甫公园给予一定的奖励，并逐年提高他们的工资待遇，对他们当中有能力有前途者，都给予晋升的机会，让他们从事一定的管理工作，工资也相应提高。

五、定期考评，动态管理

实施动态的人力资源管理系统，有助于在旅游景区内建立起一种“干部能上能下，员工能进能出，优胜劣汰，吐故纳新”的人力资源管理机制。

鉴于旅游有淡、旺季之分，旅游景区的动态管理模式可以通过以下程式运作。每年旅游淡季，管理部门可根据形式需要，组织专家学者及有关管理人员对现有组织机构进行调整，重新定岗定编，修改每个岗位的任职标准和招聘条件。再组成独立的考评委员会进行公开、公正、公平的考评，鼓励跨部门、跨级别报名，进行综合评估、择优录取。考评不合格者可参加再就业培训，然后竞争上岗，半年后进行定期评估。一年后的淡季，再次重复以上步骤，循环不断。

六、制定工作规范，实行科学管理

旅游景区应制定严格的《服务质量标准》，在质量标准、操作规范、检查评分等方面给予具体规定，包括景点停车场、厕所、摊点、商店、售票点的环境卫生和安全、接待宾客投诉处理、特殊情况处理等各个环节。旅游景区还可积极推进国际质量标准的认证工作，或执行相关国家标准。从1993年开始，国家旅游局正式提出将旅游标准化作为重要工作目标，目前已有多项标准出台。一些地方也在积极努力制定地方级标准，如云南省颁布了《游览景点景区服务标准》，并已取得成效。标准化工作有利于推动旅游景区人力资源的科学管理，应予推广。

七、发展企业文化，建设精神文明

一个成功的社会组织，其经营管理的内核中总蕴含着独具特色的文化。从理论上说，企业文化包含着制度文化、物质文化和精神文化，三者相互依存，相互促进。而旅游景区的企业文化是一种服务经营型文化，尤其需要突出“以人为中心”的企业文化的管理方式。又因旅游消费本身属于文化消费，旅游景区树立文化意识、营建企业文化就显得更为重要。

塑造旅游景区企业文化必须与旅游景区的旅游文化紧密结合起来。如以生态旅游项目为主要经营特色的旅游景区，可专门制定一套生态旅游行业标准，用以衡量本旅游景区的人员素质和服务质量，导游必须经过专门的生态环保知识的培训，应表彰那些为保护生态环境做出突出贡献的员工。旅游景区应当根据资源的特点，开展健康有益的游览和娱乐活动，向游客和员工进行社会主义和爱国主义宣传教育，普及历史、文化和科学知识。旅游景区管理单位的文化意识越强，所提供的综合服务的文化品位就越高，从而越能在较高的水平上满足游客的需求。

迪士尼：培养生产快乐的员工

面对激烈的旅游市场竞争，是什么力量使得迪士尼经久不衰、执主题公园之牛耳呢？迪士尼乐园人力资源管理的成功经验同样也是使其成为世界旅游主题公园佼佼者的独特秘诀。

营造欢乐氛围，把握游客需求，提高员工素质和完善服务系统，迪士尼的经营理念和质量管理模式简明而又实际。

一、人员招聘：迪士尼文化的传承过程

（一）员工本土化

现代企业在实施跨国经营战略或从事跨国经营活动时，企业文化的灌输以及与当地文化的融合是其成功的基本要素。其中，培养胜任跨文化环境下的管理人才资源尤为重要。因此，迪士尼乐园在东京建园时，非常注重进行本土化的跨文化管理，造就了一批高质量、跨文化的管理人员。

（二）注重文化传承的招聘过程

在获取人才方面，迪士尼乐园认为，吸引人们来求职的手段，不是靠高薪，而是靠迪士尼所树立的经营形象和独特的企业文化。迪士尼公司的总裁及首席执行官迈克尔·艾斯纳曾经说过："保持公司良好的企业文化是我所要做的最重要的事。"

二、员工培训：迪士尼乐园的价值工程

（一）将迪士尼放在员工心中的传统教育

迪士尼乐园对新员工所进行的岗前教育不仅仅局限于基本的技能教育，他们更重视的是精神层面的教育。知识和技能的传授只是教育的第二意义，最重要的是，他们希望通过这些教育能够使新员工明确公司对他们的期望和要求，并能够向着这方面努力。美国迪士尼公司培训部经理帕克斯曾说过："我们不是希望将员工放在迪士尼中，而是希望将迪士尼放在员工心中。"

（二）严格系统的员工培训

迪士尼乐园的工作人员赢得了游客们的交口称赞。实际上，迪士尼乐园成功的秘密武器就是给游客提供优质、高效、细致的服务，而这种服务品牌的形成则得力于迪士尼严格、系统的员工培训。员工的培训与发展是迪士尼乐园人力资源开发的一个重要内容。从员工个人来看，培训和发展帮助员工充分发挥和利用其人力资源潜能，更大程度地实现其自身价值，提高工作满意度，增强对迪士尼企业文化的认识和对企业的归属感和责任感。从企业来看，有效的培训提高了员工的服务意识及其工作效率，从而吸引更多的回头客，提高企业的经济效益，增强迪士尼乐园的市场竞争力。因此，迪士尼乐园非常重视对员工的培训与发展。

迪士尼乐园要求每一位员工，不论是新聘任的副总裁还是入口处收票的业余兼职短工，都要接受由“迪士尼乐园大学（Disneyland University）”教授团讲授的新员工企业文化训练课，以便让他们认识迪士尼的历史传统、成就、经营宗旨与方法、管理理念和风格等。

三、人力资源管理：注重细节的经营策略

按作业手册中的规定工作；由游客和员工共同营造“迪士尼乐园”的欢乐氛围；提高员工综合素质；行动准则的“SCSE”策略；所谓“SCSE”就是安全（safety）、礼貌（courtesy）、表演（show）、效率（efficiency）；注重对上层领导者的培养，如要求上层领导者做到激发员工灵感，经常提醒手下的员工，以身作则。

四、人员激励：独特灵活的绩效评估体系

如何使员工保持较高的工作热情呢？绩效评价系统的改革和灵活的考核激励机制是推进员工行为改变最有效的工具之一。迪士尼人力资源部负责人说：“我们并不刻意地去激励员工，但是我们会创造一个支持性的工作环境，让员工们在其中自然而然地感受到激励因素的存在。”迪士尼乐园的具体做法是创建一系列的识别程序，主动去发现员工的先进事迹并及时地给予奖励。如公司将会给做了一件好事的员工一张“为你喝彩”卡。

五、员工沟通网络：团队建设的手段

面对激烈的市场竞争环境，保持企业内部的团结和工作热情是至关重要的。除了需要科学的绩效评估系统支持外，企业内部还应该建立一个良好的沟通渠道。迪士尼公司通过建立完善的内部员工有效沟通网络，强调团体意识思想，激发了员工巨大的工作热情和促进了有效的团队建设。

迪士尼乐园的成功之处不仅在于其由高科技所提供的娱乐硬件，更重要的在于其服务质量管理的经验和软件，核心部分是迪士尼的经营理念和质量管理模式，具体包括给游客以欢乐；营造欢乐氛围、把握游客需求；提高员工素质和完善服务系统等诸要素。该模式不仅适用于娱乐业和度假旅游业，也同样适用于各类服务性企业。具体表现在迪士尼乐园的人力资源管理方面，从人员招聘开始的整个过程都是富有特色的。注重企业文化传承的招聘过程，将迪士尼放在员工心中的传统教育，把员工培训作为企业长期坚持的核心价值工程之一，善于变化的细节经营策略，行动准则的“SCSE”策略，独特灵活的考核激励机制，完善有效的内部员工沟通网络，注重对上层领导者的培养等各种管理方法，使迪士尼乐园始终保持着盈利的势头。迪士尼乐园独特的人力资源管理之道是其在市场竞争中取胜的法宝。

思考与练习

1. 企业文化在人力资源管理中所发挥的作用是什么？
2. 旅游景区员工培训应以什么为指导思想？应达到什么样的目标？
3. 旅游景区应如何完善自己的绩效评估系统？
4. 请谈谈我国旅游景区人力资源管理中存在的问题。

参考文献

［1］吴必虎．区域旅游规划原理［M］．北京：中国旅游出版社，2001.

［2］刘德光．旅游市场营销学［M］．北京：旅游教育出版社，2001.

［3］韩德昌，郭大水．市场调查与市场预测［M］．天津：天津大学出版社，1996.

［4］王雷亭．旅游规划的市场分析［M］．济南：齐鲁书社，2003.

［5］马勇，李奎，李娟文．旅游规划与开发［M］．北京：科学出版社，2004.

［6］林南枝．旅游市场学［M］．天津：南开大学出版社，2000.

［7］徐德宽，王平．现代旅游市场营销学［M］．青岛：青岛出版社，2001.

［8］余丹．确定景区门票价格的因素［J］．价格月刊，2006（4）：21－22.

［9］陈秀疏公共资源类旅游景区门票涨价的理性思考［J］．价格理论与实践，2006（8）：35－36.

［10］黄葵．对景区门票涨价价问题的思考—北京“世遗”门票涨价事件感想［J］．重庆邮电学院学报：社会科学版，2005（6）：887－888.

［11］牟红．景区开发与管理［M］．北京：中国物资出版社，2007.

［12］杨正泰．旅游景点景区开发与管理［M］．福州：福建人民出版社，2000.

［13］宋炜，邓毛颖．旅游资源开发与规划［M］．北京：中国轻工业出版社，2010.

［14］郑耀星．旅游景区开发与管理［M］．北京：旅游教育出版社，2010.

［15］邹统钎．旅游景区开发与经营经典案例［M］．北京：旅游教育出版社，2003.

［16］孙文昌．现代旅游开发学［M］．3版．青岛：青岛出版社，2005.

［17］邹统钎．旅游景区开发与管理［M］．3版．北京：清华大学出版社，2011.

［18］龚绍方．旅游规划与开发［M］．郑州：郑州大学出版社，2007.

［19］马勇，李玺．旅游规划与开发［M］．北京：高等教育出版社，2002.

［20］孙英杰．北京4A景区餐饮业的现状分析和评价研究［D］．广西大学，2006.

［21］孙英杰，卢丽宁．景区餐饮业的发展趋势研究——以北京4A景区为例［J］．南宁职业技术学院学报，2008，01：8－12.

［22］孙英杰，王慧元．景区餐饮业的经营管理研究［J］．产业与科技论坛，2008，07：58－59.

［23］孙英杰．旅游景区餐饮业的评价因素研究［J］．商场现代化，2007，35：253.

［24］尹婕．走出旅游商品的怪圈［N］．人民日报：海外版，2016－02－02008.

［25］杨晓艳．从旅游商品看供给侧改革［N］．吉林日报，2016－01－20008.

［26］陈斌．新旅游商品更需推广平台［N］．中国旅游报，2016－02－17B02.
［27］张芹．旅游商品的包装设计策略探析［J］．艺术科技，2015，12：161.
［28］王诗培．奖励政策让北京旅游商品市场健康发展［N］．中国旅游报，2016－01－06B02.